Einleitung

Der Knigge heute

Auf einen Blick

Der Knigge heute

Gutes Benehmen ist heute gefragter denn je. Vor allem jüngere Menschen wollen wieder lernen, wie man sich richtig benimmt und souverän auftritt. Kein Wunder, denn mit Manieren kommt man weiter – privat und beruflich.

Gutes Benehmen ist die Kunst, den Menschen unseren Umgang angenehm zu machen.

Jonathan Swift (1667–1745)

✱ **Wer kennt ihn nicht**, den Herrn von Knigge, der seit mehr als 200 Jahren der Inbegriff des »feinen Benehmens« ist? Meist glaubt man genau zu wissen, was »im Knigge« steht: nämlich präzise Vorschriften, wie man sich wann und wo zu benehmen hat. Doch eher das Gegenteil ist der Fall: Adolph Freiherr Knigge (1752–1796) lebte – das ist leider in Vergessenheit geraten – zur Zeit der Aufklärung, einer Epoche, in der gewaltige Umbrüche an der Tagesordnung waren. Landesgrenzen und vor allem Klassengrenzen wurden durchlässig, »Menschen aus allen Schichten, Gegenden und Ständen« verkehrten plötzlich gesellschaftlich miteinander, ein Umgang, der in den vorhergegangenen Zeiten strengster Etikette nicht vorstellbar war. Knigges berühmtes Buch »Über den Umgang mit Menschen« erschien 1788 – ein Jahr vor der französischen Revolution. Knigge wollte darin keine strengen Vorschriften zum richtigen Benehmen festlegen, sondern – ganz im Gegenteil! – neue Umgangsformen für freie Menschen finden, also eine Anleitung zum aufgeklärten Miteinander schaffen. Und dies ist gewiss nicht veraltet.

✱ **Bis vor wenigen Jahren** galt Knigge als eher lächerlicher »Herr Manierlich«, dessen Anstandsregeln und spießbürgerliche Ansichten nicht mehr in die Zeit passten. Wie falsch man mit dieser Einschätzung lag, zeigt ein Blick auf das abwechslungsreiche Leben des Freiherrn: Knigge lebte niemals gemäß seinem adligen Stand. Im Gegenteil – bis zu seinem Tod versuchte er vergeblich, das hoch verschuldete Gut seines Vaters bei Hannover abzuzahlen und in die Familie zurückzuholen. Und nach der Veröffentlichung seiner Schrift »Über den Umgang mit Menschen« wurde Knigge als aufrührerischer Freidenker und Bürgerrechtler angesehen, der bei der Obrigkeit unter strenger Beobachtung stand. Er legte sogar das »Von« in seinem Namen ab und nannte sich demonstrativ »der freie Herr Knigge«.

Franziska von Au

Sichere
Umgangsformen
für alle
Situationen

Der neue Knigge

- Höflichkeit und Takt
- Duzen und Siezen
- Richtig gekleidet
- Souverän bei Tisch
- Erfolgreich im Beruf
- Handy und E-Mail

südwest

Inhalt

Keine starren Regeln – lieber freundliches Miteinander

✱ Nichts lag Knigge ferner als genau vorzuschreiben, wie man Messer und Gabel zu halten habe oder wie man sich zu bestimmten Anlässen am besten kleide. Solche »Benimmregeln« haben den Freiherrn weniger interessiert, auch wenn sie im Umgang miteinander wichtig sind. Er wollte eher erreichen, dass der Umgang miteinander auf Höflichkeit und gutem Benehmen basiert. Beides hat zu allen Zeiten menschlichen Zusammenlebens seine Gültigkeit gehabt – bis in unsere Tage.

✱ Vielleicht sind »Manieren« heute nötiger denn je: Das erkennt jeder, der mit Menschen zu tun hat. »Der gute Ton« ist wieder gefragt, die Zeiten haben sich gewandelt: Nach dem Aufbegehren gegen die »alte Ordnung« in den 60er und 70er Jahren ist man heute (wieder) zu der Erkenntnis gelangt, dass es ohne »gutes Benehmen« nicht geht – auch nicht in der »Ellenbogen«-Gesellschaft, auch nicht in Zeiten, in denen Egoismus und Individualität, Rücksichtslosigkeit und Leistung um jeden Preis im Vordergrund zu stehen scheinen. Umfragen aus den letzten Jahrzehnten zeigen deutlich: Während im Jahr 1991 nur etwa 70 Prozent der Westdeutschen Höflichkeit und Takt für vorrangig hielten, sind es zehn Jahre später immerhin 88 Prozent – das ist mehr als in den 60er Jahren.

Die Form zu wahren heißt: höflich sein, anderen entgegenkommen und Regeln beachten, die unser aller Leben leichter und respektvoller gestalten.

Die »gute Kinderstube« – unser kulturelles Erbe

Unter der so genannten »guten Kinderstube« verstehen wir heute allerdings nicht unbedingt starre Vorschriften, an die man sich unter allen Umständen halten muss. Was früher »bei Hofe« selbstverständlich war (und bei höchst offiziellen Anlässen als »Protokoll« heute noch Gültigkeit besitzt), kann und muss man nicht aufs alltägliche Zusammenleben übertragen. Zeremoniell, Protokoll und Etikette haben sich über viele Jahrhunderte hinweg entwickelt. Bereits in der Bibel – insbesondere in den fünf Büchern Moses – sind zahlreiche Anweisungen für Zeremonien niedergeschrieben. Aus der römischen Kaiserzeit sind genaue Vorschriften eines Hofprotokolls überliefert: Anreden und Begrüßungsformeln sind darin ebenso enthalten wie Ehrenbezeugungen und Regeln für die Kleidung.

Gut durchdachte Formalitäten sind das Öl im Getriebe des menschlichen Miteinanders.

* **Im Mittelalter** hat sich Karl der Große (747 – 814) mit höfischen Umgangsformen befasst, zur selben Zeit entstand das kirchlich-päpstliche Zeremoniell. In der so genannten »Goldenen Bulle« regelte Karl IV. (1316 – 1378) ein paar Jahrhunderte später das deutsche, österreichische und böhmische Hofzeremoniell.

* **Auf Geheiß** des österreichischen Staatskanzlers Fürst Metternich (1773 – 1859) wurde dann ein Zeremoniell geschaffen, das die bis dato strenge »spanische Etikette« ablöste und dessen Regeln im offiziellen gesellschaftlichen Umgang zum größten Teil heute noch Gültigkeit besitzen. Im Laufe der Zeit haben diese neuen Regeln auch den Umgang außerhalb des Hofes beeinflusst.

Wann gutes Benehmen sinnvoll ist

Regeln für das Zusammenleben gibt es sicherlich seit Beginn der Menschheit – schon unsere Urahnen haben bestimmte Formen gekannt, mit denen sie das Zusammenleben in Familie, Sippe und Stamm organisierten.

* **Manche davon** kennen wir heute noch: So reicht man sich die Hand oder zeigt die offene Handfläche, um friedliche Absichten zu demonstrieren. Unsere Vorfahren zeigten ihrem Gegenüber damit: Ich trage keine Waffe, ich will dir nichts Böses!

* **Höflich ist es** auch heute noch, wenn der Mann zur Begrüßung seinen Hut zieht; das hat seinen Ursprung darin, dass die Ritter des Mittelalters den Helm ihrer Rüstung vom Kopf zogen, um zu zeigen, dass sie ihrem Gegner Respekt erwiesen und ihm vertrauten. Viele Sitten haben einen solch alten Ursprung. Vielleicht haben deshalb Menschen heute den Eindruck, gute Manieren seien überholt und nicht mehr angebracht.

Der Knigge bleibt immer aktuell

Benimmregeln sind immer dann sinnvoll, wenn Menschen zusammentreffen und unterschiedliche Interessen gewahrt werden müssen. Wir zeigen dem anderen damit unseren Respekt, indem wir höflich sind. Das fängt beim »Bitte« und »Danke« an und hört beim freundlichen »Entschuldigung« noch lange nicht auf – selbst wenn der andere Ihnen etwas »angetan« haben sollte. Natürlich wird unsere Gesellschaft nicht untergehen, wenn Sie sich an der Supermarktkasse vordrängeln oder sich im Restaurant eine Zigarette anzünden, wenn andere am Tisch noch essen. Aber ein solches Verhalten »gehört sich nicht« – weniger weil die Benimmregeln es verbieten, sondern vielmehr, weil es Ihre Mitmenschen beeinträchtigt oder stört.

Sie entscheiden, wie Sie »ankommen«

Durch schlechtes Benehmen manövrieren Sie sich selbst ins Aus. Das werden Sie schnell merken: Etwa wenn Freunde und Bekannte von Ihnen abrücken, weil Sie rücksichtslos immer zu spät kommen, weil Sie oft einen über den Durst trinken und dann ausfällig werden, weil Sie ungepflegt sind und man mit Ihnen unangenehm auffällt. Es wird Ihnen auch dann deutlich, wenn Sie beruflich nicht das erreichen, was Sie sich zum Ziel gesetzt haben: Weil Sie vielleicht Chef und Kollegen vor den Kopf stoßen und weil Sie sich in Gesellschaft und bei offiziellen Gelegenheiten vielleicht einfach nicht zu benehmen wissen.

* **Zum ersten Mal 1995** erschienen, hat sich dieses Buch zur Aufgabe gemacht, Ihnen, liebe Leser, die allgemeinen und gültigen Benimmregeln nahe zu bringen. Die vorliegende komplett überarbeitete Fassung »Der neue Knigge« berücksichtigt nun auch die aktuellsten Entwicklungen, die im Lauf der Jahre durch unseren moderneren Lebensstil entstanden sind – wobei Sie wissen und beherzigen sollten, was Freiherr Knigge meint: »Jeder Mensch gilt in dieser Welt nur so viel, als das, wozu er selbst sich macht«. Es liegt also ausschließlich an Ihnen, was Sie aus sich und Ihrem Auftreten machen...

Grobheit zahlt sich nicht aus.

Ein Mensch von feiner Lebensart pflegt sich so zu benehmen, dass die anderen nach seinen Worten und seinem Verhalten mit ihm und sich selbst zufrieden sind.

Jean de La Bruyère (1645–1696)

Kapitel 1

Miteinander leben

Auf einen Blick

Miteinander leben

Seit Menschen zusammenleben, gibt es Regeln für den Umgang miteinander – also nicht erst seit dem (oft falsch verstandenen) Herrn Knigge. Solche Regeln sind die Voraussetzung für ein friedliches Miteinander.

Höflichkeit und Takt – Basis des Zusammenlebens

Höflichkeit ist Klugheit; folglich ist Unhöflichkeit Dummheit; sich mittels ihrer unnötiger- und mutwilligerweise Feinde machen ist Raserei.

Arthur Schopenhauer (1788–1860)

Die Etikette – so nennt man die gesellschaftlichen Umgangsformen – ist von Kulturkreis zu Kulturkreis unterschiedlich. Sitten und Gebräuche haben sich gewandelt und verändern sich immer noch. Im Alltagsleben hält sich heute niemand mehr strikt an das steif anmutende Protokoll, wie es bei offiziellen Staatsbesuchen üblich ist. Es ist jedoch unsere eigene Entscheidung, starre und nicht mehr zeitgemäße Manieren für den Alltag abzuändern oder sogar ganz abzulegen. Dafür sollte man jedoch wissen, was gute Manieren eigentlich sind.

* **Schon die Höflinge** der Renaissance hielten sich Anstandsbücher, um das richtige Benehmen zu lernen: Das entsprechende Werk »Il Galateo« des italienischen Dichters Giovanni della Casa erschien 1588. Davor las man den »Cortigiano« (zu deutsch: »Der Hofmann«). Darin hat der ebenfalls aus Italien stammende Dichter Baldassare Castiglione im Jahre 1528 das passende Verhalten bei Hofe dargestellt. Auch Erasmus von Rotterdam hatte sich, ebenfalls zu Beginn des 16. Jahrhunderts, in seinem Werk »De civilitate morum puerilium« mit diesem Thema beschäftigt.

* **Adolph von Knigge** übernahm einiges aus diesen Werken. Diese Bücher enthielten durchaus nicht, wie man vielleicht glauben könnte, penibelste Vorschriften und eine Anzahl Verbote, sondern eher allgemein gehaltene Hinweise, wie man sich selbst im Umgang mit anderen am besten benimmt. Zum Teil entstammen die entsprechenden Regeln höfischem Zeremoniell; zum großen Teil sind sie jedoch allgemein gehaltene Lebensweisheiten, die schon aus den Schriften der Antike überliefert wurden.

* **Bei uns in Deutschland** hat gutes Benehmen einen schlechten Ruf. Viele sind der Meinung, es würde den Men-

schen einengen und ihn mit althergebrachten Formen maßregeln, die nicht mehr in unsere Zeit passen. Kinder werden, so glaubt man, damit drangsaliert, sich fein und artig zu benehmen. Gar nicht so selten ist außerdem die Ansicht, dass durch gute Manieren lediglich Anpassung um jeden Preis gefordert wird: alles Vorwürfe, die unhaltbar werden, wenn man sich nur ein wenig mit dem Kern von Höflichkeit und Takt beschäftigt. Dann erkennt man nämlich schnell:

➤ **SCHLECHTES BENEHMEN** ist ein Zeichen von Rücksichtslosigkeit, denn es stört die Mitmenschen.

➤ **UNHÖFLICHKEIT** bringt Nachteile, Höflichkeit im Gegenzug dafür gesellschaftliche Vorteile mit sich. Ist man also höflich, kommt man weiter: im Privatleben und auch im Beruf.

➤ **HÖFLICHKEIT** hat nichts mit Lügen und Heuchelei zu tun. Denn das Streben nach Wahrheit ist ein Ideal, das sich nicht immer verwirklichen lässt. Aber wer darunter leidet oder sich eingeschränkt fühlt, weil er seinen Verwandten oder Vorgesetzten nicht die wahre Meinung ins Gesicht sagen »darf«, vergisst oft, dass er selbst manchmal ganz gern darauf verzichtet, die Meinung anderer über sich selbst in klaren, harten Worten zu hören.

Das Leben ist kurz, aber man hat immer Zeit für Höflichkeit.

Ralph Waldo Emerson (1803–1882)

Höflichkeit ist Nähe und Distanz zugleich

Höflichkeit im täglichen Leben hat so viele Facetten wie das Leben selbst. Am ehesten erkennt man, was Höflichkeit eigentlich ist, wenn sich jemand unhöflich verhält. Das Schnüffeln in der Privatsphäre anderer, beispielsweise das heimlich gelesene Notizbuch des Kollegen, der ungefragte Griff in den Kühlschrank der Freundin, der nächtliche, aber völlig belanglose Anruf bei einem Bekannten – all das sind Beispiele für schlechtes Benehmen und damit für Unhöflichkeit.

Höflichkeit ist wie ein Luftkissen: Es mag wohl nichts drin sein, aber es mildert die Stöße des Lebens.

Arthur Schopenhauer (1788–1860)

✱ **Es mögen nur** Kleinigkeiten sein, aber sie summieren sich. Und: Es sind Unaufmerksamkeiten, die letztendlich

Respektiere dich selbst, wenn du willst, dass andre dich respektieren sollen. Tue nichts im Verborgenen, dessen du dich schämen müsstest, wenn es ein Fremder sähe. Handle weniger andern zu Gefallen, als um deine eigene Achtung nicht zu verscherzen, gut und anständig! Selbst in deinem Äußern, in deiner Kleidung, sieh dir nicht nach, wenn du allein bist.

Adolph Freiherr Knigge (1752–1796)

den Eindruck hinterlassen, unzuverlässig und nicht vertrauenswürdig zu sein. Das hat nichts mit Zwang und Unterdrückung eigentlicher Gefühle und Bedürfnisse zu tun.

➤ **HÖFLICHKEIT** ist vielmehr eine Möglichkeit, durch die Wahrung gewisser Regeln und Formen Brücken zu unseren Mitmenschen zu schlagen. Durch gegenseitigen Respekt schaffen Sie einerseits Nähe, andererseits aber auch die nötige Distanz.

➤ **HÖFLICHKEIT** zeigt sich vielfach in Dingen, die wir täglich aufs Neue ganz selbstverständlich tun – sei es das »Bitte« und »Danke«, der freundliche Gruß zu Wiedersehen und Abschied, der Anruf oder die Karte zum Geburtstag oder auch die Gratulation zur bestandenen Prüfung.

➤ **HÖFLICHKEIT** ist ein Lebensstil, der Ihnen in Fleisch und Blut übergehen sollte. Wenn Sie sich im privaten Bereich gehen lassen und auch im Kreise Ihrer Familie keinen erkennbaren Wert auf Anstand und gutes Benehmen legen, wird es Ihnen schwer fallen, sich in Gesellschaft anderer so zu benehmen, dass man Sie als höflich bezeichnet.

Takt ist der Verstand des Herzens

So merkwürdig es Ihnen auf den ersten Blick erscheinen mag: Nicht immer ist die exakt eingehaltene Höflichkeitsform das Richtige. Etwa dann, wenn Sie einen anderen brüskieren. Ein Beispiel mag das verdeutlichen: Sie treffen Ihren Vorgesetzten, mit dem Sie ein sehr gutes Verhältnis pflegen, im Theater. Er geht freudig auf Sie zu, streckt Ihnen die Hand zum Gruß entgegen – Sie jedoch murmeln leise, aber hörbar »Ladies first!« und reichen seiner Frau die Hand. Zwar haben Sie nun gezeigt, dass Sie in puncto Manieren Bescheid wissen – höflich und taktvoll waren Sie jedoch nicht. Im Gegenteil: Sie haben Ihren Chef brüskiert, sind seinem freundlichen Gruß mit einem indirekten Tadel begegnet. Mit ein wenig Taktgefühl wären Sie anders vorgegangen: Sie hätten zwar die Hand Ihres Vorgesetzten ergriffen, dann aber sofort seine Frau begrüßt.

✱ **Takt ist die Sicherheit** des Gefühls für richtiges und angemessenes Verhalten. Das kann »gutem Benehmen« sogar widersprechen, dafür aber zu einer freundlichen und entspannten Atmosphäre beitragen. Nicht nur zwischen Vorgesetztem und Untergebenen, sondern selbstverständlich in jedem anderen Bereich. Sicherlich haben einige Menschen von Geburt an den richtigen Instinkt und das entsprechende Taktgefühl. Aber: Man kann es auch erlernen. Schon ab dem Kindesalter begibt sich jeder Mensch in Situationen, in denen Takt wichtig ist: sei es das kindliche Anstarren eines Menschen anderer Hautfarbe, die unbedachte Bemerkung über die Figur einer Nachbarin oder die offene Ablehnung eines Geburtstagsgeschenkes – taktvoll sein heißt, andere zu achten, ihnen die verdiente Wertschätzung entgegenzubringen. Taktgefühl ist ein wesentlicher Faktor der Höflichkeit und Geschick im Umgang mit Peinlichkeiten, mit dem berühmten »Fettnäpfchen«.

Feingefühl

Takt setzt Feingefühl voraus, das ständig neu geübt und gepflegt werden muss. Taktvolle Menschen können sich höflich zurücknehmen, sind in der Lage, sich in Situationen hineinzuversetzen, die anderen peinlich sein könnten. Wenn es nötig ist, können sie auch schweigen. Takt ist der Ausdruck natürlicher Höflichkeit.

Takt ist der auf das Benehmen angewandte gute Geschmack.

Chamfort (1741 – 1794)

✱ **Wohl jeder von uns** ist schon einmal in eine Situation geraten, die ihm peinlich war. Wie schön wäre es da, jemanden an seiner Seite zu wissen, der taktvoll über diese Situation hinwegsieht, der sich Bemerkungen verkneift, die ihm vielleicht auf der Zunge liegen. Taktgefühl kann sich darin äußern, dass man schmunzelt, wenn andere lachen, dass man Peinlichkeiten geschickt überspielt, indem man sie zur Selbstverständlichkeit erklärt. Dazu gehört es auch, dass Sie nicht jedes Mal »Gesundheit« sagen, wenn jemand niest. Stellen Sie sich doch nur einmal vor, Sie sind mit einem Allergiker im selben Raum und dieser leidet gerade unter Heuschnupfen. Spätestens beim dritten »Gesundheit« klingt Ihr gut gemeinter Wunsch ironisch, wenn nicht gar lächerlich. Es ist in bestimmten Situationen also angebracht, auf diese Äußerung zu verzichten. Nämlich dann, wenn Sie merken, dass dem anderen die Situation sowieso schon peinlich ist, weil er sich als Störenfried fühlt (bei Konferenzen und Tagungen, im Theater oder Kino, in der Kir-

Das wichtigste Zimmer im Leben lässt sich weder verleugnen noch vortäuschen – die Kinderstube.

Oliver Hassencamp (1921 – 1988)

che oder bei einem Begräbnis). »Offiziell« kommt man also mehr und mehr davon ab, »Gesundheit« zu wünschen. Andere »Körpergeräusche« wie Husten und Ähnliches werden ja höflicherweise auch nicht kommentiert.

Die Grenzen der Rücksichtnahme

Mit den Wölfen zu heulen ist leicht. Jemandem gegen den Sturm zu helfen ist ehrenvoll.

Rücksichtnahme kennt Grenzen: nämlich dann, wenn Sie ganz offensichtlich die Unwahrheit sagen oder in Ihren Aussagen so übertreiben, dass es Ihrem Gegenüber heuchlerisch und verlogen vorkommt. Es hat keinen Sinn, das hässliche Kleid der Nachbarin mit den Worten »ach wie entzückend« zu bedenken, wenn man Ihnen ansieht, dass Sie es wahrhaft scheußlich finden. Gedanken und ausgesprochenes Wort sollten nicht allzu weit auseinander liegen. Suchen Sie nach einer Formulierung – wenn Sie denn schon um einen Kommentar nicht herumkommen –, die freundlich, aber nicht verletzend ist. Das mag ein wenig Übung erfordern, lohnt sich aber, denn Sie lernen mit der Wahrheit vorsichtig und bedachtsam umzugehen. Was hat es für einen Sinn, zur Freundin, die ein paar Kilos zugelegt hat, zu sagen: »Meine Güte, bist du fett geworden!«, oder den Kommentar abzugeben »Na, an dir ist die Zeit aber auch nicht spurlos vorübergegangen!«, wenn sie ein paar Fältchen mehr hat. Viel freundlicher, aber genauso »wahr« ist die Aussage: »Oh, du bist nicht mehr ganz so hager wie früher. Steht dir gut!« oder »Ich liebe jede Falte an dir!«

*** Als fanatischer Verfechter** der Wahrheit hat man es nicht unbedingt leicht im Alltag. Oft genug wirkt man verletzend, und es kann zu peinlichen Situationen kommen. Halten Sie sich lieber an die Aussage von Arthur Schnitzler: »Toleranz heißt: die Fehler der anderen entschuldigen. Takt heißt: sie nicht bemerken.« Damit können Sie nicht gänzlich falsch liegen. Das heißt nun aber auch nicht, dass Sie sich alles gefallen lassen müssen, um einen anderen nicht zu verletzen. Jedoch: Der Ton macht die Musik. Sie können Angriffe durchaus parieren – aber eben höflich und nicht ausfallend. Mit klaren Worten, freundlich verpackt, erreichen Sie mehr als mit einer deutlichen, aber derben Aussage.

* **Es gibt Fälle**, in denen jedoch ein sehr vorsichtiger Umgang mit der reinen, unverblümten Wahrheit angebracht ist: zum Beispiel am Krankenbett und bei Todesfällen (siehe Kapitel 7), bei der Auseinandersetzung mit Vorgesetzten und Kollegen (siehe Kapitel 8) und auf Reisen (siehe Kapitel 10).

Entschuldigen – aber richtig

Es ist nicht immer leicht, einen Fehler einzugestehen. Ob im Beruf oder Privatleben: Niemand gibt gern zu, dass er sich geirrt oder im Ton vergriffen hat. Sie sollten wissen: Es ist kein Zeichen von Schwäche zuzugeben, dass man etwas falsch gemacht hat. Im Gegenteil: Das ist ein Zeichen von Selbstbewusstsein und Stärke. Zumindest dann, wenn Sie sich nicht in devotem Ton wegen jeder Kleinigkeit mehrmals entschuldigen.

➤ **AUSBLEIBENDE ENTSCHULDIGUNGEN** können eine ganze Menge anrichten: Beziehungen im Privaten wie Beruflichen werden belastet.

➤ **GEBEN SIE JEDOCH ZU**, sich falsch verhalten zu haben, zeigen Sie dem anderen gegenüber Respekt.

➤ **DIE SCHWERE** Ihres »Vergehens« bestimmt dabei die Form: Bei einer kleinen Meinungsverschiedenheit unter guten Freunden kann der Griff zum Telefonhörer schon genügen. Ist die Situation jedoch sehr verfahren, schreiben Sie besser einen Brief.

➤ **WICHTIG**: Ihre Entschuldung sollte ehrlich gemeint sein und auch so klingen. Deshalb ist ein wütend hingeworfenes »Dann entschuldige ich mich eben« völlig sinnlos: Der Empfänger merkt sehr wohl, dass Ihre Aussage nicht ernst gemeint ist.

➤ **VERMEIDEN SIE** übertriebenes »Zu-Kreuze-Kriechen«: Das ist ebenfalls unehrlich und kommt nicht gut an.

➤ **LASSEN SIE SICH ZEIT**, bis Ihr Ärger und Ihre Wut abgeklungen sind. Auch deshalb kann es übrigens nützlich sein, einen Brief oder ein Fax zu schicken. Dann müssen Sie nämlich in Ruhe überlegen

Ob du dich selber erkennst? Du tust es sicher, sobald du mehr Gebrechen an dir als an den andern entdeckst.

Christian Friedrich Hebbel (1813–1863)

und wählen in der Aufregung nicht die falschen Worte.

Mit einer Entschuldigung vergibt man sich nichts – im Gegenteil: Man beweist damit, dass man genügend Größe und Persönlichkeit besitzt, einen Fehler einzugestehen.

➤ **WARTEN SIE NICHT ZU LANGE!** Manche Freundschaft hat schon einen Knacks bekommen, weil man lange zögerte, bis man sich zu einer Entschuldigung durchgerungen hatte.

➤ **IM BERUFSLEBEN** entschuldigen Sie sich bitte möglichst schnell, wenn Sie einen Fehler bemerkt haben. Auch deshalb, um schlimmere Folgen zu vermeiden.

➤ **ENTSCHULDIGUNGSBRIEFE** sollten mit der Hand geschrieben werden. Ausnahme: Ihre Handschrift ist wirklich unleserlich. Aber auch dann können Sie die Anrede und ein paar persönliche Worte von Hand hinzufügen.

➤ **VIELLEICHT KÖNNEN SIE** Ihre Entschuldigung mit einem kleinen Präsent untermauern: eine Kleinigkeit, die Sie der Kollegin mitbringen, die Sie hängen ließen, oder Ihrem Partner, weil Sie ihn versetzt haben. Das hängt selbstverständlich immer von der jeweiligen Person, Ihrem Bezug zu ihr und der Situation ab.

➤ **MÜNDLICH** entschuldigen Sie sich, wenn der Fall nicht so schwerwiegend ist: zum Beispiel wenn Sie eine Kleinigkeit vergessen haben, wenn Sie jemanden im Bus anrempeln oder einem anderen die Türe im Supermarkt vor der Nase zufallen lassen. Ein Tipp am Rande: Begleiten Sie Ihre Entschuldigung mit einem freundlichen Lächeln – das wirkt Wunder und kommt doppelt so gut an.

➤ **BEI VERSPÄTUNGEN**, die absehbar sind, entschuldigen Sie sich sozusagen »vorab« – das kann per Telefon oder Fax geschehen. Wenn Sie dann im Betrieb oder bei der Veranstaltung eingetroffen sind, sollten Sie es aber nicht versäumen, nochmals ein paar Worte der Erklärung zu finden.

➤ **BEGRÜNDEN** muss man eine Entschuldigung nicht immer. Manchmal reicht es aus, sich für eine Vergesslichkeit zu entschuldigen und hinzuzufügen: »Du weißt doch, wie zerstreut ich bin!« Oder Sie haben sich im Ton vergriffen und sagen: »Tut mir leid, dass ich so ausgerastet bin. Aber heute geht es bei mir einfach drunter und drüber...«

➤ **AUSFÜHRLICHERE** Erklärungen geben Sie ab, wenn Sie wirklich etwas Schwerwiegendes »verbockt« haben. Dann ist aber unter Umständen die schriftliche Entschuldigung die bessere Lösung.

➤ **VERGESSEN SIE NICHT** den Hinweis, dass ein Fehler dieser Art in Zukunft nicht mehr vorkommen wird. Allerdings: Daran müssen Sie sich halten – sonst sind Sie bald nicht mehr glaubwürdig!

➤ **NATÜRLICH VERMEIDEN** Sie es bei jeder Entschuldigung, einen Fehler zwar einzugestehen, aber gleichzeitig einen anderen als Sündenbock zu präsentieren (»Ich habe da zwar privat telefoniert, aber die Kollegen tun dies auch immer!«). Sie bringen damit immer Ihre Betroffenheit über Ihr eigenes Fehlverhalten zum Ausdruck – nicht mehr, aber auch nicht weniger.

Was die Leute so alles reden...

Klatsch und Tratsch – für manche Zeitgenossen scheint es nichts Schöneres zu geben. Andererseits: Sowohl bei Zeitschriften wie im Fernsehen findet die Berichterstattung, die sich mit den Schwächen und

SECHS REGELN FÜR TAKTVOLLES BENEHMEN

1. **Seien Sie immer ehrlich, aber niemals verletzend.**
2. **Verletzen Sie niemanden, indem Sie einen körperlichen Makel erwähnen oder gar herausstellen.**
3. **Komplimente sind immer da angebracht, wo sie ehrlich gemeint sind. Oder auch wenn Sie glauben, dass Sie den anderen damit erfreuen und ihm weiterhelfen.**
4. **Verkaufen Sie Gerüchte nie als Wahrheit.**
5. **Diskretion ist auch guten Freunden gegenüber angebracht.**
6. **Stört Sie etwas wirklich, dann reden Sie offen darüber, ohne beleidigend zu werden.**

Problemen Prominenter befasst, eine große Leserschar und eine mindestens ebenso große Zuschauerquote. Es können also nicht immer nur »die anderen« sein, die so etwas lesen oder schauen. Fassen Sie sich ruhig mal an die eigene Nasenspitze: Haben Sie nicht auch schon manchen Skandal einer bekannten Persönlichkeit mit (heimlicher) Wonne verfolgt? Klatsch und Tratsch sind nur allzu menschlich, das bestätigen uns Kommunikationsforscher und Psychologen. Das ist aber keine Entschuldigung – denn ein höflicher und taktvoller Mensch wird es vermeiden, über seine Mitmenschen zu klatschen oder gar Unwahrheiten zu verbreiten. Wenn Sie in den eigenen vier Wänden mit Ihrem Lebenspartner über die Nachbarin reden, mag das angehen.

Bekümmere dich nicht um die Handlungen deiner Nebenmenschen, insofern sie nicht Bezug auf dich oder so sehr auf die Moralität im Ganzen haben ... Ob aber jemand langsam oder schnell geht, viel oder wenig schläft, oft oder selten zu Hause, prächtig oder lumpig gekleidet ist, Wein oder Bier trinkt, Schulden oder Kapitalien macht, eine Geliebte hat oder nicht – was geht das dich an, wenn du nicht sein Vormund bist?

Adolph Freiherr Knigge (1752 – 1796)

* **Anders ist es jedoch**, wenn Sie selbst im Treppenhaus stehen und jeden, der es hören oder nicht hören will, über die angeblichen Verfehlungen der Nachbarin informieren. Das ist nicht nur ungehörig, sondern kann leicht in üble Nachrede und Beleidigung ausarten. Sie sollten immer bedenken: Würde es Ihnen gefallen, wenn andere hinter Ihrem Rücken über Sie herziehen würden? Oder glauben Sie allen Ernstes, dass andere immer nur gut über Sie reden? Halten Sie sich – auch wenn es Ihnen schwer fällt – an das alte Sprichwort: »Was du nicht willst, das man dir tu, das füg auch keinem andern zu!« (Dass Tratsch im Beruf nicht angebracht ist, sollten Sie ebenfalls wissen. Mehr dazu in Kapitel 8.)

»Nein« sagen, ohne zu verletzen

Kennen Sie diese Situationen? Da fragt die Freundin, ob man schnell mal »für ein Stündchen« auf ihr Kind aufpasst. Die Schwiegermutter rechnet fest mit Ihrem Besuch zum sonntäglichen Nachmittagskaffee, obwohl Sie sich auf ein freies Wochenende zum Entspannen gefreut hatten. Ihr Vorgesetzter plant Sie wieder einmal dafür ein, dass Sie »nur schnell noch« einen Bericht für ein wichtiges Meeting anfertigen. Abgesehen von Ihrem Kollegen, der Sie schon gar nicht mehr bittet, ihm ein Brötchen vom Kiosk mitzubringen, sondern diesen Dienst als Selbstverständlichkeit ansieht. Bei all diesen Situationen fühlen Sie sich vielleicht ausgenutzt oder überfordert. Sie machen sich selbst Vorwürfe – weil Sie es wieder mal nicht geschafft haben, klar und deutlich »nein« zu sagen. Sie wissen: So kann es nicht weitergehen. Irgendwann einmal wird es wahrscheinlich zu einem Eklat kommen – mit der Folge, dass Sie Ihr Gegenüber (Freundin, Schwiegermutter, Chef oder Kollegen) mehr als nötig verletzen.

* **Man kann es lernen**, »nein« zu sagen – auf höfliche Art und Weise. Sie sollten sich bewusst machen, dass eine Ablehnung nichts mit Egoismus zu tun hat. Und auch nicht damit, dass Sie etwas nicht können. Sondern damit, dass Sie sich nicht ausnutzen lassen. Es gibt nämlich viele Menschen, die es geradezu perfektioniert haben, ihrem Gegenüber Verantwortung zuzuschieben.

Die höfliche Ablehnung

- **»Nein« sagen lernt man Schritt für Schritt. An besten beginnen Sie mit einfachen Situationen, in denen Sie sich verweigern.**
- **Bleiben Sie immer höflich, lehnen Sie mit einem Lächeln ab – aber entschuldigen Sie sich nicht, und suchen Sie auch nicht fieberhaft nach einer Ausrede. Ihr Lächeln kann man übrigens selbst am Telefon wahrnehmen – durch Ihre Stimmlage.**
- **Wenn Sie Ihr Nein begründen, tun Sie das in klaren und deutlichen Worten – aber ohne Ihrem Gegenüber die Schuld für Ihr bisheriges Jasagen zuzuschieben.**
- **Natürlich versagen Sie als hilfsbereiter Mensch Ihre Unterstützung niemals in einem echten Notfall.**
- **Sie reagieren auch nicht mit einem »Nein«, nur um jemandem zu zeigen, dass Sie es können – also um Macht auszuüben.**
- **Ihr Nein wird dann akzeptiert werden, wenn es in einem freundlichen, aber bestimmten Ton vorgebracht wird.**
- **Sie sind nicht schnippisch oder feindselig, nicht hart und schroff im Ton, sondern höflich.**

Die Sache mit dem Rauchen

Als Raucher nehmen Sie stets auf Nichtraucher Rücksicht – niemals umgekehrt!

Kaum 20 Jahre ist her, da war es selbstverständlich, dass Raucher und Nichtraucher in friedlichem Miteinander existierten. Im Film war der blaue Dunst en vogue, Rauchen war fast überall gestattet. Die Frage »Darf ich hier rauchen?« hörte man in diesen »rauchseligen« Zeiten kaum, selbst wenn sie natürlich auch damals schon angebracht war.

* **Heute ist das anders:** Man hat erkannt, dass Nikotingenuss gesundheitsschädlich ist und dass Nichtraucher, die den blauen Dunst einatmen müssen, nicht nur belästigt werden, sondern genauso gefährdet sind.

* **Allerdings sollte** es nicht so weit gehen, dass jeder, der seine Zigarette genießen will und dabei niemanden belästigt, aggressiv behandelt wird. Um das Problem zu lösen, ist es sicher nicht nötig, alle Raucher zu verteufeln. Wenn jeder ausreichend bereit ist, auf den anderen Rücksicht zu nehmen und Toleranz walten zu lassen, sollten wir keine so strengen Gesetze wie in den USA oder Singapur benötigen, wo Rauchen selbst auf der Straße nicht gestattet ist. Friedliche Koexistenz ist auch hier das Ziel – wir alle können dabei mithelfen.

* **In einer kleinen,** zwanglosen Runde kann man sich rasch einigen: Entweder ist Rauchen erlaubt, oder die Raucher begeben sich auf den Balkon oder vor die Tür, wenn sie sich eine Zigarette anstecken wollen. Das entscheiden Sie am besten ganz nach der jeweiligen Situation. Laden Sie zu einem größeren Fest, ist ein striktes Rauchverbot kaum durchzuführen. Es wird immer einige geben, die rauchen möchten – und da für sie Gemütlichkeit erst dann so richtig aufkommt, wenn's qualmt, kann man sie nicht ins Freie schicken. Vor allem nicht zur Winterszeit. Im Büro werden Sie sich am besten ebenfalls mit Ihren Kollegen einigen: Im Normalfall und wenn beide Toleranz walten lassen, wird das problemlos möglich sein. Ist keine Einigung möglich, müssen Sie sich höflicherweise den Nichtrauchern beugen. Vielleicht können Sie aber gemeinsam mit Vorgesetzten

und Betriebsrat erreichen, dass in Ihrer Firma Raucherecken eingerichtet werden.

WICHTIG

Raucher müssen auf rauchfreie Zonen Rücksicht nehmen. Auch ohne Hinweise sind dies: das Wartezimmer einer Arztpraxis, das Krankenhaus (Ausnahme: spezielle Raucherzimmer), das Kinderzimmer, der Fahrstuhl, ein fremdes Auto, ein fremdes Büro, die Wohnung von Nichtrauchern.

*** Eine Grundregel** sollten Sie immer beachten: Rauchen während des Essens ist ein absoluter Verstoß gegen die Etikette. Niemand kann es leiden, wenn er während eines köstlichen Mahles mit Nikotingeruch konfrontiert wird. Nach dem Aperitif und bis zum Digestif gilt deshalb generell Rauchverbot! Auch zwischen den Gängen eines Menüs ist das Rauchen tabu. Auf die Zigarette »danach« freuen sich Raucher jedoch ganz besonders – da ist es auch wieder erlaubt, sofern die Gesellschaft nichts dagegen hat. In vielen Restaurants wird übrigens nach dem Essen eine Zigarre angeboten – eben weil der gepflegte Nikotingenuss zum Abschluss eines Mahls einfach »dazugehört«.

*** Selbstverständlich** sollte es für Sie als Raucher sein, auf den blauen Dunst zu verzichten, wenn kleine Kinder in Ihrer Nähe sind: Das gilt in der Öffentlichkeit ebenso wie im privaten Kreis. Kinder lernen vom Beispiel Erwachsener – leider auch vom schlechten Beispiel. So mancher Jugendliche greift nur deshalb zum Glimmstängel, weil er damit »cool« und erwachsen auszusehen glaubt.
Gehen Sie mit gutem Beispiel voran: Wenn Sie einem Jugendlichen den Nikotingenuss nicht vorleben, verzichtet er vielleicht darauf.

*** Sie sind Nichtraucher?** Dann sollten Sie ebenfalls mit Höflichkeit reagieren, wenn ein Raucher Sie fragt, ob er sich eine Zigarette anstecken darf. Sie haben zwar die Möglichkeit, diese Erlaubnis zu verweigern. Sie können aber auch ein Stück Toleranz zurückgeben und den Nikotingenuss zulassen. Wenn Sie ablehnen: Tun Sie dies in höflicher Form. Bissige Bemerkungen und ein barscher Ton sind eindeutig fehl am Platze.

*** Noch ein Wort** an alle ehemaligen Raucher: Sie kennen das Suchtproblem aus eigener

Im Zweifelsfall gilt: Wenn Sie rauchen wollen, fragen Sie die Anwesenden, ob es nicht stört. Wenn Sie merken, dass es ihnen unangenehm ist, müssen Sie für die Dauer ihrer Anwesenheit darauf verzichten.

Erfahrung. Nehmen Sie deshalb besonders Rücksicht, und werden Sie nicht zum Anti-Raucher-Fanatiker. Jeder hat Verständnis dafür, dass Sie besonders »allergisch« auf Nikotingeruch reagieren. Dennoch gilt gerade für »bekehrte Raucher«: Sie haben früher Toleranz erwartet – zeigen Sie sich jetzt ebenso duldsam.

Haustiere – Freude oder Landplage?

Dass uns der Anblick der Tiere so ergötzt, beruht hauptsächlich darauf, dass es uns freut, unser eigenes Wesen so vereinfacht vor uns zu sehen.

Arthur Schopenhauer (1788–1860)

Die Tierliebe der Deutschen ist sprichwörtlich: In vielen Haushalten gibt es Hund, Katze oder Vogel. Aber: Die Liebe zu Tieren teilen nicht alle Menschen. Wenn Ihr Vermieter zugestimmt hat, steht der Haltung eines Haustieres zwar nichts im Wege. Allerdings gilt auch hier: Nehmen Sie Rücksicht auf Ihre Mitbewohner – sowohl in der Familie wie in der Hausgemeinschaft:

- **KATZEN** halten Sie bitte von Personen fern, die unter einer Katzenhaar-Allergie leiden.
- **ANGST VOR HUNDEN** haben nicht nur Kinder: Halten Sie Ihren bellenden Vierbeiner immer auf Distanz und selbstverständlich an der Leine, wenn Sie Fremden begegnen. Gesetzliche Vorschriften wie Maulkorb- und Leinenzwang nehmen Sie bitte ernst.
- **ACHTEN SIE DARAUF**, wo Ihr Hund seine »Geschäfte« erledigt: Man kann jedes Tier zur Sauberkeit erziehen. Ganz gewiss hat Hundekot nichts auf dem Kinderspielplatz, auf der Liegewiese oder auf dem Gehweg zu suchen.
- **RUHESTÖRUNG** durch ständiges Gebell, lautstarkes Gemaunze oder einen stimmgewaltigen Papagei – es gibt unzählige Gerichtsverfahren zu diesem Thema.
- **ERZIEHEN SIE** Ihre Tiere in Ihrem eigenen Interesse so, dass zumindest die Nachtruhe Ihrer Mitmenschen nicht gestört wird.
- **WENN SIE ZUM ESSEN** oder zum gemütlichen Beisammensein einladen, dann fragen Sie sich, ob Ihr Tier die Gäste stört oder nicht. Vielleicht haben Sie einen oder mehrere Gäste, die Ihre Tierliebe nicht nachvollziehen können – auch wenn Ihr Hund noch so lieb ist.

➤ **SELBSTVERSTÄNDLICH** haben Tiere nichts auf dem Esstisch zu suchen. Das sollte immer gelten – nicht nur wenn Sie Gäste haben …

➤ **WENN SIE EINGELADEN** sind, fragen Sie vorher, ob Ihr Hund erwünscht ist. Akzeptieren Sie aber, wenn die Frage mit Nein beantwortet wird.

Der erste Eindruck ist entscheidend

Wer nicht als Einsiedler lebt, wird zwangsläufig mit anderen Menschen konfrontiert. Ob im Supermarkt oder im Theater, auf Partys oder bei offiziellen Anlässen – stets erwartet man von uns Gesten und Äußerungen, die gegenseitige Achtung und Respekt demonstrieren. Vor 30 Jahren wurde es in vielen Kreisen als schick angesehen, sich eher flegelhaft zu benehmen und seine »gute Kinderstube« zu verleugnen. Wer Manieren an den Tag legte, war ein Spießer, wer sich höflich benahm, ein Heuchler. Bis in die 80er Jahre hinein hielt sich hartnäckig die Meinung, die Spielregeln der Höflichkeit anderen gegenüber seien längst überholt und dienten nur der Unterdrückung der eigenen Persönlichkeit. Wohl gar nicht so wenige haben sich wegen einer solchen Einstellung einiges verbaut. Und das ist heute noch so: Viele Chancen gehen ungenutzt vorbei, weil man sich eben nicht an die Regeln des guten Benehmens hält, weil man zum Beispiel glaubt, das äußere Erscheinungsbild sei gleichgültig. Wir sollten niemals vergessen: Der erste Eindruck, den wir hinterlassen, ist entscheidend – ob dies gerechtfertigt ist oder nicht.

Image ist eine maßgeschneiderte Zwangsjacke.

Robert Lembke (1913 – 1989)

Ein Blick – und das Bild steht

Selbst wenn Sie es ungerecht finden und im Allgemeinen doch die inneren Werte die äußeren überwiegen sollten: Ausschlaggebend ist der erste Eindruck, den Sie auf einen anderen Menschen machen. Innerhalb von Sekundenbruchteilen checken wir unser Gegenüber ab und ordnen es nach unseren bisherigen Erfahrungen ein. Ein Blick genügt also – und wir haben uns eine erste, oft allerdings falsche Meinung über einen anderen Menschen gebildet. Das passiert umgekehrt natürlich auch mit Ihnen – und gerade

Vom Tag unserer Geburt an hängt unser Ansehen mit unserem Aussehen zusammen. Die Art, wie wir angesehen werden, hat Einfluss darauf, wie wir uns selbst sehen.

*Nancy Friday (*1937)*

deshalb sollten Sie sich davor hüten, Ihr Gegenüber allein nach dem äußeren Anschein zu beurteilen. Denn oft liegt man damit völlig falsch.

Flexibel sein – und jeder Situation gewachsen

Je nach Situation müssen wir umdenken: Sicherlich ist es unpassend, zur kirchlichen Trauung in Jeans und T-Shirt zu erscheinen.

Jeder Mensch gilt in dieser Welt nur so viel, als das, wozu er selbst sich macht.

Adolph Freiherr Knigge (1752 – 1796)

* **Ebenso unpassend** aber ist es, zum »Vorstellungsgespräch« bei den zukünftigen Schwiegereltern einen Smoking zu tragen. Jede Situation verlangt ein anderes Verhalten, einen anderen Umgang. Dabei kann der äußere Eindruck durchaus eine Form von »Politik« sein: nämlich dadurch, dass man sich auf eine gewisse Art »verkauft«. Schon so mancher hat durch den richtigen Eindruck und die Art seines Auftritts Karriere im Beruf und in der Gesellschaft gemacht, obwohl er weder Talent noch Kompetenz aufweisen konnte. Anderen gelingt es, durch richtiges Auftreten Kontakt zu genau den Menschen zu bekommen, die ihnen in Beruf und Leben weiterhelfen.

* **Jeder Hochstapler**, jeder Heiratsschwindler »arbeitet« mit guten Manieren und gewandtem Auftreten, um seine unmoralischen oder ungesetzlichen Ziele zu erreichen. Das wollen Sie natürlich nicht tun – das heißt nun aber trotzdem nicht, dass Sie sich durch Prahlerei oder Lügen das rechte Entree verschaffen. Im anderen Extrem sollten Sie allerdings Ihr Licht auch nicht unter den Scheffel stellen.

* **Das richtige Maß** ist der beste Weg. Die Präsentation Ihrer eigenen Persönlichkeit sollte Sie von Ihrer besten Seite zeigen, und dies immer dem jeweiligen Anlass entsprechend. Das betrifft alle Bereiche des Lebens: ob Sie bei einem potenziellen Arbeitgeber Eindruck machen, im Kaufhaus gut beraten werden, Erfolg beim anderen Geschlecht erzielen möchten – alles hängt ganz entscheidend davon ab, wie Sie bei Ihrem Gegenüber ankommen.

* **Kleinigkeiten** entscheiden darüber, ob wir einen gepflegten Eindruck machen. Dabei ist es wichtig, in welcher Umgebung man sich befindet, wer der Mensch ist, mit dem man spricht. Aber ganz gleich, wo wir uns befinden und wem wir

DAMIT DER ERSTE EINDRUCK STIMMT

- **Wählen Sie Ihre Kleidung dem Anlass entsprechend.**
- **Ihr Haar sollte immer frisch aussehen. Selbstverständlich sollten ein guter Haarschnitt, regelmäßige Haarwäsche und nicht zuletzt die gepflegte Frisur sein.**
- **Ihre Fingernägel sind sauber, geschnitten oder gefeilt (und nicht abgeknabbert). Die Nagelhaut ist glatt und nicht eingerissen – auch das ist nämlich ein Zeichen von Gepflegtheit.**
- **Wer als Herr nicht glatt rasiert erscheint, achtet auf einen gepflegten Bart – durchaus modisch, aber bei längerem Barthaar perfekt (am besten vom Friseur) gestutzt.**
- **Schmuck trägt man nur da, wo er angebracht ist: tagsüber und im Beruf bitte nichts Pompöses, sondern schlichte Stücke. Das gilt auch für Modeschmuck.**
- **Zu viel an Gerüchen stört. Das gilt für Körpergeruch ebenso wie für Knoblauchdünste oder zu aufdringliches Parfüm und Rasierwasser.**
- **Passen Sie Ihre Lautstärke der Situation an – sowohl beim Reden wie beim Lachen.**
- **Seien Sie kein »graues Mäuschen«, halten Sie sich nicht zu sehr im Hintergrund: Das kann fälschlich als Duckmäuserei oder zu starkes Beobachten ausgelegt werden.**
- **Zeigen Sie Interesse an Ihrem Gegenüber und am Gespräch.**
- **Hüten Sie sich unbedingt vor Übertreibungen und Unwahrheiten: Lügen haben kurze Beine.**
- **Achten Sie auf Ihre Gesten! Wildes Herumfuchteln, um Aussagen zu unterstreichen, wirkt oft unbeherrscht und störend.**

Die Kleidung muss eine Liebeserklärung an den Träger sein.

*Nino Cerruti (*1930)*

begegnen, einige grundlegende Dinge sollten immer selbstverständlich sein: saubere und geschnittene Fingernägel, gewaschene Haare, ordentliche, zu Ihrem Typ passende Kleidung, kurz gesagt: ein gepflegtes Äußeres.

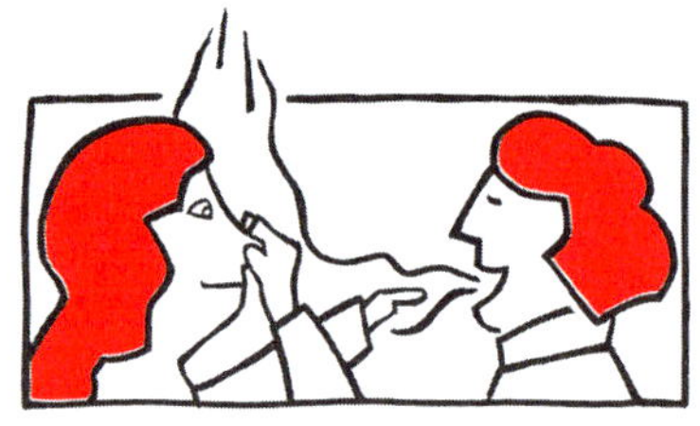

Körper- und Mundgeruch

Ein heikles Thema, doch beides hängt eng mit einer gepflegten Erscheinung zusammen. Nicht umsonst kennt man den Ausspruch: »Den kann ich einfach nicht riechen!« Das kann manchmal wirklich den Tatsachen entsprechen.

In der Mode gibt es keine letzte Wahrheit. Man kann nie sagen, das ist »in« und das ist »out«. Es wird immer eine Mischung geben aus dem, was gerade kommt, und dem, was gerade geht.

*Giorgio Armani (*1934)*

✱ **Dass wir unseren** natürlichen Körperwinden nicht einfach freien Lauf lassen, dürfte wohl auch dem ungehobeltsten Menschen klar sein. Gegen körpereigene Transpiration kann heute wirklich jeder etwas unternehmen. Es ist einfach unhöflich, seinem Gegenüber das nach Schweiß riechende Hemd vom Vortag zuzumuten. Achselschweiß lässt sich bestens mit Deodorant (auch für Allergiker!) bekämpfen.

✱ **Unangenehmer** Körpergeruch muss zwar nicht unbedingt etwas mit Unsauberkeit zu tun haben – es erweckt aber den Anschein. Und deshalb sollten Sie nicht nur peinlichst sauber sein, sondern außerdem vorbeugen: zum einen mit Deo, zum anderen mit täglich frischer Kleidung (vor allem Unterwäsche). Es nützt übrigens wenig, sich mit Parfum oder Rasierwasser einzunebeln. Beides verdeckt Körpergeruch nicht. Und auch wenn Eau de Toilette zu einer gepflegten Erscheinung gehört: Weniger ist mehr! Diese Regel sollten Sie beim Gebrauch von Eau de Toilette beherzigen, denn auch wohl riechende Duftwolken sind Ihren Mitmenschen nicht immer angenehm.

✱ **Man sollte es** nicht glauben, aber trotz aller Zahnpastawerbung muss man heute noch manchmal über Mundgeruch die Nase rümpfen. Das kann durchaus körperliche Ursachen haben und muss nicht mit mangelnder Zahnhygiene zusammenhängen. Gerade dann sollten Sie immer ein Pfefferminz bei sich haben und öfter als nur nach den Mahlzeiten die Zähne putzen. Mundwässer können ebenfalls hilfreich sein. Das gilt übrigens auch für Raucher. Liebhaber von Knoblauch sollten sich zurückhalten, wenn sie eng mit anderen Menschen zusammenarbeiten. Lästig für andere wird es, wenn die knoblauchgeschwängerten Ausdünstungen das bloße Luftholen zum Abenteuer werden lassen. Verlegen Sie den Knoblauchgenuss aufs Wochenende.

Welche Kleidung passt zu mir?

Mode ist wandelbar – was heute in ist, ist morgen schon wieder out. Sie sind jedoch nicht gezwungen, jede Mode mitzumachen. Sie sollten sich – so Sie nicht ganz jung sind und die entsprechende Figur haben – Ihrem Typ und der Situation gemäß kleiden. Sie müssen sich heute nicht mehr einer strengen Kleiderordnung unterwerfen, wie es noch vor wenigen Generationen üblich war. Damals konnte man an Form und Schnitt, aber auch den Farben sehen, welchem Stand jemand angehörte. Das »gewöhnliche« Volk musste mit empfindlicher Strafe rechnen, wenn es wagte, sich in Kleidung zu zeigen, die Adligen vorbehalten war.

*** Heute sind die Regeln** nicht annähernd so streng: Durch die Kleidung sind keine Standesunterschiede mehr sichtbar. Trotzdem gibt es in bestimmten Lebenssituationen noch eine strikte Kleiderordnung. Auch bei Polizei, Bundeswehr und in manchen Dienstleistungsberufen gibt es einheitliche Kleidung, meist Uniformen, aus denen man genau ablesen kann, welchen Dienstgrad oder welche Stellung jemand innehat. Für alle anderen gilt es, sich anzupassen, und zwar der Situation, in der man sich befindet.

Erlaubt ist viel – aber nicht alles

Anpassung an die Situation heißt nicht, dass Sie sich künftig nur noch konservativ oder nur noch flippig kleiden werden, wenn Sie auf entsprechenden Veranstaltungen sind. Anpassung will hier besagen, dass Sie in gewissen Lebensbereichen Ihren Mitmenschen durch Ihre Kleidung zeigen, dass Sie imstande sind, verschiedene Situationen zu differenzieren. Sie machen dies durch Ihr Äußeres deutlich, und dadurch offenbaren Sie sich als ein Mensch mit einer

Kleide dich nicht unter und nicht über deinen Stand; nicht über und nicht unter dein Vermögen; nicht fantastisch; nicht bunt; nicht ohne Not prächtig, glänzend noch kostbar; aber reinlich, geschmackvoll, und wo du Aufwand machen musst, da sei dein Aufwand zugleich solide und schön. Zeichne dich weder durch altväterische noch jede neumodische Torheit nachahmende Kleidung aus. Wende einige größere Aufmerksamkeit auf deinen Anzug, wenn du in der großen Welt erscheinen willst.

Adolph Freiherr Knigge (1752–1796)

Korrekte Kleidung zeugt von Höflichkeit. Wirklich passende Kleidung macht aus einem Menschen das, was er wirklich ist, wirkt wie ein Spiegelbild seiner inneren Einstellung.

reifen Persönlichkeit. Mit Verkleiden oder Maskerade hat das nichts zu tun. Gerade bei dem vielfältigen Angebot, das Ihnen die Mode heutzutage macht, sollte es Ihnen möglich sein, das zu finden, was Ihre individuelle Persönlichkeit unterstreicht. Indem Sie so Ihre eigene kleine »Kleiderordnung« herstellen, stärken Sie auch Ihre Selbstsicherheit.

* **Im Einzelnen** herrschen auf gesellschaftlichem Gebiet kleine, aber feine Regeln. Wenn Sie die ein wenig beherzigen, sind Sie vor dem Tritt in ungewollte Fettnäpfchen gefeit. Auf jeden Fall sollten Sie sich bei der Wahl Ihrer Garderobe stets folgende Fragen stellen:

- **WOHIN** gehe ich?
- **WAS** findet dort statt?
- **WIE** möchte ich mich den Menschen dort präsentieren?

* **Kleider** machen Leute, sagt man, und es ist nicht von der Hand zu weisen, dass dieser Spruch nach wie vor seine Gültigkeit besitzt. Starre Regeln gibt es zwar inzwischen nur noch bei offiziellen Veranstaltungen. Doch viele folgen auch im Privatleben gern einer Kleiderordnung. Kaum jemand wird sich wohl dabei fühlen, zu einer Beerdigung im bunten Fähnchen zu erscheinen oder bei einem festlichen Schlosskonzert im äußerst legeren Jogginganzug aufzukreuzen. Selbst Jugendliche, die abends in die Diskothek wollen, werden vom Türsteher abgewiesen, wenn ihre Kleidung nicht den Vorstellungen entspricht, die das Lokal von seinen Gästen hat.

Männer und Mode – zwei Welten?

Männer sind dem Diktat der Mode ebenso unterworfen wie die Damenwelt. In der Privatsphäre gibt es natürlich keine festgelegten Kleidervorschriften. Wer aber wirklich Stil hat und etwas auf sich hält, der wird auch im nicht öffentlichen Bereich auf sein Outfit achten. So wird ein Herr, der sich zu benehmen weiß, auch zu Hause nicht ständig in ausgebeulten Jogginghosen, Pantoffeln und Unterhemd herumlaufen. Er wird darauf achten, dass seine Kleidung immer ordentlich, wenn auch etwas lässiger ist, dass sie zu seinem Typ und seinem Gesamterscheinungsbild passt.

Sympathien gewinnen – und behalten

Haben Sie ein gutes Image? Diese Frage sollten Sie sich selbst stellen. Unter Image versteht man das Bild, das man sich von einem anderen macht; in unserem Fall also das Bild, das Ihre Mitmenschen sich von Ihnen machen. Image hängt mit dem persönlichen Eindruck zusammen, den wir hinterlassen, und damit, wie unser Gegenüber uns bewertet und was er von uns erwartet. Darauf können wir nur indirekt Einfluss nehmen. Das heißt aber nun nicht, dass Sie sich um jeden Preis so verhalten sollen, dass es anderen gefällt. Ein solch verkrampftes Verhalten, das die Persönlichkeit unter den Scheffel stellt, schlägt negativ zu Buche.
Das Urteil anderer ist zwar oft wichtig – aber es darf nicht so weit führen, dass Sie sich nur an der Bewertung anderer ausrichten. Mit höflichem Auftreten und taktvollem Verhalten jedoch hat es eine ganze Menge zu tun.

* **Verändern Sie Ihr Image** indem Sie sich z. B. anders kleiden, anders verhalten, insgesamt anders auftreten. Jeder Schauspieler tut das, wenn er auf der Bühne oder im Film eine Rolle spielt. Im realen Leben jedoch kann man solche Rollenspiele nur schwer auf Dauer durchhalten. Deshalb sollten Sie sich bemühen, Ihren eigenen Stil zu finden und sich damit selbst treu bleiben. Die äußere Erscheinung macht einen großen Teil bei der Bewertung durch andere aus. Anders als früher gibt uns die heutige Mode ausreichend Raum für Individualität.

* **Unsere Großeltern** waren oft noch strengeren Regeln unterworfen: Mädchen durften keine Hosen tragen, Jeans bei Knaben waren verpönt – es musste schon die »gute Hose« sein. Das hat sich geändert: Eine Dame im Hosenanzug ist eine Selbstverständlichkeit, und für den Herrn sind Jeans zum Jackett im Berufsleben nicht mehr ungewöhnlich.

* **Nicht nur** Ihr äußeres Erscheinungsbild ist wichtig für Ihr Image. Zwar müssen Sie es verstehen, in jeder Situation richtig gekleidet zu sein und immer gepflegt aufzutreten.

Gegen den Strom der Zeit kann zwar der Einzelne nicht schwimmen, aber wer Kraft hat, hält sich und lässt sich von demselben nicht mit fortreißen.

Johann Gottfried Seume (1763–1810)

Siezen ist die Regel all jenen Menschen gegenüber, die nicht zum Familien- oder Freundeskreis gehören. Es schafft höfliche Distanz, wo Vertraulichkeit nicht angebracht wäre.

Aber Ihr Verhalten ist mindestens genauso wichtig. Man kann es jemandem durchaus verzeihen, wenn er bei einer bestimmten Gelegenheit einmal »under-« oder »overdressed« erscheint. Nicht verzeihen wird man Ihnen jedoch, wenn Sie sich flegelhaft benehmen und nicht wissen, wie man mit Messer und Gabel umgeht. Achten Sie auch auf Ihre Körpersprache – sie verrät mehr, als Sie ahnen. Sie haben einen Spiegel zu Hause: Schauen Sie sich selbst an, wie Sie lächeln, wie Sie gehen, stehen, sitzen. Versuchen Sie offensichtliche »Fehler« auszumerzen: etwa Gesten, die nervös oder unsicher wirken, oder Grimassen, die Ihr Gesicht unvorteilhaft zeigen. Schlechte Angewohnheiten in dieser Hinsicht kann man durchaus wieder ablegen.

✱ **Um an Ihrem Image** zu arbeiten, sollten Sie sich nicht scheuen, auch Kritik anzunehmen – selbstverständlich nur, so lange diese konstruktiv ist. Vielleicht bitten Sie eine gute Freundin, mit Ihnen mal den Kleiderschrank durchzugehen, wenn Sie sich in Bezug auf Ihr Outfit unsicher sind. Ein guter Kollege gibt Ihnen sicher ehrlich Auskunft, wenn Sie ihn nach Ihrem Auftreten bei der letzten Arbeitssitzung fragen. Nicht zuletzt wird dieses Buch Ihnen weiterhelfen, beim Verhalten Ihren Mitmenschen gegenüber in den verschiedensten Situationen mehr und mehr Sicherheit zu erlernen.

Auf Du und Du? Oder doch per Sie?

Bis zur Mitte des 19. Jahrhunderts gab es das allgemeine Du selbst zwischen vertrauten Personen nicht. In der damaligen bürgerlichen Gesellschaft wurde jeder gesiezt, selbst zwischen Eheleuten und zwischen Eltern und Kindern war dies üblich. Erst die Gewerkschaftsbewegung führte das Du als Ausdruck für Brüderlichkeit und sozialistische Gleichheit ein. Ende der 60er Jahre wurde es dann modern, sich von vornherein mit Du anzureden. Man wollte damit althergebrachte soziale Normen durchbrechen und eine Vertrautheit herstellen, die helfen sollte, Probleme des Miteinanders schneller zu lösen. Es stellte sich aber bald heraus, dass die Probleme sich allein durch das Du auch nicht lösen ließen. Als Folge des damals üblichen allgemeinen Du geht man heute allerdings mit Duzen und Siezen wesentlich unverkrampfter um als früher.

* **Unter Erwachsenen** ist es normalerweise üblich, sich mit Sie anzusprechen. Das Du ist keine Selbstverständlichkeit, sondern wird erst nach einer höflichen Anfrage erlaubt. Hier sollten Sie nach wie vor beachten, wer wem das Du anbietet. Nämlich der ältere Mensch dem jüngeren sowie der Ranghöhere dem Rangniedrigeren. Früher galt es als verpönt, dass ein Herr einer Dame das Du anbot. Das sieht man heute im Zuge der Gleichberechtigung nicht mehr so eng. Als Mann dürfen Sie also durchaus von sich aus einer Kollegin oder guten Bekannten das Du anbieten.

* **Ausnahmen gibt es** im mundartlichen Bereich: Ein Hamburger sollte sich nicht gleich geduzt und damit eventuell herabgesetzt fühlen, wenn ein Süddeutscher im Gespräch »ihr« und »euch« verwendet. Das ist gewiss keine Respektlosigkeit, sondern eine regionale Eigenheit. Von mangelndem Respekt zeugen jedoch folgende Verhaltensweisen:

➤ **WENN** man ältere Menschen einfach duzt, ohne sie zu kennen. Das gilt in manchen Fällen leider auch für das Pflegepersonal in Kliniken oder Pflegeheimen, das die Kranken oder Pflegebedürftigen einfach »Oma« und »Opa« nennt.

➤ **WENN** man ausländische Mitbürger mit Du tituliert, weil man glaubt, sie kämen mit dem deutschen Sie nicht klar. (»Na, du verstehen?«)

➤ **WENN** man einen Untergebenen mit Du anspricht, um zu demonstrieren, dass man der Boss ist.

➤ **WENN** man Auszubildende duzt, weil sie jung sind und noch nicht ausgelernt haben.

Wie man ein Duzangebot ablehnt

Das Du ist ein Freundschaftsbeweis, ein Ausdruck des Vertrauens. Wie wir nicht jeden

Das Du ist stets ein Vertrauensbeweis. Sie sollten es deshalb mit Bedacht einsetzen – und niemals, um Ihr Gegenüber herablassend zu behandeln oder um sich anzubiedern.

Aus Vertraulichkeit entsteht die zarteste Freundschaft und der stärkste Hass.

Antoine de Rivarol (1753–1801)

wildfremden Menschen sofort umarmen, wenn wir ihn kennenlernen, so sollten wir auch in der Anrede erst einmal Distanz wahren. Das angebotene Du ist eine Ehre, ein Geschenk, das wir demjenigen zukommen lassen, den wir besser kennen als andere. Deshalb ist es auch nicht leicht, das angebotene Du abzulehnen.

* **Früher galt** es als grobe Unhöflichkeit, wenn nicht gar Beleidigung, ein Duzangebot zurückzuweisen. Das ist heute anders. Es gibt allerdings eine Ausnahme: wenn das Du in Ihrer Firma Geschäftspolitik ist. Vor allem bei skandinavischen Firmen ist dies üblich, denn im jeweiligen Heimatland sieht man das Ganze nicht so eng.

* **Wenn Sie jemanden** nicht duzen möchten, sollten Sie in jedem Fall einen guten Grund angeben. Sonst ist Ihr Gegenüber mit Recht brüskiert. Am besten formulieren Sie die Ablehnung so, dass Sie einerseits Ihre Freude über den Vertrauensbeweis ausdrücken, im zweiten Satz dann aber erklären, aus welchem Grund Sie das Du trotzdem ablehnen möchten. Gründe dafür können zum Beispiel sein: Sie möchten im Beruf keinen Präzedenzfall schaffen, oder Sie fühlen sich nach einer so kurzen Bekanntschaft noch nicht vertraut genug.

* **Wichtig ist** in jedem Fall, dass Sie Ihr Gegenüber, das Ihnen ja freundlich entgegenkommen möchte und Ihnen vielleicht sogar mit dem Duzangebot die Freundschaft anbietet, nicht vor den Kopf stoßen. Es mag eine Gratwanderung sein – aber oftmals liegt ein Du sozusagen »in der Luft«. Wenn Sie es also schon ahnen, dass sich jemand mit Ihnen duzen möchte, können Sie sich schon im Vorfeld eine einleuchtende Erklärung ausdenken.

Privat per Du – öffentlich per Sie?

Manchmal kann es von Vorteil sein, das zwischen zwei Menschen übliche Du kurzfristig hintanzustellen. Vor allem gilt dies fürs Berufsleben und in den Medien. Es macht nicht unbedingt einen guten Eindruck, wenn sich in einer Podiumsdiskussion die Kontrahenten, die sich privat gut verstehen, duzen. Im Geschäftsleben kann das Duzen vor Kunden unangebracht sein. In vielen Firmen wird es auch nicht gern gesehen, wenn Chef und Untergebene sich duzen. Das bringt Sie, wenn Sie Ihren Vorgesetzten privat gut kennen, unter Umständen in Schwierigkeiten. Ein klärendes Wort zur rechten Zeit vermeidet Missverständnisse – und sollte Ihrer privaten Beziehung keinerlei Abbruch tun.

* **Fehl am Platz** ist manchmal ein Du beim beruflichen Briefwechsel, etwa wenn Sie eine vertragliche Regelung mit einem Geschäftspartner bestätigen, den Sie normalerweise duzen. Dann ist es besser, im »offiziellen« Brief das Sie zu verwenden, aber auf einem Extrablatt ein paar persönliche Zeilen mit der entsprechenden Anrede Du hinzuzufügen. Wer in der Öffentlichkeit auftritt – also in Rundfunk und Fernsehen – sollte sich mit einem eventuellen Duzpartner vorher einigen, wie man sich nun anspricht. Es kann auf Zuhörer und Zuschauer befremdlich wirken, wenn ein Moderator einen Gast (vor allem wenn es sich um einen Prominenten handelt) einfach duzt.

* **Noch ein Hinweis:** Selbst wenn Ihr Interviewpartner nichts gegen das Du vor der Kamera einzuwenden hat – allzu leicht gerät man als Reporter oder Moderator bei den Zuschauern in den unschönen Verdacht, sich durch das Duzen mit einem Prominenten profilieren zu wollen. Allein schon deshalb kann das Siezen in der Medienöffentlichkeit oftmals die bessere Lösung sein.

Duzen im Beruf

In manchen Berufen hat es sich eingebürgert, recht schnell zum vertraulichen Du überzugehen. Zum Teil ist es sogar ausdrücklich erwünscht, um den Teamgeist zu fördern. Gerade ältere Kollegen fühlen sich dadurch aber manchmal brüskiert. Die Entscheidung, ob jemand lieber mit Du oder mit Sie angesprochen werden möchte, sollte auch im Beruf jedem selbst überlassen werden. Bedenken Sie bitte: Ist in der Firma das Du allgemein üblich, kann es unklug sein, sich davon auszuschließen. Es gibt eine Mischform der Anrede, mit der man sich vielleicht eher befreunden kann: das förmliche Sie in Verbindung mit dem Vornamen. Die Anrede mit dem Vornamen ist in den USA üblich, hierzulande jedoch klingt sie noch etwas ungewohnt.

Kapitel 2

Familie, Freunde, Nachbarn

Auf einen Blick

Familie, Freunde, Nachbarn

Am Anfang steht immer die Liebe, und kein Paar kann sich vorstellen, dass es im Alltagsleben so ganz anders aussieht, als uns die Verliebtheit vorgaukelt. Doch leider geht es schneller, als man denkt! Allzu viele Menschen glauben, wenn sie ihren Partner erst »sicher« im Hafen der Ehe haben, müssten sie sich nicht mehr um ihn bemühen.

Gewohnheit ist der Feind liebevoller Partnerschaft

Gute Manieren bestehen aus lauter kleinen Opfern.

Ralph Waldo Emerson (1803–1882)

Haben erst einmal die Hochzeitsglocken geläutet und ist man ein Paar vor Gott und dem Gesetz, zeigt sich in vielen Fällen leider sehr schnell, dass vieles, was man am Partner zunächst so anziehend fand, im Grunde Maskerade war. Plötzlich ist nicht mehr viel übrig von den Komplimenten und zärtlichen Gesten, von stets gepflegter Erscheinung und selbstverständlichem Bemühen umeinander. Sogar der liebevolle Umgangston verschwindet nach und nach. Der graue Alltag ist eingekehrt – und er führt immer öfter dazu, dass Paare sich trennen.

An einer guten Ehe muss man arbeiten

Liebevolle Gesten und gegenseitige Rücksichtnahme zählen gerade in engen familiären Beziehungen, wie es eine Ehe (oder Lebensgemeinschaft) ist, nun einmal zur Hauptsache. Natürlich: Jede Verliebtheit lässt mit der Zeit nach, man gewöhnt sich schnell aneinander. Und ebenso selbstverständlich putzt man sich nicht tagtäglich heraus wie zum ersten Rendezvous. Man kann im Alltag nicht ständig nur seine Schokoladenseite zeigen und muss den Partner mit all seinen liebenswerten und weniger angenehmen Seiten akzeptieren. Aber das heißt ganz gewiss nicht, dass Ehepaare deshalb unhöflich miteinander umgehen! Ehe- oder Lebenspartner verdienen gegenseitig Achtung und Respekt.

✱ **Gerade die** unscheinbaren Dinge sind es, die das Zusammenleben harmonisch gestalten: ein überraschend mitgebrachter Blumenstrauß (nicht nur zum Geburtstag); eine neue Krawatte zwischendurch; sich schick machen für einen Abend nur mit Ihrem Liebsten; die besondere Aufmerksamkeit eines Frühstücks, das Sie, meine Herren, Ihrer Frau sonntags ans Bett bringen – all das sind Dinge, die dem Partner zeigen, dass man sich noch immer liebt, Dinge, die beweisen, dass man sich auch in der Ehe zu benehmen weiß – und die man selbst dann durchführen kann, wenn Familienstress und Alltagshektik an der Tagesordnung sind.

Die Tücken des ehelichen Alltags

Ungehobeltes Benehmen zwischen Eheleuten ist leider nicht das »Privileg« lang verheirateter Paare. Ganz im Gegenteil: Gerade jungen Männern und Frauen fällt es oft schwer, sich den Wünschen und Bedürfnissen, den Eigenarten und kleinen »Macken« des anderen anzupassen. Die Ursache dafür ist sicher auch darin zu suchen, dass man sich heutzutage im Allgemeinen später bindet als früher. So entwickeln viele Singles ihren ganz eigenen Lebensstil – und den gibt man trotz aller Liebe ungern auf, zumal wenn das Gefühl der ersten Verliebtheit vorüber ist. Da passiert es dann leicht, dass man in einer angespannten Situation zu sehr auf Kleinigkeiten »herumreitet«. Und die Partnerschaft leidet unter solchen Unstimmigkeiten.

* **Niemand** kann erwarten, dass ein anderer sich nahtlos in unsere eingespielten, aber nicht unbedingt perfekten und immer notwendigen Alltagsrituale einfügt. Wer mit durchaus liebevoller Überlegung an eine Beziehung herangeht, weiß, dass man die eigene hohe Erwartungshaltung nicht stets durchsetzen kann. Dazu gehört allerdings, dass beide mit offenen Karten spielen: Selbst wenn Sie Ihr Gegenüber zunächst (unangenehm) überraschen, ist es auf lange Sicht besser, von Anfang an klare Verhältnisse zu schaffen. Damit kann man umgehen, sich arrangieren und Kompromisse schließen. Ehrlichkeit am Anfang einer Beziehung ist allemal besser als ein späteres böses Erwachen. Eheberater und Psychologen empfehlen:

➤ **SEIEN SIE** auch im Alltag immer höflich und zuvorkommend – zu Ihrem Partner eben-

Die Ehe ist kein Fertighaus, sondern ein Gebäude, an dem ständig konstruiert und repariert werden muss.

Jean Gabin (1904 – 1976)

Die Ehe wird nicht glücklich durch Liebe – oft das Gegenteil –, sondern durch Vernunft.

Jean Paul (1763–1825)

so wie zu Ihren Kindern.

➤ **ZEIGEN SIE** Ihrem Partner jeden Tag, dass Sie ihn noch lieben. Selbst wenn es Ihnen manchmal schwer fällt, weil Sie gestresst und kaputt vom Job oder Familienleben sind.

➤ **DENKEN SIE** an Ihre ganz persönlichen »Memory-Tage«, denn wohl kaum etwas ist verletzender als ein Partner, der zum Beispiel den Hochzeitstag vergisst. Wenn Sie ein schwaches Gedächtnis haben: Ein Terminkalender hilft Ihnen weiter.

➤ **KLEINE GESCHENKE** zwischendurch erhalten nicht nur die Freundschaft, sondern auch die Liebe jung und frisch.

➤ **GEWÄHREN SIE** sich gegenseitig persönliche Freiräume. Ihr Partner »gehört« Ihnen nicht – er hat eine Intimsphäre, die Sie achten sollten. Und es steht ihm oder ihr zu, eigene Interessen zu entwickeln und zu verwirklichen.

➤ **PÜNKTLICHKEIT** ist auch in der Partnerschaft ein absolutes Muss. Denn sie zeigt, dass Sie den anderen respektieren und nicht über seine Zeit verfügen.

➤ **LERNEN SIE** richtig streiten! Nur wer selbst bei Meinungsverschiedenheiten fair bleibt, den anderen ausreden lässt und nicht verallgemeinert, sondern sich auf dem konkreten Streitpunkt beschränkt, gibt sich und dem anderen die Chance, am Ende des Krachs einen für beide Seiten zufrieden stellenden Kompromiss zu erzielen.

➤ **PFLEGEN SIE** sich täglich – nicht nur im Umgang miteinander, sondern ganz bewusst Ihr Aussehen, Ihren Körper. Die Ehe ist kein Freibrief dafür, sich gehen zu lassen und sich zu vernachlässigen.

➤ **ERHALTEN SIE** sich kleine Rituale. Dazu gehört der tägliche Gute-Nacht-Kuss, aber auch ein Abend in der Woche, den Sie sich ausschließlich für Ihren Partner Zeit nehmen – koste es, was es wolle.

➤ **DIE HAUSHALTSARBEIT** ist für beide da – vor allem, wenn beide Ehepartner außer Haus arbeiten. Aber selbst wenn Sie »Nur-Hausfrau« sind, sollte es für Ihren Mann heutzutage selbstverständlich sein, im Haushalt mit anzupacken oder die Kinder zu hüten.

Respekt für den anderen zeigen

Viele Paare, die schon längere Zeit zusammenleben, benehmen sich zu Hause anders als in der Öffentlichkeit. Oft wird der Ehepartner herablassend behandelt, man nimmt keinerlei Rücksicht auf seine Wünsche und Bedürfnisse. Warum auch, mag sich so mancher denken: Der Partner ist doch tagaus tagein da – kein Grund, sich besonders um ihn bzw. sie zu bemühen! Niemand erwartet wohl ernsthaft, dass Eheleute sich nach vielen Jahren des Zusammenlebens noch genauso verhalten wie am Anfang ihrer Beziehung. Da schleicht sich so manche Unsitte ein: Man wird daheim in den eigenen vier Wänden in Sachen Kleidung bequemer, vielleicht sogar nachlässig. Aber das sollte nicht heißen, dass man sich achtlos und schlampig zeigt. Zu den Anstandsregeln unter Eheleuten gehört es auch, dass Sie …

- **SELBSTVERSTÄNDLICH** »Bitte« und »Danke« sagen.

- **IHRER FRAU FEUER** geben, wenn sie sich eine Zigarette anzündet.

- **ANRUFEN**, wenn Sie später nach Hause kommen – nicht damit Sie sich unter »Kontrolle« begeben, sondern um zu verhindern, dass der andere sich Sorgen macht.

- **SIE FINDEN ES** selbstverständlich, dass Ihr Partner weiß, wo Sie sich aufhalten.

- **EINE KURZE NACHRICHT** hinterlassen, wenn Sie unvorhergesehen aus dem Haus gehen müssen.

- **ES AKZEPTIEREN**, wenn Ihr Partner mal die eingefahrene Routine beiseite lässt und etwas Neues ausprobieren möchte. Das betrifft nicht nur Experimente in der Küche – etwa unbekannte Rezepte, sondern das Zusammenleben ganz allgemein: Neue Hobbys und neue Impulse frischen jede Beziehung auf.

In der Ehe muss man einen unaufhörlichen Kampf gegen ein Ungeheuer führen, das alles verschlingt: die Gewohnheit.

Honoré de Balzac (1799 – 1850)

Ursache vieler Streitereien – die Finanzen

Selbst, wenn viele Ehefrauen heutzutage berufstätig sind: Immer noch verdienen Frauen

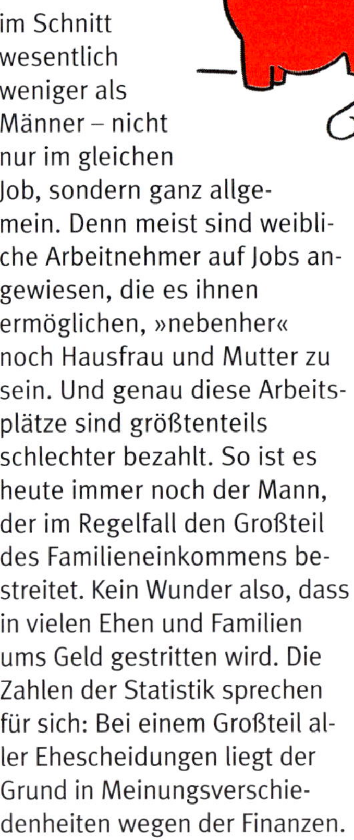

im Schnitt wesentlich weniger als Männer – nicht nur im gleichen Job, sondern ganz allgemein. Denn meist sind weibliche Arbeitnehmer auf Jobs angewiesen, die es ihnen ermöglichen, »nebenher« noch Hausfrau und Mutter zu sein. Und genau diese Arbeitsplätze sind größtenteils schlechter bezahlt. So ist es heute immer noch der Mann, der im Regelfall den Großteil des Familieneinkommens bestreitet. Kein Wunder also, dass in vielen Ehen und Familien ums Geld gestritten wird. Die Zahlen der Statistik sprechen für sich: Bei einem Großteil aller Ehescheidungen liegt der Grund in Meinungsverschiedenheiten wegen der Finanzen.

Die Ehe ist ein Spielplan mit gleich bleibendem Repertoire. Folglich sollte man wenigstens die Inszenierung ändern.

Federico Fellini (1920 – 1993)

✱ **Zu Recht** beklagen sich viele Frauen darüber, dass sie von ihren Männern »zu kurz« gehalten werden. Selbst wenn Sie als Ehemann das Geld verdienen: Es handelt sich – und das vergessen Sie bitte nie! – um das Einkommen der Familie. Nicht um Ihr persönliches Taschengeld, von dem Sie ganz nach Lust und Laune auch Ihrer Frau etwas »abgeben«. Hausarbeit und die Erziehung der Kinder werden bei uns leider nicht entlohnt, sie sind – so ungerecht das ist! – in den Augen vieler eine Selbstverständlichkeit. Dabei ist gerade die Kinderbetreuung und Kindererziehung ein Job rund um die Uhr, der sich in finanziellem Wert gar nicht ermessen lässt.

Gleiche Rechte für Mann und Frau

Natürlich gibt es Familien, bei deren Einkommen »Sonderausgaben« einfach nicht drin sind. Merkwürdig erscheint da manchmal nur, dass viele Männer immerhin genug verdienen, um sich abends ein Bierchen in der freundschaftlichen Runde leisten zu können oder um sonntags auf den Sportplatz zu gehen. Es sei ihnen gegönnt – vorausgesetzt, sie gestehen ihrer Frau die gleichen Rechte zu! Es sollte einsehbar sein, dass die Ehefrau – neben den täglich anfallenden Ausgaben für den Haushalt – über eine ebenso große Summe verfügen sollte wie ihr Mann – und zwar als »Taschengeld« für ganz persönliche Ausgaben. Es gehört sich einfach, dem Ehepartner auch in finanzieller Hinsicht Freiräume zu lassen. Zwischen Eheleuten sollte ohnehin so viel Vertrauen herrschen, dass ein gemeinsames Konto selbstverständlich ist. Bei Doppelverdienern empfiehlt sich vielleicht ein zusätzliches Konto für die Haushaltsführung, auf das jeder Ehepartner einen angemessenen Betrag einzahlt. Davon werden die alltäglichen Haushaltskosten sowie gemeinsame Anschaffungen bestritten.

Kinder lernen durch Vorbilder

Jeder hat schon einmal gehört, wie Eltern zu ihren Kindern sagen: »Benimm dich anständig, und sei brav!« Durch Erziehung und das Beispiel der Eltern haben wir uns ganz automatisch im Lauf der Zeit Benimmregeln angeeignet. Und genau so geht es unseren Kindern, die unseren täglichen Umgang mit anderen Menschen beobachten und daraus lernen. Von sich aus wird kein Kind »Danke« oder »Bitte« sagen. Hört es aber die Mutter »Danke« sagen, wenn sie beim Bäcker die Tüte mit den Brötchen bekommt, so wird es dieses Verhalten sicherlich nachahmen. Damit ist der erste Schritt zum Erlernen von Höflichkeit fast wie von selbst getan. Kinder leben das nach, was wir ihnen vormachen. Wir können also nicht erwarten, sie stets ordentlich gekleidet zu sehen, sie nur gesittet sprechen zu hören und von ihnen mit dem gehörigen Respekt behandelt zu werden, wenn wir uns selbst nachlässig benehmen.

Wenige Dinge auf Erden sind lästiger als die stumme Mahnung, die von einem guten Beispiel ausgeht.

Mark Twain (1835 – 1910)

* **Vor noch gar nicht** allzu langer Zeit war man als Elternpaar stolz, wenn das kleine Mädchen zur Begrüßung einen Knicks und der kleine Junge einen höflichen Diener machten. Heute sind die meisten Kinder freier erzogen, die strengen Anstandsregeln haben sich spürbar gelockert. Doch einige Grundregeln sollten sie auch heute noch befolgen. Bringen Sie einem Kind bei, dass es Freunde, Bekannte und Nachbarn grüßt, wenn es ihnen auf der Straße begegnet – und zwar als Erstes. Auch sollte es für das Kind ab einem gewissen Alter selbstverständlich sein, bei Begrüßung und Verabschiedung von Gästen die rechte Hand zu geben und dabei dem Gegenüber in die Augen zu schauen. Kinder müssen früh die Erfahrung machen, dass es sich lohnt,

freundlich und höflich zu sein, dass sich dadurch Türen öffnen, die ihnen sonst möglicherweise verschlossen bleiben. Höflichkeit ist auch für Kinder ein Erfolgsfaktor.

Erziehung zur Selbstständigkeit

Schon kleinen Kindern kann man Tischsitten vermitteln:

- *Man greift erst zu, wenn alle am Tisch sitzen.*
- *Es klingt unappetitlich, die Suppe zu schlürfen.*
- *Man bedient sich nicht nach Lust und Laune aus Schüsseln und Töpfen.*
- *Mit vollem Mund spricht man nicht.*
- *Lippen werden nicht am Ärmel, sondern an der Serviette abgewischt.*
- *Aufgestanden wird erst, wenn alle mit dem Essen fertig sind.*

Gewiss sollten Kinder Selbstständigkeit und Freizügigkeit nicht maßlos ausnutzen dürfen. Allerdings: Wer als Elternpaar den gesunden Menschenverstand walten lässt und seinen Kindern das gute Beispiel vorlebt, wird sicher weniger Probleme haben, dem Nachwuchs gutes Benehmen beizubringen. Es würde in diesem Buch zu weit führen, auf einzelne Aspekte der Kindererziehung einzugehen. Wohl aber möchte ich aus der eigenen Erfahrung heraus sagen: Selbst Kleinkinder können sich »gut« benehmen. Es ist eine Sache liebevoller Strenge und elterlicher Konsequenz.

➤ **SCHON SEHR FRÜH** spielen Kinder, wenn sie die ersten Worte sprechen können, das »Bitte-Danke-Spiel«: Sie geben einem Erwachsenen einen Gegenstand und freuen sich, wenn er »Danke« sagt und ihn dann mit einem »Bitte« wieder zurückreicht. Ist das der erste Anfang von Höflichkeit? Ganz gewiss!

➤ **IM ZWEITEN LEBENSJAHR** merken Kinder schon sehr genau, was den Großen gefällt und was sie nicht mögen. Früher hätte man das Kind jetzt »dressiert« – zu Knicks und Diener. Heute tut man das nicht mehr. Aber Sie können als Eltern diese Phase trotzdem ausnutzen, um das Kind anzuhalten, selbst »Bitte« und »Danke« zu sagen. Außerdem ist in diesem Alter der Nachahmungsdrang sehr groß: Rollenspiele kommen auf, und Sie haben die Riesenchance, nun behutsam den Grundstein für die wichtigsten Regeln des gegenseitigen Respekts zu legen. Ein Kind, das merkt, dass der Vater die Mutter höflich um etwas bittet, wird dieses Verhalten nachahmen.

➤ **MIT FÜNF BIS SIEBEN** Jahren wissen Kinder ganz genau, was richtig und falsch ist. Jetzt können sie sich zum ersten Mal in einen anderen hineinversetzen, erkennen, wie sich jemand in einer bestimmten Situation fühlt: eine gute Basis dafür, dass Ihr Kind Ermahnungen versteht und befolgt. Allerdings wächst in die-

Schwieriges Alter – die Pubertät

Gerade in der Pubertät kommt es zwischen Eltern und Heranwachsenden immer wieder zu Konflikten und teilweise schlimmen Streitereien. Das ist ganz natürlich und kann selbst durch noch so große Höflichkeit nie ganz aus der Welt geschafft werden. Jedoch ist es auch hierbei wichtig, die Form zu wahren:

- **Bewahren Sie Ruhe, und bleiben Sie geduldig. Wütende verbale Angriffe sind nicht persönlich gemeint, sondern Ausdruck allgemeinen »Protests«.**
- **Bleiben Sie konsequent, aber strafen Sie nicht: Nichts ist sinnloser, als kleinere Vergehen mit drakonischen Strafen zu belegen.**
- **Zeigen Sie Ihrem Kind, dass Sie es lieb haben, auch wenn es noch so bockt und um sich schlägt.**
- **Jugendliche haben eine eigene Kleiderordnung. Und die muss – und wird – Ihnen nicht immer gefallen. Erinnern Sie sich an Ihre eigene Jugendzeit: Da gab es auch so manch heiß geliebtes Kleidungsstück, das den Eltern ein Dorn im Auge war. Haben Sie sich damals davon abbringen lassen? Na also ...**
- **Ihre Musik empfinden wir vielleicht als Lärm, ihre Sprache verstehen wir teilweise gar nicht mehr. Es nützt nichts, sich anzubiedern und jugendlicher zu geben, als Ihr Nachwuchs es ist. Aber: Vermitteln Sie Ihrem Kind, dass Sie seinen Geschmack zwar nicht teilen, ihn jedoch akzeptieren – in Zimmerlautstärke!**
- **Sie haben nur zwei Möglichkeiten, mit den dramatischen Entwicklungen in der Pubertät umzugehen:**
1. Entweder versuchen Sie unter Aufbietung aller elterlichen Autorität, Ihrem Sprössling gutes Benehmen, Höflichkeit und Anstand beizubringen, oder ...
2. Sie ignorieren diese Phase des Erwachsenwerdens und leben dem Jugendlichen beispielhaft vor, was Sie unter den Werten eines guten familiären und gesellschaftlichen Miteinanders verstehen.

Der Grundton in der Harmonie der Häuslichkeit muss immer das Kindergeschrei sein, sonst geht die wichtigste Stimme ab.

Johann Nepomuk Nestroy (1801 – 1862)

sem Lebensabschnitt auch der Drang, auszuprobieren, wie weit man gehen kann: Das sind dann die beliebten Situationen, bei denen die Mutter hilflos dasteht, weil der kleine Mark im Supermarkt losbrüllt oder die Verwandtschaft am festlich gedeckten Tisch drangsaliert wird, weil Klein-Marie beschlossen hat, auszuprobieren, ob sie wirklich Tomatensuppe essen muss.

➤ **DIE SCHWIERIGSTE** Stufe beim Heranwachsenden ist die Pubertät, also das Alter ab frühestens zehn bis etwa 16 Jahre. Sie sind für viele Eltern der reine Stress: Jugendliche rebellieren nur um der Rebellion willen. Mit einem ernsten Hintergrund: Sie müssen erwachsen werden, und das ist gar nicht so leicht.

Gutes Benehmen muss vorgelebt werden

Genau dies ist der springende Punkt: das Vorleben gewisser Regeln und Werte. Kinder sind immer ein Spiegel des Verhaltens der Eltern. Wie sollen sie gute Tischmanieren erlernen, wenn der Vater beim Essen schmatzt? Wie sollen sie wissen, was sich gehört, wenn ihre Mutter den Vater immer nur als »der Alte« betitelt? Wie sollen sie lernen, was Respekt anderen gegenüber ist, wenn ihnen selbst von Seiten ihrer Eltern nie der geringste Respekt widerfährt? Kinder werden – das gilt ganz besonders für die Zeit der Pubertät – immer gegen ihre Eltern aufbegehren. Dennoch werden sie das Erlernte und Gesehene, das Erfahrene, auf sich übertragen und wie selbstverständlich annehmen.

Kinder haben ein Recht auf Respekt

➤ **NIEMALS** sollten Kinder in der Öffentlichkeit gemaßregelt werden. Für die Kleinen ist diese Bestrafung beschämend und für unfreiwillige Zuschauer oft peinlich.

➤ **ANDERERSEITS** sollten Sie Ungehorsam und Unsinn nie herunterspielen. Oft finden Eltern es »witzig«, wenn ihr Sprössling ständig an den Haaren des Besuchers zieht. Der Besucher seinerseits kann darüber überhaupt nicht lachen, und es ist nur gerechtfertigt, wenn er irgendwann ein scharfes »Jetzt ist aber Schluss damit!« loslässt – was höfliche Eltern an seiner Stelle schon längst hätten tun müssen.

KÖRPERLICHE STRAFEN sind nicht nur bei Pädagogen verpönt. Als Erwachsener demonstrieren Sie damit Macht und Überlegenheit, gegen die das Kind niemals ankommen kann, denen es völlig ohnmächtig gegenübersteht. Erklären Sie dem Kind lieber in möglichst ruhigen Worten, was es falsch gemacht hat: Das zeigt nachhaltigere Wirkung.

VERMEIDEN SIE bei Kleinkindern die »Babysprache«, reden Sie in einfachen Worten und Sätzen. Dann lernt Ihr Kind gleich richtig sprechen.

DISZIPLIN UND Selbstbewusstsein sind nicht nur ein Ausdruck von Höflichkeit, sondern auch ein notwendiges Muss für Kinder.
Disziplin heißt zum Beispiel, dass man mit einem Kind auch an einer Supermarktkasse vorbeigehen kann, ohne dass es ununterbrochen nach Süßigkeiten quengelt.
Und Selbstbewusstsein ist wichtig, damit Kinder lernen, eigene Wünsche zu äußern und auch deutlich »Nein« zu sagen. Nein vor allem auch Fremden gegenüber, die es zu etwas überreden wollen, was es nicht möchte.

RESPEKTIEREN SIE die Intimsphäre Ihres Kindes: Klopfen Sie – zumindest ab einem gewissen Alter – an, bevor Sie das Kinderzimmer betreten. Das gilt auch für Badezimmer und Toilette.

ZEIGEN SIE VERTRAUEN in Ihr Kind! Dann wird Ihnen auch Vertrauen entgegengebracht. Aber: Jedes Kind braucht seine kleinen Geheimnisse. Respektieren Sie dies, und lesen Sie nicht heimlich in seinem Tagebuch, durchwühlen Sie nicht seine Schubladen.

JEDES Familienmitglied ist gleich viel wert. Demokratie fängt in den eigenen vier Wänden an. Nur weil jemand kleiner oder jünger ist, hat er nicht weniger Rechte. Wie wäre es mit einem Familienrat? So werden Ihre Kinder von klein auf damit vertraut, dass Kompromisse einen Großteil des Lebens ausmachen.

SEIEN Sie ehrlich und aufrichtig – immer! Wenn Ihr Kind Sie etwas fragt, muss es die

Deine rechte Hand schlägt das Kind, deine linke aber drückt es ans Herz.

Redensart aus Afrika

Gewissheit haben, dass es nicht angelogen wird. Auch beim etwas »heiklen« Thema Sexualität nicht: Selbst kleinen Kindern kann man komplizierte Sachverhalte in einfachen, dem Alter gerechten Worten erklären.

Wenn es zum Streit in der Familie kommt

Aufrichtigkeit ist der Gipfel guter Manieren.

George Bernard Shaw (1856–1950)

Kinder haben einen völlig anderen Geschmack als ihre Eltern. Im Fernsehen schauen sie sich je nach Alter lieber Zeichentrickfilme oder Videoclips an als die Sportschau oder einen Spielfilm. Selbstverständlich müssen Sie Ihren Nachwuchs nun nicht mit einem eigenen Fernsehgerät versorgen! Aber es wäre ein gutes Zeichen für das Zusammenleben in der Familie, wenn Sie sich mit Ihren Kindern einigen: Mal gehen Sie auf die Wünsche der Kinder ein, dafür »dürfen« Sie im Gegenzug bestimmte Sendungen sehen, die Ihnen am Herzen liegen. Streitpunkt in vielen Familien ist natürlich der Musikgeschmack.

✱ Dass Sie es akzeptieren müssen, dass »Ihre« Musik dem Nachwuchs nicht gefällt, habe ich schon erwähnt. Anders ist es mit der Lautstärke: Sie müssen ganz gewiss nicht hinnehmen, dass Sie stundenlang in voller Lautstärke mit Tönen beschallt werden, die Ihnen ganz und gar nicht liegen. Auch hier heißt das Zauberwort: Bitte. Und dazu noch als Zweites: Rücksichtnahme. Wenn Sie als höfliche Eltern darauf bedacht sind, Rücksicht auf Ihre Kinder zu nehmen, können Sie Gleiches von ihnen erwarten. Ein Kompromiss kann sein, dass Ihre Kinder nur zu bestimmten Tageszeiten die Musikanlage ein- bzw. ausschalten. Oder Sie spendieren – und damit werden Sie wohl besser fahren! – das Geld für die Anschaffung von Kopfhörern. Wobei Ihr Sprössling ruhig einen Teil seines Taschengelds zu den Kopfhörern beisteuern darf …

Vielfraß und Suppenkasper

Selbst wenn der Appetit noch so groß ist: Im Großen und Ganzen sollten Ihre Kinder sich an feste Essenszeiten halten. Abhängig vom Alter wachsen zwar auch Hunger und Appetit, besonders bei Söhnen im Pubertätsalter. Dem müssen Sie selbstverständlich Rechnung tragen. Aber niemand in der Familie sollte wie die sprichwörtliche Heuschreckenplage über Kühlschrank und Vorratskammer herfallen und alles ratzekahl leer fressen. Das ist manchmal vielleicht einfach nur unhöflich; im schlimmeren Fall aber kann es die sorgfältige Planung eines ausgeklügelten Menüs durcheinander werfen. Deshalb gilt als oberstes Gebot: Wenn man etwas haben möchte, fragt man (und ist nicht gleich beleidigt, wenn man ein »Nein« zur Antwort bekommt!). Es hat auch nichts mit mangelnder Gastfreundschaft zu tun, wenn Sie sich weigern, ständig die halbwüchsigen, aber stets hungrigen Kumpel Ihres Sohnes durchzufüttern.

✱ Bei einem Suppenkasper hilft es manchmal, wenn man ihm statt des gewohnten, mit schönster Regelmäßigkeit abgelehnten Mittagessens einen großen Teller voll Gummibärchen vorsetzt mit den Worten: »Etwas anderes isst du ja doch nicht!« Viele Essensverweigerer haben sich den Bauch schon vor dem Essen mit Süßigkeiten voll gestopft. Kein Wunder, wenn dann bei Tisch nichts mehr hineinpasst! Auch deshalb kann eine Kontrolle der Speisekammer vonnöten sein...

Deine Freunde sind auch meine Freunde?

Freunde sind für Ihr Kind spätestens ab der Pubertät wichtiger als Eltern und Geschwister. Denn es muss in der Gruppe Gleichaltriger bestehen. Das ist nicht immer leicht, und so suchen sich Kinder oft Freunde aus, mit denen Sie als Eltern nicht unbedingt klarkommen. Das müssen Sie auch nicht! Sehr wohl aber sollten Sie Ihren Kindern gegenüber begründen können, warum der Freund oder die Freundin Ihnen nicht gefällt. Ein barsches »Der kommt mir nicht in mein Haus!« ist unsachlich und unfair. Außerdem provozieren Sie auf diese Art nur Heimlichkeiten und Misstrauen. Für die Freunde Ihrer Kinder wiederum gilt: In fremden Häusern benimmt man sich immer wie ein geladener Gast. Wer grußlos an den Eltern seines Freun-

Gastfreundschaft ist zwar eine Tugend, die Sie auch Ihren Kindern vermitteln sollten. Das bedeutet jedoch nicht, dass Sie stets die Freunde Ihrer Kinder mit durchfüttern müssen. Ziehen Sie eine deutliche Grenze – höflich, aber in klaren Worten!

des vorbei im Kinderzimmer verschwindet, hat selbst sein Recht auf höfliche Behandlung verspielt.

Anstandsregeln innerhalb der Familie

Wir sollten uns weniger bemühen, den Weg für unsere Kinder vorzubereiten, als unsere Kinder für den Weg.

Redensart aus Amerika

Alle Benimmregeln, die man in der Öffentlichkeit befolgt, sollten auch zu Hause Beachtung finden. Das sind:

➤ **JEDES** Familienmitglied hat seine Intimsphäre – und die ist unbedingt von allen zu respektieren.

➤ **DAS »STILLE ÖRTCHEN«** wird von allen auch als solches betrachtet.

➤ **DINGE,** die zur Körperhygiene gehören, verrichtet man grundsätzlich nicht in Gegenwart anderer, sondern am besten im Badezimmer. Dazu gehört auch die Pflege von Finger- und Fußnägeln.

➤ **DER TON** macht die Musik. Dieser Satz sollte auch in der Familie gelten.

➤ **NATÜRLICH WIRD JEDES** Familienmitglied so behandelt, wie man selbst gern behandelt werden möchte.

Was Freundschaft bedeutet

Zu allen Zeiten haben sich Menschen mit den freundschaftlichen Beziehungen untereinander beschäftigt. Psychologen wissen heute: Die Fähigkeit, Freundschaften zu schließen, ist die wichtigste Basis unseres sozialen Gefüges. Gerade in unserer modernen westlichen Gesellschaft, in der die Familie als kleinste Einheit der Gesellschaft eine nicht mehr so wichtige Rolle spielt wie noch vor ein bis zwei Generationen, sind Freundschaften wichtiger geworden denn je.

* **Die Fähigkeit** zur Freundschaft ist in unseren Erbanlagen begründet. Wir sind – das hat schon Aristoteles erkannt – soziale Lebewesen (griech. zoon politikon), die ohne einander nicht leben können. Wer es versteht, sich ein ganzes Geflecht aus menschlichen Gefühlsbeziehungen zu schaffen, lebt glücklicher, erfüllter und kann sich bei Problemen aufgefangen und behütet fühlen. Ein solches Netz aus Freundschaften fällt niemandem in den Schoß. Man muss es sich erarbeiten – über Sympathien, die man sich erwirbt und die zu tiefen freundschaftlichen

Gefühlen führen mögen. Gutes Benehmen ist da durchaus wichtig – denn mit Höflichkeit schließen wir erste Kontakte, die zu einer lebenslangen Freundschaft führen können.

Was wir von Freunden erwarten

Der amerikanische Psychologe Keith E. Davis hat das Phänomen Freundschaft untersucht. Er stellte in einer Studie fest, was die Menschen von ihren Freunden erwarten. Dies deckt sich durchaus mit dem, was Sie als Maxime zum Thema Freundschaft auf alle Fälle beherzigen sollten:

➤ **FREUNDE** geben einander Anerkennung und Respekt – und zwar in der Form, dass keiner versucht, den anderen »umzumodeln«. Man erkennt den anderen so an, wie er nun einmal ist, und erwartet umgekehrt dasselbe.

➤ **FREUNDE** helfen einander in allen möglichen Lebenslagen: bei den Vorbereitungen zur Geburtstagsparty und beim Umzug ebenso wie beim Ausweinen nach dem Ende einer Liebesbeziehung oder einem Fehlschlag im Beruf. Es ist sehr einseitig und wohl auch keine echte Freundschaft, wenn der eine irgendwann erkennt, dass er selbst zwar grundsätzlich immer Hilfsbereitschaft zeigte, der andere jedoch dies nur ausnutzt und selbst immer Ausreden hat, wenn es darum geht, dem Freund bei Problemen und in schwierigen Situationen beizustehen.

➤ **FREUNDE** haben Vergnügen an der Gesellschaft des jeweils anderen. Wir suchen uns Freunde aus, weil wir zumindest teilweise ähnliche Interessen haben, weil wir mit ihnen Spaß und Freude empfinden, gemeinsam die Freizeit gestalten oder den Urlaub verbringen.

➤ **FREUNDE** empfinden Verständnis füreinander. Deshalb müssen wir uns in einer freundschaftlichen Beziehung nicht verstellen.
Wir spielen keine »Rollen«, sondern können uns so geben, wie wir sind – Fehler eingeschlossen. Trotzdem wahren wir gerade deshalb die Höflichkeit.

Die Freundschaft fließt aus vielen Quellen, am reinsten aber aus dem Respekt.

Daniel Defoe (1660 – 1731)

Die vertrautesten Bekanntschaften, Verbindungen und Freundschaften erfordern zu ihrer Erhaltung einen gewissen Grad gesitteten Wesens. Wenn Männer und Frauen oder ein Mann und seine Geliebte, welche die Nächte sowohl als auch die Tage miteinander zubringen, allen Anstand völlig beiseite setzen, so wird ihre Vertraulichkeit bald in grobe Gemeinheit ausarten, die unfehlbar Ekel und Verachtung hervorbringen wird.

Lord Chesterfield (1694–1773)

➤ **FREUNDE** zeigen einander Vertrauen – und zwar unbedingtes Vertrauen. So sehr, dass wir füreinander die Hand ins Feuer legen und dem anderen Geheimnisse, vielleicht sogar unsere dunklen Seiten anvertrauen. Letzteres müssen Sie nicht in jedem Fall tun – auch in einer Freundschaft muss sich jeder seine Eigenständigkeit bewahren. Aber wenn man sich Geheimnisse anvertraut, müssen die bei einem Freund gut aufgehoben sein.

FREUNDE

Freundschaft ist eine schwer zu fassende Angelegenheit. Erst in schwierigen Zeiten zeigt sich: So mancher, den man für seinen Freund hält, ist wankelmütig und verschwindet beim kleinsten Problem; mancher dagegen, den man nur für einen flüchtigen Bekannten hielt, erweist sich bei Schwierigkeiten als echter Freund.

Geben und Nehmen müssen sich die Waage halten

Freundschaft besteht immer aus Geben und Nehmen; nicht nur im materiellen, sondern auch im übertragenen Sinn. Dieses Gleichgewicht sollte immer gewahrt bleiben. Das heißt natürlich nicht, dass Sie jedes Mal genau nachchecken: Was habe ich heute in die Freundschaft eingebracht, was hat mir der andere dafür gegeben? Aber wenn Sie irgendwann das Gefühl haben, Sie seien ins Hintertreffen geraten, die Waagschale verschiebe sich zu Ihren Ungunsten, dann sollten Sie – zunächst im stillen Kämmerlein, dann gemeinsam mit Ihrem Freund – überlegen, was schief läuft und was man ändern kann.

Auf gute Nachbarschaft!

Nachbarschaften entstanden mit der Gründung erster Siedlungen, Orte und Städte. Anders als für uns heute, die wir oft sehr anonym leben und dies manchmal sogar genießen, war es für unsere Vorfahren lebenswichtig, gute Nachbarn zu haben. Man half einander, baute gemeinsam Haus und Scheune, konnte im gegenseitigen Tauschhandel die jeweiligen Geschicke und Talente nutzen. Wir modernen

Menschen dagegen empfinden Nachbarn oft als Störenfriede: Sie nerven durch Lärm, missachten die Hausordnung oder räuchern beim sommerlichen Grillfest ihre Würstchen rücksichtslos in dichten Qualmwolken. Oder aber wir leben gleichgültig nebeneinander her: Gar nicht so selten kommt es vor, dass vor allem ältere Mitbürger völlig unbemerkt von ihren unmittelbaren Nachbarn sterben und erst Wochen später gefunden werden.

✱ **Fast jeder von uns** hat Nachbarn, Menschen also, die direkt in der Wohnung unter uns oder im Haus nebenan wohnen, vielleicht ein paar Häuser weiter in unserer Straße. Nachbarschaft ist etwas, was jedem heilig sein sollte. Aus einer reinen Grußbekanntschaft unter Nachbarn können enge Freundschaften entstehen, die über Jahre dauern. Aber auch das Gegenteil kann der Fall sein. Fast täglich liest man in der Zeitung von einem Nachbarschaftsstreit: Da klagt ein Nachbar gegen den nächsten, weil die Frösche in dessen Gartenteich ein paar Phon zu laut quaken; Prozesse bis in die höchste Instanz werden geführt, weil die Gartenzwergsammlung auf Nachbars Grundstück angeblich eine optische Beleidigung darstellt; wieder andere zerren einander Jahr für Jahr vor Gericht, obwohl sie den eigentlichen Grund ihres Streites schon längst vergessen haben.

✱ **Und natürlich** kennt jeder den »bösen Nachbarn«, der den geringsten Vorfall zum Anlass nimmt, um zu stänkern. Halten Sie sich in solchen Fällen eher zurück. Vielleicht gelingt es Ihnen ja, durch einen höflichen Gruß und ein paar freundliche Worte auch den griesgrämigsten Nachbarn wenigstens in eine neutrale Partei zu verwandeln.

Denn ein schlechter Nachbar ist eine so große Plage, wie ein guter ein Segen ist.

Hesiod (um 700 v. Chr.)

Machen Sie sich miteinander bekannt

Wer höflich sein möchte, sollte es nach einem Umzug nicht versäumen, sich mit den Nachbarn bekannt zu machen. Es liegt an Ihnen, wie Sie das tun: Vielleicht drehen Sie eine Runde in der unmittelbaren Nachbarschaft und stellen sich bei jedem Einzelnen vor. Oder Sie warten, bis Wohnung oder Haus fertig eingerichtet sind, um Ihre Nachbarn dann zu einem kleinen Umtrunk und

Wer da will mit Ehren walten, muss es mit den Nachbarn halten.

Sprichwort aus Deutschland

damit verbundenem Kennenlernen einzuladen. Beides trägt dazu bei, dass Sie schneller Kontakt bekommen.

✱ **Gleichzeitig** beugen Sie vielleicht schon dem ersten Ärgernis vor: Jeder Umzug ist mit Lärm und Unannehmlichkeiten verbunden. Nutzen Sie Ihre »Vorstellungsrunde« zu einem Hinweis in eigener Sache – etwa so: »Hallo, ich bin Ihre neue Nachbarin. Ich wollte mich schon mal im Voraus entschuldigen, weil es sein kann, dass durch die Renovierung ein bisschen Lärm entsteht.« Nach dieser höflichen Ankündigung wird sich ganz bestimmt niemand beschweren kommen, wenn beim Tapezieren mal etwas auf den Boden fällt. Trotzdem sollten Sie sich beim Renovieren an die »offiziellen« Zeiten der Hausordnung halten: Nach 22 Uhr sollten Sie die Bohrmaschine nicht mehr betätigen und vor 8 Uhr morgens auch nicht.

Ist Lärm tatsächlich ein notwendiges Übel?

Lärmbelästigung – ob wirklich unumgänglich oder vermeidbar – gehört mit zu den am meisten vor Gericht verhandelten Streitigkeiten. Es gibt wohl kein Geräusch des ganz normalen Alltags, das nicht schon zu erbitterten Auseinandersetzungen unter Nachbarn geführt hätte. Rücksichtsvoll handeln Sie beispielsweise, wenn Sie beim frühmorgendlichen Start in die Ferien den Kofferraum schon am Abend vorher beladen, um so den Lärm im Treppenhaus und vom Zuschlagen der Türen möglichst gering zu halten. Bohren, Sägen, Hämmern und Feilen müssen wirklich nicht ausgerechnet in die frühen Morgen- und in die späten Abendstunden verlegt werden.

✱ **Überlaute Musik** bei einem Gartenfest muss nicht sein. In der Wohnung hält man höflicherweise Zimmerlautstärke ein, und wenn Sie eine Party feiern, sollten Sie sich vorher bei der Nachbarschaft wegen der eventuellen Lärmbelästigung entschuldigen. Aber auch dann halten Sie sich nach 22 Uhr besser zurück – sonst kann sich der Nachbar über Störung der Nachtruhe beschweren. Aber es geht auch anders: Laden Sie Ihren Nachbarn zur nächsten Party einfach mit ein. Niemand kann jedoch erwarten, dass jeder Nachbar ebenso gern Feste feiert wie Sie.

Spätestens einen Tag vor der geplanten Feier sollten Sie daher einen Rundgang machen und alle informieren. Diese höfliche Vorankündigung, verbunden mit einer kleinen Entschädigung in Form eines Blumenstraußes oder eines Fläschchens Sekt oder Wein hat schon manchen Partymuffel besänftigt. Kleine Geschenke erhalten bekanntlich die Freundschaft. Und ersparen unter Umständen einen lästigen Polizeibesuch wegen Ruhestörung.

Das müssen Sie nicht unbedingt beim Beschenkten selbst tun: Sicher kann Ihnen ein Familienmitglied, der Lebenspartner oder ein guter Freund weiter helfen. Das Dankeschön-Geschenk für den Nachbarn, der im Urlaub Ihren Rasen mitversorgt hat, kann durchaus ein (bitte geschmackvolles!) Souvenir sein – oder das Gegenangebot für hilfreiche Dienste.

Oft reicht es schon aus, bei einem Gespräch einfach genau hinzuhören. So mancher Wunsch wird ganz nebenbei ausgesprochen.
Oder Sie achten bei einem Besuch darauf, was jemand sammelt, was in einem Haushalt noch fehlt, welche Hobbys Ihr Gegenüber pflegt.

Schenken ist eine Kunst

... aber eine Kunst, die man erlernen kann! Wir alle haben schon Geschenke bekommen – und vielleicht die Erfahrung gemacht, dass das Präsent zwar von Herzen kam, wir aber trotzdem nichts damit anfangen konnten. Und sicher haben Sie beim Schenken auch selbst schon einmal daneben gegriffen. Selbst wenn es dann keine Überraschung mehr ist: Bevor Sie etwas völlig Falsches schenken, sollten Sie sich erkundigen, was jemand wünscht oder braucht.

Die besten Tipps für richtiges Schenken

Ein Geschenk soll von Herzen kommen und die Wünsche des Beschenkten berücksichtigen. Messen Sie den Wert nicht unbedingt an den Kosten: Wichtiger ist ein origineller Einfall, was er für den Beschenkten bedeutet und wie Sie das Ganze umsetzen. Geschenke an Menschen, die Sie nicht so gut kennen oder zu denen Sie ein etwas distanzierteres Verhältnis haben, sollten Sie eher neutral halten. Aber auch neutrale Präsente können Sie leicht »ganz persönlich« machen – vielleicht durch einen beiliegenden Brief oder eine Karte, die auf den Anlass oder die Person Bezug nimmt.

Man liebt einen anderen nicht, wenn man nichts von ihm annimmt.

Sprichwort aus Afrika

Bei größeren Anlässen, die außer Haus gefeiert werden, empfiehlt es sich, das Geschenk, vor allem wenn es sehr groß ist, schon vorher abzugeben oder zu schicken.

* **Stellen Sie** Ihren eigenen Geschmack in den Hintergrund, wenn Sie ein Geschenk aussuchen: Nicht Sie sind wichtig, sondern der Geschmack, der Wunsch und das Bedürfnis der Person, die Sie beschenken wollen. Und hier gilt die alte Weisheit: »Über Geschmack lässt sich nicht streiten!« Sind Sie zu einer größeren Gesellschaft (Taufe, Hochzeit) eingeladen, legen Sie Ihrem Geschenk am besten eine Karte oder einen Brief bei: Nur dann kann der Beschenkte (zum Beispiel ein Hochzeitspaar) Ihnen seinen Dank bezeugen.

* **Wer Bücher verschenkt,** sollte Glückwünsche oder die Widmung nicht ins Buch schreiben. Denn Sie wissen nicht, ob der Beschenkte das Buch tatsächlich behält (vielleicht möchte er es umtauschen!) oder ob er es nach der Lektüre verleihen möchte. Besser ist es, die Widmung und die guten Wünsche auf einer Extrakarte zu vermerken, die ins Buch eingelegt wird. Von lebenden Geschenken übrigens – selbst wenn der Enkel oder die Nichte sich noch so sehr ein Haustier wünscht – sollten Sie Abstand nehmen oder vorher mit den Eltern des Kindes darüber sprechen.

Geldgeschenke und Gutscheine

Einfallslos ist so etwas sicher dann, wenn Sie zu jeder Gelegenheit Geld oder Warengutscheine verschenken. Und man Ihnen anmerkt, dass Sie dies tun, weil Sie zu faul waren, sich ein Präsent zu überlegen oder die Wünsche des Beschenkten in Erfahrung zu bringen. Es zeugt auch ganz gewiss nicht von gutem Stil, wenn Sie dem anderen nur ein paar Geldscheine in die Hand drücken. Die einzige Ausnahme, bei der so etwas in gewisser Weise gestattet ist: Bei Hochzeiten, gerade auf dem Lande, ist die Übergabe eines Briefumschlages mit Geld durchaus üblich. Aber wer dem Brautpaar etwas ganz Besonderes schenken will, verpackt auch Bargeld witzig und originell. Das kann man ohne großen Aufwand, aber mit etwas Phantasie tun.

Anerkennung für Dienstleistungen

Mit dieser Frage quält sich jedermann jedes Jahr aufs Neue: Wie viel gibt man als »Trinkgeld« dem Postboten und dem

Müllmann? Folgende kleine Aufstellung mag Ihnen weiterhelfen:

➤ **FÜR DEN POSTBOTEN** sind etwa 5 € angebracht. Wenn Sie ihn gut kennen und er Ihnen auch mal einen Brief oder Päckchen »außer der Reihe« zustellt: 10 €.

➤ **DER ZEITUNGSZUSTELLER** bekommt ebenfalls zwischen 5 und 10 € – aber nur dann, wenn die Zeitung immer pünktlich im Briefkasten war.

➤ **FÜR DIE MÜLLMÄNNER** sind etwa 5 € pro Person in Ordnung.

➤ **IHRE PUTZFRAU** sollte etwa bis zu 50 € bekommen – zumindest dann, wenn sie eine echte »Perle« ist.

➤ **DER BABYSITTER** bekommt etwa 15 €, wenn er zuverlässig ist.

➤ **»ZIVIS«** – also die Zivildienstleistenden im Alten- oder Pflegeheim – freuen sich über 5 €. Für den Rentner, der diese Summe entbehren muss, ist das viel Geld.

➤ **AUSFAHRER**, die regelmäßig Waren oder Lebensmittel anliefern, sollten Sie mit 10 € bedenken.

Geschenke sind wie Ratschläge: Vergnügen bereiten sie vor allem dem, der sie gibt.

Émile Henriot (1889 – 1961)

VERZICHTBARE GESCHENKE

Nützliche Dinge für die Liebste – das ist wirklich ein grober Fauxpas! Keine Frau freut sich über die praktische Küchenmaschine oder das Bügeleisen unterm Weihnachtsbaum. Auch nicht über den Staubsauger zum Geburtstag und die Brotbackmaschine zum Muttertag. Praktisches kommt ja wohl eher der Familie und nicht der einzelnen Person zugute. Und von liebevollem Mitdenken zeugt solch ein »Geschenk« ganz gewiss nicht. Das Gleiche gilt natürlich auch umgekehrt! Wenn ein Herr kein Hobbybastler ist, die Dame des Hauses sich aber über seinen fehlenden Einsatz bei kleineren Reparaturen ärgert, zeugt es nicht von liebevollem Schenken, wenn er unterm Weihnachtsbaum einen Werkzeugkasten vorfindet. Ebenfalls ein Fauxpas sind einfallslose Präsente wie Socken, Hemden oder Krawatten – es sei denn, Sie wüssten, dass jemand Krawatten über alles liebt.

Kapitel 3

Feiern im Kreise der Familie

Auf einen Blick

Feiern im Kreis der Familie

Wer nach dem Motto lebt »Man muss die Feste feiern, wie sie fallen!«, wird wissen: Jedes Fest braucht seine Vorbereitung. Manchmal mag das nur ein paar Stunden in Anspruch nehmen – etwa wenn Sie im Sommer ein paar Freunde zur Grillparty auf der Gartenterrasse einladen. Für große Familienfeiern hingegen müssen Sie wesentlich mehr Zeit und Planung investieren. Nur dann haben Sie die Gewähr, dass Ihr Fest eine rundherum gelungene Sache wird.

Einige Überlegungen vor Beginn der Feier

Ein Leben ohne Feste: ein langer Weg ohne Gasthäuser.

Demokrit (460 – 370 v. Chr.)

Wer feiern möchte, muss sich darüber im Klaren sein: Das »Amt« des Gastgebers ist nicht einfach. Sie wollen doch sicher, dass Ihre Gäste sich wohl fühlen. Das gilt nicht nur für das kurzfristig angesetzte Zusammentreffen von guten Freunden, sondern auch für eine große Feier, erst recht, wenn ein Familienfest ansteht, zu dem »man« einlädt: Taufe oder Hochzeit, Geburtstag oder Jubiläum. Zum Kartenabend im Freundeskreis können Sie sicher telefonisch einladen. Zu einer Hochzeit jedoch oder zum Ehrentag Ihrer Mutter, die ihren 70. Geburtstag feiert, werden Sie Ihre Gäste sicher formvollendet laden wollen: also schriftlich, mit genauer Angabe von Termin und Ort. Schon bei der Festlegung des Termins sollten Sie Folgendes bedenken:

- **WANN** ist das entsprechende »Ereignis«?
- **STEHT DER TERMIN** unwiderruflich fest, oder kann er sich noch ändern? Bei Geburtstag und Jubiläum sind Sie an feste Daten gebunden. Bei einer Feier zur Hauseinweihung dagegen nicht.
- **WIE VIELE** Gäste wollen Sie einladen? Feiern Sie im kleinen Kreis, aber dennoch »offiziell«? Oder richten Sie ein großes Fest aus, bei dem nicht nur enge Familienangehörige erwartet werden, sondern auch entferntere Verwandte, Freunde und Bekannte?
- **WO** wollen Sie feiern: daheim in den eigenen vier Wänden, in einem Restaurant, in einem Hotel, in einem extra angemieteten Saal?
- **WIE** wollen Sie feiern? Geben Sie einen Stehempfang,

eine Cocktailparty, ein Essen? Zu welcher Tageszeit soll das Ganze stattfinden?

➤ **WAS** wollen Sie servieren (lassen): Menü oder Büfett? Welche Getränke?

➤ **WEN** wollen (oder müssen) Sie einladen?

Das Geheimnis der korrekten Gästeliste

Die Erstellung der Gästeliste ist bei einer großen Feier nicht einfach: Schließlich wollen Sie niemanden brüskieren, weil Sie ihn vergessen haben oder weil Sie momentan (im Fami-

Für jedes Fest die richtige Liste

➤ **Gästeliste für die Hochzeit: Die Hochzeit wird in der Regel von den Eltern der Braut ausgerichtet. Sie laden nach Absprache mit dem Brautpaar die Gäste ein. Dazu gehören in jedem Fall: die beiden Elternpaare, die Geschwister der Brautleute, die Paten, Großeltern und Freunde, bei deren Hochzeit man selbst eingeladen war, sowie der Geistliche, der die Trauung vorgenommen hat. Außerdem selbstverständlich die Trauzeugen und die Brautjungfern.**

➤ **Gästeliste für die Taufe: Stets laden die Eltern des Täuflings ein. Auf der Gästeliste sollten nicht fehlen: die Großeltern und die Paten des Täuflings, der Geistliche, der das Kind getauft hat, und schließlich die Geschwister der Eltern des Täuflings.**

➤ **Gästeliste für Erstkommunion/Konfirmation: Hier sollten sich die Eltern gemeinsam mit den Kindern überlegen, wen sie zum Fest einladen möchten. Auf die Gästeliste gehören neben den Eltern auf jeden Fall Großeltern und Paten.**

➤ **Die Gästeliste bei einer Geburtstagsfeier bleibt in aller Regel dem Geburtstagskind überlassen. Eine Ausnahme ist der Kindergeburtstag: Hier sollten die Eltern zusammen mit den Kindern entscheiden, wer eingeladen wird. Unter Umständen bietet sich eine geteilte Feier an: einmal mit der Familie – dann dürfen Paten und Großeltern nicht fehlen; und zum zweiten ein Fest mit den Schul- und Spielkameraden.**

lienkreis kommt das gar nicht so selten vor!) im Streit mit ihm leben. Erinnern wir uns an das Märchen »Dornröschen« von den Gebrüdern Grimm: Die nicht eingeladene Fee war es, die schließlich großes Unheil heraufbeschwor ... Denken Sie also möglichst schon beim Erstellen Ihrer Gästeliste daran, dass vielleicht gerade diejenigen, die keine Einladung zum Fest bekommen haben, enorm wichtig gewesen sein könnten.

Viele mündliche Einladungen werden sozusagen als »Vorwarnung« ausgesprochen: Man bittet seinen Gast schon lange vorher, sich einen bestimmten Termin freizuhalten. Weisen Sie dann aber darauf hin, dass außerdem noch eine schriftliche Einladung erfolgt. Die sollten Sie dann aber auch nicht vergessen!

✱ **Es gibt heute** kaum noch eine Familienfeier, bei der es »zwingend« vorgeschrieben wäre, ausnahmslos Verwandte auf die Gästeliste zu setzen. Es ist durchaus nicht mehr ungewöhnlich, auch enge Freunde zu einem familiären Fest einzuladen. Nicht umsonst sagt man oft: »Der oder die gehört schon richtig zur Familie!«

Wie lade ich ein – telefonisch oder schriftlich?

Es kommt natürlich immer auf den Anlass an: Zu einer Geburtstagfeier im kleineren Kreis, und vor allem wenn kein »runder« Geburtstag zu feiern ist, können Sie durchaus telefonisch einladen. Achten Sie aber darauf, dass Sie dies rechtzeitig tun: mindestens eine Woche vor dem Fest. Statt zum Telefon zu greifen, können Sie auch das Fax benutzen oder – in Zeiten moderner Kommunikation und für alle Freunde des Internets – eine E-Mail schicken. Beachten Sie aber bitte unbedingt: Sie können nicht erwarten, dass eine telefonische oder mündliche Einladung ebenso im Gedächtnis haften bleibt wie eine schriftliche.

✱ **Haken Sie** also kurz vor dem eigentlichen Termin nochmals nach. Im kleinen Kreis kann dies ganz leger einen Tag vorher geschehen – schließlich wollen Sie sich ja für den gemeinsamen Abend nicht viel Mühe machen und dann allein dastehen. Auch eine E-Mail oder ein Fax »zur Erinnerung« sind durchaus üblich. Sie sollten es allerdings vermeiden, ein Fax zu schicken, wenn Sie nicht wissen, wo beim Empfänger das Faxgerät steht, ob vielleicht erst längere Wege zurückzulegen sind, bis das Fax angenommen oder überbracht wird: Sie richten die

Einladung schließlich an eine ganz bestimmte Person – und nicht an die vielleicht zahlreichen »Mitleser«.

✱ **Eine schriftliche** Einladung vermittelt stets den Eindruck des Besonderen: zum einen weil sie in unserer schnelllebigen Zeit im privaten Umfeld nicht mehr so üblich ist, zum anderen, weil Sie damit dokumentieren, wie wichtig es Ihnen ist, dass Ihr Gast zu Ihnen kommt. Sie sollten schriftliche Einladungen wenigstens 14 Tage vor dem Termin verschicken – und planen Sie dabei bitte etwaige Verspätungen durch die Post ein. Bei der Einladung für eine Hochzeit – und Sie wollen doch sicher, dass all Ihre Gäste mit Ihnen feiern – ist sogar ein noch größerer Zeitrahmen nötig. Allgemein gilt: Je mehr Gäste Sie einladen, umso früher sollten Sie dies tun. Wichtig ist außerdem die Gestaltung der Einladung. Denn schon mit ihr vermitteln Sie Ihrem Gast, in welchem Stil Sie Ihr Fest begehen möchten:

➤ **FÜR EIN EINMALIGES** oder sehr seltenes Fest (also eine Hochzeit, die Taufe eines Kindes, ein Jubiläumsgeburtstag) werden Sie die Einladung dem Anlass angemessen eher aufwändig gestalten.

➤ **FÜR WIEDERKEHRENDE FESTE** (»normale« Geburtstage, Sommerfest) können Sie schlichter bleiben oder eine besonders originelle Form wählen.

Je festlicher oder offizieller der Anlass für ein Fest ist, desto traditioneller lädt man ein. Eine Fax-Einladung zur Hochzeit ist einfach stillos.

Zwanglose Einladung

Telefonisch, per Fax oder E-Mail kann man einladen:

- **zum »normalen« Essen (mittags oder abends),**
- **zu einer kleinen Feier wie Geburtstag (wenn es kein »runder« ist),**
- **zu einem spontanen Fest (wie ein sommerlicher Grillabend oder ein Picknick),**
- **zu einem zwanglosen Abend (für den Kinobesuch oder zum Spielen),**
- **zu einem gemeinsamen Ausflug (etwa einer Radtour)**

Mit einer entsprechend gestalteten Einladung tragen Sie schon viel zum Gelingen eines Festes bei.

➤ **IN WELCHEM STIL** werden Sie feiern: Ist es eine höchst offizielle Angelegenheit? Oder eher ein lustiges Fest, das unter einem bestimmten Motto steht? Wollen Sie zu einem bestimmten Anlass ganz bewusst Ihren sonst lockeren Stil durchbrechen? Oder weichen Sie aus einem bestimmten Grund (zum Beispiel im Karneval) von Ihrem üblicherweise eher formellen Benehmen ab?

➤ **WIE STEHEN SIE** zu dem Gast, den Sie einladen? Ist es jemand aus dem engen Familienkreis, ein guter Freund? Eher ein entfernter Verwandter, ein flüchtiger Bekannter? Oder jemand aus dem Kollegenkreis, aus der Nachbarschaft?

TAUFPATEN

Die Paten sollte man unbedingt sorgfältig auswählen: damit sie den leiblichen Eltern bei der Erziehung des Kindes mit Rat und Tat zur Seite stehen und dem Heranwachsenden im späteren Leben wertvolle und verlässliche Berater sind, die im christlichen Sinn den Werdegang ihres Schützlings positiv beeinflussen.

➤ **WIE VIEL** wollen Sie für die Einladungskarten ausgeben? Sicher wollen Sie nicht geizig erscheinen: Bei einem großen Fest mit vielen Gästen kann jedoch der Kostenfaktor »Einladungskarten« durchaus ins Gewicht fallen.

Für die Gestaltung einer Einladungskarte gibt es viele Möglichkeiten – einige davon stelle ich Ihnen im nächsten Kapitel bei den »offiziellen Gelegenheiten« vor.

Traditionelle Familienfeste

Legt man Wert auf den Zusammenhalt in einer Familie – und zwar über die Kernfamilie von Eltern und Kindern hinaus –, gibt es so manches Ereignis, das man im größeren familiären Rahmen feiert. Und so ein Fest ist natürlich nicht ausschließlich dazu da, Geschenke in Empfang zu nehmen. So bietet sich die Gelegenheit, alle Onkel und Tanten, Neffen und Nichten, Cousins und Cousinen wieder einmal an einen Tisch zu bringen, zu feiern und miteinander zu reden, einander zu zeigen, dass man zusammengehört und die Neuigkeiten der letzten Monate, vielleicht auch Jahre, auszutauschen. Nicht zuletzt bieten Familienfeste oft die Chance, alte Streitereien zu begraben, Missverständnisse aus der Welt zu schaffen und lange nicht gesehene Verwandte in die Arme zu schließen.

Erstes Fest des Lebens – die Taufe

Früher fand die Taufe wenige Tage nach der Geburt eines Kindes statt – heute ist das oft anders: Man lässt Wochen, sogar Monate ins Land ziehen, bis der neue Erdenbürger getauft wird. Die Taufe ist das einzige Fest, bei dem die Hauptperson meist keinen Einfluss auf die Gästeliste und die Gestaltung der Feier nehmen kann. In der Regel ist es ein Fest der Familie. Die Eltern entscheiden, ob neben den Paten und den engsten Verwandten auch Freunde und Bekannte zur Feier eingeladen werden. Der Verlauf der Taufzeremonie wird von den Eltern vorher mit dem Geistlichen abgesprochen.

* **Alter Tradition** entsprechend trägt der Täufling bei der Zeremonie ein besonderes Taufkleid, früher meist ein Familienerbstück. Die Feier nach der Taufe muss man nicht unbedingt im großen Rahmen abhalten. Wenn die Einladung in ein Restaurant die finanziellen Verhältnisse der jungen Eltern in unzumutbarer Weise überfordert, tut es auf jeden Fall auch die heimische Wohnung (beim Erstellen der Gästeliste sollten Sie unbedingt den zur Verfügung stehenden Platz berücksichtigen!).

Erstkommunion und Konfirmation

Am Tag ihrer Erstkommunion bzw. Konfirmation haben die Kinder und Jugendlichen meist schon genaue Vorstellungen, wie das Fest ablaufen soll und was sie geschenkt bekommen möchten. Doch Geschenke sollten an diesem Tag nicht im Vordergrund stehen – so schwer das den Kindern meist zu vermitteln ist. In der katholischen Kirche zählt die Erstkommunion zu den sieben Sakramenten, in der evangelischen Kirche werden die Jugendlichen bei der Konfirmation endgültig in die Gemeinschaft der Gläubigen aufge-

Eine schöne Idee, um allzu herausgeputzte Kleidung zu vermeiden: In vielen Gemeinden ist es üblich, dass die Kinder bei der Kommunion in einheitlichen Gewändern zur Messe gehen, die ein wenig an Mönchskutten erinnern.

KLEIDUNG BEI KOMMUNION UND KONFIRMATION

➤ **Geladene Gäste werden zur Erstkommunion dem Anlass entsprechend festlich gekleidet erscheinen. Früher war es Pflicht für männliche Konfirmanden, einen schwarzen Anzug zu tragen, Mädchen waren bei der Erstkommunion in Weiß gekleidet. Diese Regel wird heute wesentlich lockerer gehandhabt. Saubere, ordentliche »Sonntagskleidung« erfüllt ihren Zweck ebenso.**

➤ **In vielen Gemeinden ist es mittlerweile üblich, dass die Kinder in einheitlichen Gewändern zur Kirche gehen. Das ist eine positive Entwicklung: Steckten doch viele Eltern früher ihren Ehrgeiz hinein, ihre Kinder in besonders prächtigen Kommunionkleidern zu präsentieren.**

nommen. Als Eltern sollten Sie Ihre Kinder in die Vorbereitung der Feier einbeziehen, zum Beispiel, indem Sie beim Menü und bei der Gästeliste Rücksicht auf die Wünsche des Kindes nehmen.

Formelle Verlobungen werden in entsprechend festlicher Kleidung gefeiert. Eine Verlobungsfeier im engsten Familienkreis, die zu Hause abgehalten wird, kann dagegen eher zwanglos gestaltet werden.

Verlobung – Weg in die Ehe

Das Verlöbnis ist das offizielle gegenseitige Versprechen eines Paares, die Ehe miteinander eingehen zu wollen. In früherer Zeit war es unvorstellbar, dass ein Paar heiratete, ohne vorher eine angemessene Verlobungszeit einzuhalten. Heute ist dieser Brauch aus der Mode gekommen: Man heiratet recht schnell (und lässt sich leider ebenso schnell wieder scheiden!) oder lebt einfach zusammen – vor der Ehe und gänzlich ohne Trauschein. Trotzdem halten einige Paare an der alten Tradition fest, Verlobungen werden heutzutage sogar wieder »modern« – wohl ein wenig aus einem Gefühl der Nostalgie heraus. Die Verlobungsfeier eignet sich bestens dazu, dass die beiden Familien der Brautleute sich etwas besser kennen lernen. Dem offiziellen Verlobungsempfang, der meist in einem Restaurant stattfindet (natürlich ist ein Empfang in der privaten Wohnung ebenso möglich), geht die traditionelle Verlobungsanzeige des Paares und der beiden Eltern voraus. Die Anzeige in der Zeitung ist jedenfalls nicht gleichbedeutend mit einer Einladung! Ob Sie Ihre Verlobung öffentlich in der Zeitung bekannt geben oder lediglich in den Einladungskarten an ausgewählte Personen, bleibt Ihnen überlassen.

Die Ringe
Traditionell wird der Verlobungsring am Ringfinger der linken Hand getragen. Viele Paare kaufen sich später zur Hochzeit keine neuen Ringe. In diesem Fall wechselt der Verlobungsring von der linken zur rechten Hand.

Der fidele Polterabend

Früher war es der Brauch, dass der Polterabend und der Junggesellenabschied grundsätzlich am Abend vor der Trauung stattzufinden hatten. Viele Paare halten sich heute nicht mehr an diese Tradition – aus gutem Grund: Die Hochzeitsvorbereitungen und die Feier selbst sind ziemlich stressig. Geht es dann am Abend davor auch noch recht hoch her, werden am nächsten Tag beide Brautleute nicht die frischesten sein. Man verlegt den Polterabend deshalb oft auf das Wochenende vor der Hochzeitsfeier.

✱ **Für den Polterabend** gibt es – wenn die Brautleute nicht getrennt ihren Abschied vom Junggesellendasein feiern – keine strenge Kleiderordnung. Es ist jedoch Brauch, dass keine der Damen in Weiß erscheint.

✱ **Um »böse Geister«** zu vertreiben und dem jungen Paar einen möglichst »scherbenfreien Lebensweg« zu bereiten, wird beim Polterband viel altes Geschirr zerschlagen. Dies ist allein Aufgabe der Gäste, die übrigens auch ohne Einladung mitfeiern dürfen: Zu einem Polterabend darf traditionell jeder kommen, der dabei sein und zusätzlich altes Geschirr entsorgen möchte. Die Scherben muss übrigens das Brautpaar gemeinsam auffegen, um – bildlich gesehen – seine Zukunft vom »Scherbenhaufen des Lebens« zu befreien. Glas darf beim Poltern aber auf keinen Fall zu Bruch gehen – dies würde der Überlieferung nach wiederum Unglück bringen.

Es zeugt nicht unbedingt von gutem Benehmen, dem Brautpaar am Polterabend nicht nur altes Porzellan, sondern Wagenladungen voll alter Dachziegel, Hunderte von Bierdeckeln oder Säcke voll Papierschnipsel vor die Türe zu werfen. Es macht niemandem Spaß, wenn er am Morgen seiner Hochzeit erst einmal den Müllkontainer bestellen muss. Vom Ärger mit den Nachbarn ganz zu schweigen …

Allein ist der Mensch ein unvollkommenes Ding; er muss einen zweiten finden, um glücklich zu sein.

Blaise Pascal (1623–1662)

Die Planung der Hochzeitsfeier

Die Hochzeit ist für die meisten Menschen das Ereignis ihres Lebens schlechthin, und die dazugehörige Feier gehört sicher zu den wichtigsten Familienfesten. Die Hochzeitsfeier sollte – egal wie groß der vorgesehene Rahmen ist – grundsätzlich immer so gestaltet werden, dass das Brautpaar sich noch Jahre danach gern daran erinnert. Bei der Planung sollten Sie einen kühlen Kopf bewahren und sich auch nicht scheuen, Hilfe anzunehmen. Bei der Organisation ist eine Vorlaufzeit von sechs Monaten nicht zu hoch gegriffen. Auf der Gästeliste werden Sie – falls Sie nicht wirklich im kleinsten Kreise heiraten – auch Verwandte und Freunde berücksichtigen, mit denen Sie vielleicht nicht sehr eng verbunden sind. Es ist sicher auch eine finanzielle Frage, wie viele Gäste Sie einladen wollen und können.

Geschenke

Es ist heute nicht mehr üblich, das Brautpaar ohne Nachfrage mit Geschenken zu bedenken, die zum gemeinsamen Haushalt beitragen. Als Hochzeitspaar sollten Sie daher schon in Ihrer Einladung darauf hinweisen, dass es eine Geschenkliste gibt oder wo ein Hochzeitstisch aufgestellt wurde.

Geschenke fürs Brautpaar

Immer mehr Brautpaare planen voraus und sorgen dafür, dass jeder Gast, aber auch jeder aus dem Familien- und Freundeskreis aus einer Liste die »richtigen« Präsente wählen kann: ganz nach dem eigenen Budget, aber dennoch nach dem Geschmack von Braut und Bräutigam. Daran sollten Sie sich als Gast nach Möglichkeit halten: Schließlich soll Ihr Geschenk Freude bereiten – und was kann man da Schöneres tun, als den Wunsch eines anderen zu erfüllen! Meist wird diese so genannte Hochzeitsliste von einem Familienmitglied oder einem guten Freund geführt. Auch der so genannte »Hochzeitstisch« wird nach Absprache mit dem Brautpaar in den entsprechenden Fachgeschäften (für Haushaltswaren, Geschirr oder Wohnungszubehör) aufgestellt. Dort können Sie ein Geschenk vom Tisch kaufen –

was Ihnen gefällt und Ihnen vom Preis her zusagt. Bei Hochzeitsliste und -tisch bleibt natürlich nicht sehr viel Raum für eigene und ganz persönliche Geschenkideen. Wenn Sie das Paar gut kennen, wissen Sie vielleicht auch von einem ganz besonderen Wunsch, den Sie ihm erfüllen können.

Die Kleidung des Brautpaars

Die Hochzeit »ganz in Weiß« ist heute noch (oder wieder!) der Traum vieler junger Frauen! Früher trennte man standesamtliche (die nach dem Ehegesetz zuerst erfolgen muss!) und kirchliche Trauung auch in der Kleiderordnung strikt voneinander. Heute kann man auch auf dem Standesamt in Weiß heiraten – hat man doch, wenn beide Trauungen am selben Tag stattfinden, kaum die Zeit, sich umzuziehen. In jedem Fall wird man sich auch fürs Standesamt elegant kleiden. Hochzeitsrobe und Frack müssen aber nicht sein, und Sie sollten sich in Bezug auf die Kleiderordnung in jedem Fall mit Ihren Trauzeugen und den Gästen absprechen.

*** Zum Brautkleid** gehören Tüll und Seide, Schleier oder Hut und der beliebte Reifrock. Aber: Nicht jeder Frau steht dieses heiß ersehnte Traumkleid. Vielleicht wirkt ein etwas unauffälligeres Kleid bei Ihnen geradezu märchenhaft. Lassen Sie sich bei der Auswahl viel Zeit, und nehmen Sie sich eine gute Freundin zur Beratung mit. Stimmen Sie das Brautkleid genau auf Ihre Figur ab:

➤ **BREITE HÜFTEN** betonen Sie nicht noch mit einer großen Schleife im Rücken.

➤ **WENN SIE BREITE** Schultern haben, so suchen Sie sich kein Kleid mit Puffärmeln aus. Ein schmales Oberteil wirkt hier besser. Zum Ausgleich kann ein besonders weiter Rock dienen – dann stimmen die Proportionen.

➤ **HELLHÄUTIGE** Damen wirken in Weiß oft besonders blass. Tragen Sie lieber Champagner oder Pastell.

Als Gast auf einer Hochzeit gilt vor allem eine Regel: Das Brautpaar ist der absolute Mittelpunkt an diesem Tag.

Kleiden Sie sich als Gast also passend, aber nicht zu auffällig. Denn Sie wollen Braut oder Bräutigam in punkto Outfit bestimmt nicht ausstechen.

Sie müssen sich an Ihrem Ehrentag wohl fühlen. Deshalb wählen Sie ein Kleid, das zu Ihrem Typ und Stil passt.

Traditionell darf der Bräutigam das Hochzeitskleid nicht vor der Trauung sehen – deshalb sollten Sie sich bei der Frage nach dem Anzug in jedem Fall mit Ihrer Braut absprechen …

Modemutige Frauen heiraten heute auch in kräftigen Farben!

➤ **WENN DAS** klassische Brautkleid nicht Ihrem Geschmack entspricht, wählen Sie vielleicht ein schlichtes Abendkleid.

➤ **SELBST EIN** schickes Kostüm oder ein edler Hosenanzug können gut aussehen. Beides können Sie später noch tragen.

* **Der Bräutigam** trägt an diesen Tag einen Anzug, nicht etwa eine Kombination. Er orientiert sich stets am Kleid seiner Braut – mag sie es eher schlicht, wird er nicht im Frack auftreten. Trägt sie jedoch ein klassisches Brautkleid mit Reifrock, sollte er nicht im hellen Straßenanzug vor den Altar treten. Fliege oder Krawatte müssen an diesem Tag sein. Wer Smoking trägt, achtet auf die schwarze Fliege (die weiße ist in diesem Fall Kellnern vorbehalten), zum Frack dagegen gehört die weiße Fliege. Übrigens: Wenn Sie keine große Statur haben, sollten Sie auf den Schwalbenschwanz verzichten...

* **Als Gast** bei der Hochzeitsfeier sollten Sie sich vorher erkundigen, welche Kleidung gewünscht wird. Abend- oder Cocktailmode wird heute weniger getragen. Für die Damen sind Kostüme oder Kleider ideal, als Herr tragen Sie Anzug oder Kombination.

Die Entführung der Braut

In vielen Regionen Deutschlands gibt es die Sitte der »Brautentführung«. Enge Freunde oder die Brüder des Bräutigams ziehen in einem unbeobachteten Moment mit der Braut davon und wandern von einer Gaststätte zur anderen. Der Bräutigam muss nun versuchen, seine Frau wiederzufinden. Und selbstverständlich obliegt es ihm, die Rechnungen in den diversen Gaststätten zu zahlen.

Das Ende der Hochzeitsfeier

Nach der Hochzeit möchten viele Jungvermählte nichts weiter als »auf und davon«. Der Wunsch ist verständlich: Die Hochzeitsreise ist schließlich etwas, woran man sich sein ganzes Leben gern erinnern möchte. Es ist nicht unüblich, dass das Brautpaar sich noch während der Hochzeitsfeier klammheimlich aus dem Staub macht. Für alle Brautpaare ist es aber eine Pflicht, sich spätestens nach der Heimkehr von der Hochzeitsreise schriftlich für Glückwünsche und Geschenke zu bedanken.

Tischordnung bei Familienfesten

Bei jedem größeren Familienfest ist es wichtig, eine korrekte Tischordnung zu planen und unbedingt einzuhalten. Meist gibt es ja eine Hauptperson (oder ein Paar) mit Anrecht auf den Ehrenplatz. Bei einer Hochzeit wird man sich besonders daran halten. Platzkarten zeigen jedem geladenen Gast, wo ihn der Gastgeber platziert hat. Oft sind diese besonders hübsch gestaltet, dann kann man sie als bleibende Erinnerung aufbewahren. Gleiches gilt für die Menükarten, die man durchaus auch bei einem Familienfest jedem Gast an seinem Platz stellen kann.

Wer sitzt Wo?

Gerade bei Familienfesten stellen Sie die Tischordnung so auf, dass alle Gäste sich miteinander unterhalten können. Kinder finden in der Regel am Ende des Tisches Platz. Wenn Sie jedoch nicht alle Gäste an der großen Tafel unterbringen können, setzen Sie die Kinder an einen gesonderten Tisch.

Tischordnung bei der Hochzeit

Bei einer Hochzeit sind Braut und Bräutigam die Ehrengäste – an ihnen richtet sich die Tischordnung aus. Das heißt:

➤ **AN DER HOCHZEITSTAFEL** sitzt das Brautpaar in der Mitte der Breitseite des Tisches. Dies gilt für eine lange Tafel, aber auch für Tische, die in T-Form oder U-Form aufgestellt sind.

➤ **DER VATER** des Bräutigams sitzt rechts von der Braut, die Mutter der Braut nimmt links vom Bräutigam Platz.

➤ **GEGENÜBER** dem Jubelpaar befinden sich noch zwei Ehrenplätze. Dorthin setzen sich traditionell die beiden verbleibenden Elternteile des Brautpaars.

Das Einfangen eines Bräutigams ist in Italien ein Nationalsport, bei dem die ganze Familie mitwirkt.

Marcello Mastroianni (1924–1996)

Eine gute Festrede ist – gerade bei einer Familienfeier – kurz und vor allem kurzweilig. Nichts ist langweiliger als eine ausschweifend lange Rede, wenn schon die Suppe auf dem Tische steht.

➤ **SELBSTVERSTÄNDLICH** dürfen der eigene Vater und die eigene Mutter die Seite ihrer Kinder suchen.

➤ **DER GEISTLICHE** nimmt neben der Brautmutter Platz, und zwar dem Brautvater gegenüber.

➤ **DIE WEITERE** Sitzordnung verteilt sich davon ausgehend je nach Rang oder Grad der Verwandtschaft.

➤ **BEACHTEN SIE** bei der Tischordnung, dass man Eheleute unter den Gästen nie zusammensetzt. Verlobte hingegen sollen zusammensitzen.

➤ **NACHDEM ALLE GÄSTE** ihren Platz am Hochzeitstisch gefunden haben, gebührt dem Geistlichen das erste Wort. Nach ihm spricht der Brautvater, anschließend der Vater des Bräutigams.

Tischordnung bei Taufe, Kommunion und Konfirmation

Bei einer Taufe steht eigentlich dem Täufling der Ehrenplatz zu. Doch im Normalfall kann er oder sie noch nicht sitzen, daher gebührt der Ehrenplatz der Mutter, und der Täufling kann durchaus ein paar Minuten oder länger auf ihrem Arm am Fest teilnehmen.

➤ **NEBEN DER** jungen Mutter sitzt zur Linken der Vater des Kindes, rechts von ihr der Geistliche, der die Taufe vorgenommen hat.

➤ **AN DER SEITE** des Vaters und des Geistlichen nehmen die Paten des Täuflings Platz.

➤ **ERST AN DEREN** Seiten sitzen die jeweiligen Großeltern.

Bei einer Erstkommunion bzw. Konfirmation nimmt das Kind schon sehr bewusst am Fest teil – vor allem natürlich der Konfirmand:

➤ **DER EHRENPLATZ** eines Konfirmanden bzw. eines Erstkommunionkindes gebührt natürlich dem Kind selbst.

➤ **NEBEN IHM** sitzen die Eltern, dann kommen die Paten.

Wenn Gäste übernachten

Bei Familienfesten ist es durchaus üblich, dass der eine oder andere Gast über Nacht bleibt. Vor allem wenn die Anreise zur Feier über eine größere Entfernung erfolgt und damit längere Zeit in Anspruch nimmt. Engen Verwandten und sehr guten Freunden können Sie durchaus auch das eigene Gästezimmer oder -bett anbieten. Im Normalfall wissen Sie natürlich vorher, ob und wer bei Ihnen übernachten möchte. Als guter Gastgeber planen Sie daher schon im Voraus:

➤ **IHRE WOHNUNG** ist Ihre Visitenkarte. Also sollte sie auch möglichst gepflegt und aufgeräumt sein! Der Raum, in dem ein Gast übernachtet, sollte ebenso einwandfrei sauber sein wie die Küche und das Badezimmer.

➤ **RÄUMEN SIE**, wenn möglich, in einem Schrank eine kleine Ecke frei. Ihr Übernachtungsgast hat für den nächsten Morgen bestimmt Kleidungsstücke zum Wechseln dabei. Die sind im Schrank gut untergebracht.

➤ **IN IHREM** Badezimmer legen Sie frische Handtücher und Seife für den Besucher bereit.

➤ **FRISCHE BETTWÄSCHE** ist eine Selbstverständlichkeit! Überziehen Sie das Gästebett rechtzeitig – nicht erst dann, wenn Ihr Gast schon vor der Tür steht.

➤ **FALLS IHR GAST** nicht mit dem eigenen Auto anreist, sollten Sie ihn vom Bahnhof oder Flughafen abholen. Er wird Ihnen dankbar sein, besonders dann, wenn die Reise beschwerlich war.

➤ **STEHT DER BESUCHER** vor der Tür und läutet, begrüßen Sie ihn und bitten ihn herein. Verwandte und gute Freunde können Sie ruhig auch mit einer Umarmung und Küsschen begrüßen. Allerdings sollten Sie dies in der Wohnung tun: Ausschweifende Begrüßungsrituale sind eine Sache der Intimsphäre!

➤ **NEHMEN SIE** Ihrem Gast Mantel und Jacke ab, und führen Sie ihn ins Wohnzimmer. Sind Familienmitglieder anwesend, die er noch nicht kennt, so stellen Sie ihm diese vor.

➤ **FRAGEN SIE** Ihren Gast auf jeden Fall – vor allem nach einer längeren Reise –, ob er sich »frisch machen« möchte.

➤ **ZEIGEN SIE** ihm dann das Badezimmer (in dem natürlich frische Handtücher bereitlie-

Wenn Sie Übernachtungsgäste haben, sind Sie Gastgeber und Hotelier in einer Person. Bemühen Sie sich dann besonders darum, dass es Ihrem Gast an nichts fehlt.

Für beide – Gast und Gastgeber – gilt es, für die Dauer des Besuches einen besonders höflichen, rücksichtsvollen Umgang miteinander zu pflegen. Dann wird der Besuch zum Vergnügen, und niemand muss es später bereuen.

gen) und den Schlafplatz, und helfen Sie, das Gepäck dorthin zu tragen.

➤ **GEBEN SIE** Ihrem Gast die Chance, kurz zu verschnaufen, und teilen Sie ihm mit, wann man sich zum gemeinsamen Essen trifft.

➤ **SAGEN SIE** ihm auch, ab wann es morgens Frühstück gibt. Die Zeiten der Badezimmerbenutzung sollten Sie ebenfalls klären, vor allem, wenn Berufstätige oder Schüler am nächsten Morgen wieder zur Arbeit oder in die Schule gehen müssen.

➤ **MACHEN SIE** Ihrem Gast den Aufenthalt so bequem und angenehm wie möglich. Ein frischer Blumenstrauß heißt ihn herzlich willkommen, ein paar Illustrierte oder interessante Bücher zeigen, dass Sie wirklich an alles gedacht haben. Perfekter Service ist die Flasche Mineralwasser und ein Glas auf dem Tisch.

➤ **DANACH KANN** das gemütliche Beisammensein (oder die Familienfeier) beginnen. Achten Sie aber darauf, ob Ihr Gast nicht zu müde dafür ist. Wenn die Reise tatsächlich anstrengend war, ist es vielleicht angebrachter, dem Gast ohne Umschweife seine wohlverdiente Ruhe zu lassen.

➤ **FALLS SIE** kein Gästezimmer oder Gästebett haben, reservieren Sie in einem nahe gelegenen Hotel oder einer guten Pension ein Zimmer. Wenn es Ihre finanziellen Möglichkeiten nicht übersteigt, sollten Sie die Kosten für das Zimmer selbst übernehmen.

➤ **BEI GRÖSSEREN** Festlichkeiten haben Sie meist mehrere Personen zu Gast, die übernachten wollen. In diesem Fall können Sie im Hotel oft verbilligte Zimmerpreise aushandeln. Nennen Sie Ihren Gästen den Zimmerpreis, und bitten Sie darum, Ihnen rechtzeitig Bescheid zu geben, wenn sie reservieren lassen wollen.

➤ **WENN SIE** einen Logiergast haben, sind Sie in gewisser Weise Hotelier – und Ihr Gast soll sich bei Ihnen wohl fühlen. Deshalb bieten Sie ihm nicht nur eine Schlafstätte an: Das Frühstück am nächsten Morgen gehört ebenfalls zur Gastlichkeit.

➤ **SCHÖN IST ES** für Sie und Ihren Gast, wenn Sie am nächsten Morgen noch Zeit füreinander haben: ein gemütliches Frühstück, bei dem man noch einmal das Fest Revue passieren lässt, ist ein gelungener Abschluss einer Familienfeier. Vielleicht bieten Sie Ihrem Gast dann auch mehr als nur das übliche Frühstück mit Tee oder Kaffee, Brötchen, Butter und Marmelade an: Schinken, Wurst und Käse, eine Auswahl mehrerer frischer Brötchen, Müsli – die Auswahl ist groß.

➤ **WENN FÜR SIE JEDOCH** am Morgen nach der Feier wieder der berufliche Alltag beginnt, werden Sie kaum Zeit haben, Ihren Gast mit einem fürstlichen Frühstück zu bewirten. Dennoch sollten Sie ihm die Auswahl zwischen Tee und Kaffee lassen, vielleicht auch ein Glas Saft anbieten. Frische Brötchen sind kein Muss, allerdings sollte Ihr Gast auch nicht nur altbackene Brotscheiben vorfinden. Heutzutage kann man in jedem Supermarkt Brötchen bekommen, die in Minutenschnelle aufgebacken sind.

✱ **Als Gast** halten Sie sich bitte an die amerikanische Weisheit: »The first day a guest, the third a pest«. Diese Redensart kennen wir leicht abgewandelt auch bei uns in Deutschland: »Dreitägiger Fisch taugt auf keinem Tisch, und dreitägiger Gast wird leicht zur Last.« Soll heißen: Fallen Sie Ihren Gastgebern, die schon genug Stress mit der Organisation der Feier hatten, nicht länger als nötig zu Last. Eine Selbstverständlichkeit ist es, sich den geltenden Regeln im fremden Haushalt zu unterwerfen:

➤ **SIE HALTEN SICH** an die Essenszeiten und bleiben nicht bis tief in der Nacht auf, wenn Sie wissen, dass Ihr Gastgeber am nächsten Tag entweder viel mit dem Fest zu tun hat oder aber wieder arbeiten muss.

➤ **EIN HAUSSCHLÜSSEL**, den Sie bekommen haben, verpflichtet Sie, immer gewissenhaft abzuschließen und das Licht im Hausflur nicht brennen zu lassen.

➤ **IM BADEZIMMER** benutzen Sie ausschließlich Ihre eigenen Utensilien und vergreifen Sie nicht am Deo oder Parfum Ihres Gastgebers. Dasselbe gilt für Kamm oder Bürste.

➤ **SELBSTVERSTÄNDLICH** vermeiden Sie es, Ihrem Gastgeber Unannehmlichkeiten zu bereiten: Sie halten sich beim Genuss von Alkohol zurück und bringen keine fremden Besucher ins Haus.

»The first day a guest, the third a pest.«

Amerikanische Redensart

»Dreitägiger Fisch taugt auf keinem Tisch, und dreitägiger Gast wird leicht zur Last.«

Sprichwort

Kapitel 4

Die offizielle Einladung

Auf einen Blick

Die offizielle Einladung

Offizielle Festlichkeiten kann man durchaus mit einer großen Familienfeier vergleichen. So manche Feinheit muss man im privaten Kreis allerdings nicht so wichtig nehmen. Im offiziellen Rahmen jedoch sind scheinbare Kleinigkeiten manchmal bedeutsam und können den Erfolg der Feier beeinflussen. Das beginnt mit der Einladung.

Der richtige Zeitpunkt – die Partyuhr

Ein Gastgeber ist wie ein Feldherr: Erst wenn etwas schief geht, zeigt sich sein Talent.

Horaz (65 – 8 v. Chr.)

Wichtig ist – neben dem Anlass, den Sie feiern möchten – die Art des Festes. Sie können zu fast jeder Tageszeit einladen: zu einem Empfang, einem formellen Essen oder zu einem lockeren Büfett. Dabei sollten Sie sich als Richtwert an folgende Zeiten halten:

- **ZUM FRÜHSTÜCK** laden Sie in der Regel zwischen 8.30 bis 9.30 Uhr.
- **EIN FRÜHSCHOPPEN** findet traditionell sonn- oder feiertags statt, und zwar zwischen 10 und 11 Uhr.
- **BRUNCH** ist ein »Zwischending« von Frühstück und Mittagessen (engl. »breakfast« und »lunch«). Er beginnt zwischen 11 und 12 Uhr.
- **ZU EINEM** Vormittagsempfang lädt man zwischen 11 und 13 Uhr ein.
- **DIE EINLADUNG** zum Mittagessen dagegen beginnt nicht vor 12 Uhr und endet in der Regel um 14 Uhr.
- **NACHMITTAGSEMPFÄNGE** finden zwischen 14.30 und 16.30 Uhr statt.
- **ZU EINER TAFEL** mit Kaffee und Kuchen laden Sie nachmittags zwischen 16 und 17.30 Uhr ein.
- **DER FÜNF-UHR-TEE** wird zwischen 17 und 18 Uhr gereicht.
- **BEI EINEM FORMELLEN** Abendessen ist die Zeitspanne für den Beginn zwischen 19 und 21 Uhr.

Die korrekte offizielle Einladung

Ähnlich wie bei einem Familienfest zeigt schon die Gestaltung Ihrer Einladung, wie die Feier ablaufen wird.

Eine schriftliche Einladung erfüllt nur dann ihren Zweck, wenn sie auch wirklich alle Informationen enthält, die der zukünftige Gast benötigt.

ALS GASTGEBER nennen Sie Ihren Namen (und eventuell den Ihres Lebenspartners, den Ihres Ehepartners auf jeden Fall!).

DEN EIGENEN akademischen oder Amtstitel müssen Sie auf der Einladung nicht nennen. Mit einer Ausnahme: wenn Sie in Ihrer offiziellen Funktion (z. B. als Bürgermeister, Landtagsabgeordneter, Botschafter oder Minister) einladen.

DER ANLASS Ihres Festes muss klar und deutlich erkennbar sein: Ob Geburtstag, Jubiläum oder Ausstellungseröffnung – Ihr Gast möchte wissen, aus welchem Grund er von Ihnen geladen wird und ob Geschenke erwartet werden. Er muss den Anlass auch kennen, um bei einer eventuellen Absage wenigstens schriftlich zu gratulieren.

IST DIE ZAHL Ihrer Gäste überschaubar, ist es eine schöne und persönliche Geste, wenn Sie den Namen des Eingeladenen handschriftlich eintragen. Allerdings ist dies nicht zwingend notwendig, vor allem dann nicht, wenn Sie eine sehr große Zahl von Gästen auf Ihrem Fest erwarten.

WEISEN SIE auf der Einladungskarte auch darauf hin, für wie viele Personen sie gültig ist und ob es erwünscht ist, dass Ihr Gast noch eine Begleitung mitbringt.

UNERLÄSSLICH ist selbstverständlich die Angabe von Datum und Uhrzeit. Zur Verdeutlichung kann es hilfreich sein, auch auf den entsprechenden Wochentag hinzuweisen (und überprüfen Sie bitte, ob Datum und Tag übereinstimmen!).

WENN SIE zu einem Ereignis laden, bei dem pünktliches Erscheinen wichtig ist, weisen Sie ausdrücklich darauf hin. Das gilt beispielsweise für einen Festakt, bei dem eine Rede gehalten wird oder ein Orchester spielt. In diesem Fall schreiben Sie entweder deutlich: »Wir bitten um pünktliches Erscheinen«. Oder Sie fügen bei der Zeitangabe auf Ihrer Einladung ein »s. t.« hin-

Pünktlichkeit ist die Kunst, richtig abzuschätzen, um wie viel sich der andere verspäten wird.

Bob Hope (1903–2003)

zu. Das bedeutet »sine tempore« und zeigt, dass Sie Ihre Gäste auf die Minute genau erwarten.

➤ **IST DAS PÜNKTLICHE** Erscheinen Ihrer Gäste dagegen nicht so wichtig (obwohl jeder Gast sich höflicherweise an die Einladungszeit halten sollte!), zeigt dies der Vermerk »c.t.« an. Dies ist die Abkürzung für das lateinische »cum tempore« und bedeutet Ihren Gästen, dass sie auch noch bis zu 15 Minuten später eintreffen können.

Die Abkürzung »c. t.« weist darauf hin, dass Ihre Gäste nicht genau zu einem bestimmten Zeitpunkt anwesend sein müssen, »s. t.« dagegen bedeutet für Ihre Gäste: Ihre Feier beginnt pünktlich auf die Minute.

➤ **DER KLEIDUNGSVERMERK** darf bei offiziellen Veranstaltungen nicht fehlen. Bei einem eher informellen Anlass reicht der Hinweis mit der Bitte um »festliche Kleidung«.

➤ **BEI FORMELLEN FEIERN**, die tagsüber stattfinden, weist man mit dem Vermerk »Geschäftsanzug« oder »Businesskleidung« auf den entsprechenden Rahmen hin.

➤ **FÜR ABENDS** gelten immer noch die traditionellen Hinweise, und zwar nur für die Herren (die Dame muss von allein wissen, was dies dann bedeutet): schwarzer/dunkler Anzug/Uniform, Smoking (mit schwarzem Binder, deshalb in Frankreich der Hinweis »cravate noire«, im Englischen »black tie«, in USA »tuxedo«), im Frack mit weißer Fliege (deshalb »cravate blanche« bzw. »white tie«). Zum Frack werden auch Orden angelegt.

➤ **MEHR SPIELRAUM** gestehen Sie Ihren Gästen zu, wenn Sie lediglich eine Formulierung wie »Abendgarderobe erwünscht« oder »festliche Kleidung erbeten« wählen. Das kann jedoch – dessen sollten Sie sich bewusst sein – zu sehr bunten oder modisch-flippigen Outfits führen.

➤ **LASSEN SIE** Ihre Gäste nicht im Ungewissen, ob es sich um einen Stehempfang mit Getränken, mit kleinem Imbiss oder um ein »richtiges« Essen handelt. Sie werden Ihnen dankbar sein. Der Hinweis auf einen »Empfang« besagt nämlich nicht, ob man als Gast bewirtet wird. Deshalb weisen Sie darauf hin, zum Beispiel mit den Worten »Wir würden uns freuen, wenn Sie uns beim anschließenden Essen Gesellschaft leisten.« Oder schlicht und knapp: »Das Büffet wird um ... Uhr eröffnet«.

➤ **EINE VERANSTALTUNG**, zu der Sie eine Person erwarten, die im öffentlichen Leben steht, kann bestimmte Sicherheitsmaßnahmen erforderlich machen, die eventuell einer festlichen oder gar zwanglosen Atmosphäre entgegenwirken. Auch darauf sollten Sie Ihre Gäste aus Höflichkeit hinweisen. Formulieren Sie dies aber bitte nicht im Befehlston, sondern zum Beispiel so: »Diese Einladung gilt in Verbindung mit Ihrem gültigen Lichtbildausweis.« Oder: »Wir sind der Sicherheit verpflichtet und bitten Sie deshalb, zum Einlass nicht nur diese Einladung, sondern auch Ihren Personalausweis mitzubringen.«

Die pünktliche Einladung

Damit jeder Gast genügend Zeit für seine Terminplanung hat, schicken Sie Ihre Einladung rechtzeitig. Folgende Vorlaufzeiten sollten Sie unbedingt einhalten:

- **Sechs bis acht Wochen sind für einen Ball (bei einer sehr großen Veranstaltung auch bis zu zwölf Wochen) nötig. Auch zu einem Bankett, einem Festakt oder einer Grundsteinlegung laden Sie entsprechend ein.**
- **Vier bis sechs Wochen Vorlaufzeit sind empfehlenswert, wenn Sie zu einem Empfang (vormittags oder nachmittags) oder einer Geschäftseröffnung einladen.**
- **Drei bis vier Wochen vorher laden Sie zur Cocktailparty ein.**
- **Eine bis zwei Wochen vor Termin laden Sie zum Tag der offenen Tür in Ihrer Firma oder Ihrem Betrieb ein.**
- **Spätestens jeweils eine bis zwei Wochen vorher müssen die Einladungen für die Medienvertreter (örtliche Presse, Radio- und TV-Sender) bei den Empfängern angekommen sein. Das betrifft alle Ereignisse! Für Großveranstaltungen laden Sie auch die Medien bitte frühzeitiger ein – je nachdem, welche Berichterstattung Sie erwarten.**
- **Bis zu einem Jahr vorher müssen Sie Gastredner einladen, wenn Sie einen besonders prominenten und gefragten Redner auf Ihrer Veranstaltung wünschen.**

So gestalten Sie die persönliche Einladungskarte

Wenn Sie eine sehr unleserliche Handschrift haben, ist es kein Fauxpas, eine Einladungskarte auch für einen kleineren Gästekreis mit dem PC zu gestalten. Die Anrede jedoch sollten Sie wenigstens per Hand schreiben!

Je förmlicher der Anlass, desto eleganter sollte Ihre Einladungskarte wirken. Dabei ist nicht nur ein wohlformulierter Text wichtig, sondern außerdem die Papierqualität und die Schrift. Ein kleiner, privater Personenkreis freut sich auch über handgeschriebene Einladungen. Achten Sie aber darauf, dass Ihre Handschrift leserlich ist. Sonst lassen Sie Ihre Karten lieber drucken, oder gestalten Sie sie selbst am PC. Vorgedruckte Einladungskarten, die die wichtigen Angaben enthalten, gibt es in jedem Schreibwarengeschäft. Besser aber wirkt es, die Einladungen auf persönlichen Karten drucken zu lassen.

➤ **GEBEN SIE** nicht unbedingt das billigste Papier in Auftrag. Stabiler Karton im DIN-A5-Querformat ist optimal. Er kann an den Rändern gewellt oder aus Büttenpapier hergestellt sein.

➤ **IN DIE MITTE** der obersten Zeile gehört Ihr Name als Gastgeber (nicht vergessen: auch der des Ehe- oder Lebenspartners bzw. Geschäftspartners).

➤ **ETWAS KLEINER** darunter steht die Formulierung »bitten« oder »beehren sich«.

➤ **DANACH** folgen zwei Leerzeilen, die durch gepunktete oder gestrichelte Linien gekennzeichnet sind. Auf diese Linien schreiben Sie handschriftlich den/die Namen der Eingeladenen. Auch hier gibt es wieder eine Ausnahme: Bei geschäftlichen Einladungen oder solchen, die zu einem großen Fest einladen, können Sie diese Aufgabe dem Sekretariat übertragen.

➤ **DIE DRITTE DRUCKZEILE** beginnt mit einem »zu«. Diesem folgen drei gepunktete oder gestrichelte Linien, und auf diesen wird wieder handschriftlich der Anlass des Festes vermerkt.

➤ **DIE SECHSTE** vorgedruckte Zeile besteht aus zwei Teilen: Der erste beginnt mit einem »am« – dahinter wird das Datum von Hand eingetragen. Der zweite Teil beginnt mit einem »um«, dem die Uhrzeit folgt, und zwar ebenfalls handschriftlich.

➤ **AUCH DIE SIEBTE** und letzte Zeile ist halbiert. Links findet sich Platz für ein gedrucktes »U. A. w. g.« (Um Antwort wird gebeten). Die Abkürzung ist in diesem Fall nicht unhöflich, sondern hat sich bei uns mittlerweile durchaus eingebürgert.

➤ **WENN SIE ALLERDINGS** genügend Platz auf der Karte haben, können Sie die Bitte um Antwort etwas ausformulieren, etwa mit den Worten »Bitte schicken Sie uns Ihre Antwort bis zum ... an folgende Adresse«.

➤ **HANDSCHRIFTLICH** folgt auf der Einladung, bis wann der Gast antworten und wohin seine Antwort gerichtet sein soll (also die Adresse und Telefonnummer des Gastgebers).

➤ **AUS PRAKTISCHEN GRÜNDEN** und um dem Gast die Antwort zu erleichtern, können Sie der Einladung gleich eine gedruckte Rückantwortkarte beifügen.

➤ **ALS GAST** füllen Sie diese Karte aus und schicken sie zurück. Kennen Sie den Einladenden gut genug, können Sie auch ein paar persönliche Worte beifügen – bitte handschriftlich.

Veraltete Abkürzungen und Formulierungen

Gelegentlich enthalten vorgedruckte Karten aus dem Schreibwarenhandel heute noch in der siebten Zeile den Vermerk »R. s. v. p.« (für »Répondez s'il vous plaît«). Diese Abkürzung bedeutet nichts weiter, als dass um Antwort gebeten wird. Ebenfalls aus dem Französischen stammt die Abkürzung »p. m.« für »pour mémoire« – zur Erinnerung. Man setzte »p. m.« vor allem beim Gastredner handschriftlich auf die Einladung, nachdem bereits eine »Voranfrage« gestellt worden war. Veraltete Formulierungen sollten Sie auch in der Anrede vermeiden, zum Beispiel »... laden wir Sie mit Ihrer Gattin (oder Gemahlin) ...«. Schlicht und einfach »... laden wir Sie mit Ihrer Frau (Ihrer Lebenspartnerin) ...« genügt völlig und klingt moderner, noch besser ist eine geschlechtsspezifisch neutrale Formulierung wie »... mit (Ehe-)Partner/in«. Sie wissen ja nicht unbedingt, wie es um die persönlichen Beziehungen Ihres Gastes bestellt

Manche Formulierungen sterben anscheinend nicht aus: Immer noch gibt es »Gatte/in« und »Gemahl/in«. Wählen Sie lieber eine moderne Form – am besten sogar eine geschlechtsneutrale wie »(Ehe-)Partner/in«, vor allem, wenn Sie eine große Gästeschar erwarten und nicht von jedem die persönlichen Umstände kennen.

ist. Wenn Sie allerdings nur »... mit Begleitung« einladen, kann Ihr Gast auch erwachsene Kinder, Verwandte oder Freunde mitbringen.

Wer zählt die Völker, nennt die Namen, die gastlich hier zusammenkamen?

Friedrich von Schiller (1759–1805)

✱ Die oben erwähnten Abkürzungen »s.t.« für »sine tempore« und »c.t«. für »cum tempore« sind zwar nicht unbedingt veraltet. Aber sie sind nicht unbedingt jedem bekannt. Wenn Sie also genügend Platz haben, ist es durchaus angebracht, stattdessen zu formulieren: »Bitte richten Sie es so ein, dass Sie bis ... Uhr Ihre Plätze eingenommen haben«. Oder schlicht: »Einlass um ... Uhr, Beginn um ... Uhr«. Auch beim »offiziell erlaubten« Unpünktlichsein (also »c.t.«) können Sie modernere Formulierungen wählen, etwa der deutliche Hinweis »Wir freuen uns, Sie zu einem Aperitif ab ... Uhr zu begrüßen. Das gemeinsame Essen ist ab ... geplant.«

Wenn Sie nicht zur Einladung kommen können...

Der Terminkalender ist voll, und Sie wissen schon vorher: Diese Einladung werden Sie nicht wahrnehmen können. Jeder Gastgeber sollte Verständnis dafür haben, dass Berufliches oft vorgeht. Natürlich nicht immer, und wenn Sie dem Einladenden ohne zwingenden Grund mehrmals absagen, werden Sie sich keine Freunde machen. Das oberste Gebot für Sie als Gast: Reagieren Sie so schnell wie möglich. Und zwar in jedem Fall – also entweder mit einer Zusage oder mit einer Absage. Auf eine Einladung gar nichts von sich hören zu lassen, ist unhöflich und zeigt, dass Sie Ihrem Gastgeber und seinen Bemühungen nicht gerade Respekt entgegenbringen. Auch deshalb, weil Sie ihn so daran hindern, genau zu planen und entsprechende Vorbereitungen zu treffen. Deshalb:

➤ **KOMMEN SIE** einer Nachfrage zuvor: Der in der Einladung angegebene Termin ist die äußerste zeitliche Grenze, die der Gastgeber Ihnen vorgibt. Als höflicher Mensch reagieren Sie sofort, wenn Sie wissen, dass Sie einen Termin nicht wahrnehmen können.

➤ **DIE ABSAGE** sollte nur dann telefonisch erfolgen, wenn auf der Einladung beim

Vermerk »U. A. w. g.« eine Telefonnummer angegeben wurde. Sonst halten Sie sich bitte an die Regel: Auf schriftliche Einladungen reagieren Sie auch schriftlich. Liegt der Einladung eine Rücksendekarte bei, senden Sie diese mit dem entsprechenden Absagevermerk zurück.

➤ **BEI BESONDEREN** Anlässen und Einladungen, von denen Sie wissen, dass sie im kleineren Kreis stattfinden, können Sie zwar telefonisch absagen. Von gutem Stil zeugt es jedoch viel eher, wenn Sie einen Brief hinterherschicken: zum Beispiel um Glückwünsche auszusprechen. Das ist vor allem bei Geburtstagen, Jubiläen oder Einweihungen unerlässlich.

➤ **SO GEHEN SIE** außerdem sicher, dass Ihre Absage nicht negativ aufgenommen wird. Das Gastgeber bedauert zwar sicher Ihre Absage, freut sich aber anderseits auch über Ihre Gratulation.

➤ **NENNEN SIE** in einer schriftlichen Absage stets den Grund. Falls Sie jedoch eine Notlüge gebrauchen, sollte der erfundene Grund nachvollziehbar sein und vor allem nicht »auffliegen«.

➤ **UNTER UMSTÄNDEN** löst Ihre Absage – wenn Sie etwa als Redner vorgesehen sind – die Verschiebung der gesamten Veranstaltung aus. Dafür brauchen Sie dann aber wirklich einen triftigen Grund.

➤ **MANCHMAL LÄSST** es sich nicht vermeiden, dass Sie trotz vorheriger Zusage plötzlich unabkömmlich sind. Dann sollten Sie ebenfalls schnellstens reagieren und zumindest telefonisch absagen.

➤ **DAS GILT AUCH** für größere Veranstaltungen und vor allem dann, wenn der Gastgeber ein Essen geplant hat. Hier können Sie unter Umständen auch per Fax reagieren.

Er kam prinzipiell zu spät, da sein Grundsatz lautete, Pünktlichkeit stehle einem die Zeit.

Oscar Wilde (1854–1900), aus: Das Bildnis des Dorian Gray

Wer höflich ist, kommt pünktlich

Der Gastgeber kann von seinen Gästen erwarten, dass sie pünktlich sind. Natürlich kommt es immer einmal vor, dass sich etwas Unvorhergesehenes ereignet. Ist die Unpünktlichkeit dann absehbar, so gehört es sich für Sie als Gast, den Gastgeber so schnell wie möglich zu informieren – in diesem Fall auch per Telefon oder Fax.

Besser als durch ihre Reden lernt man die Menschen durch ihre Ausreden kennen.

Peter Tille (1938)*

Werden Sie kurzfristig aufgehalten (erkranktes Kind, Defekt am Auto), sollten Sie wenigstens anrufen. Es liegt dann am Gastgeber, ob er noch auf Sie wartet oder den anderen Gästen bereits das Essen serviert (aus Höflichkeit ihnen gegenüber kann das manchmal durchaus angebracht sein).

✱ **Für Sie als Gast** gilt bitte niemals die Redensart »je später der Abend, desto schöner die Gäste«. Wenn Sie glauben, Sie müssten Ihre Wichtigkeit durch Zuspätkommen demonstrieren, beweisen Sie damit nur eines: dass Sie eben nicht wirklich wichtig sind, und vor allem dass Sie sich nicht benehmen können. Weist eine Einladung keinen besonderen Vermerk auf, so gelten in Sachen Pünktlichkeit folgende Richtlinien:

➤ **WERDEN SIE** zu einem warmen Essen geladen, müssen Sie auf die Minute pünktlich erscheinen.

➤ **DAS GILT** ebenso bei einem Fest, das mit einem speziellen Musikstück oder einer Rede eröffnet werden soll.

➤ **BEI EINER** Abendeinladung ohne Essen sollte man ungefähr pünktlich, auf keinen Fall aber mehr als 15 Minuten früher oder später kommen.

➤ **BEI EINEM** außergewöhnlich großen Fest, bei dem der Gastgeber unmöglich auf jeden einzelnen Gast achten kann, sowie bei einem Cocktailempfang ist Pünktlichkeit nicht unbedingt erforderlich (falls nichts anderes auf der Einladung vermerkt ist!).

Die Begrüßung der Gäste

Als Gastgeber haben Sie – neben der Pflicht, Ihren Gästen die Einladung so angenehm wie möglich zu gestalten – eine ganz besondere Rolle inne: Sie sind an diesem Abend Hausherr (oder Hausherrin), selbst wenn Sie außerhalb der eigenen vier Wände in einem Restaurant oder einem großen Saal feiern. Es ist dann Ihr Recht, jeden Gast zu begrüßen und ihm die Hand zu reichen. Bei einer großen Veranstaltung wird man dies jedoch nicht immer durchführen können. Ich möchte deshalb im Folgenden den Ablauf einer kleineren Gesellschaft zeigen.

✱ **Bei jeder Begrüßung** wird eine bestimmte Reihenfolge eingehalten. Normalerweise gilt immer noch die Regel »Ladies first!« Diese Vorschrift wird lediglich dann durchbrochen, wenn Sie mehr als fünf Personen auf einmal begrüßen. Dann gehen Sie der Reihe nach vor. Das traditionelle »Sortieren« nach Geschlecht, Rang und Alter kann nämlich zu langwierigen und umständlichen Begrüßungsritualen führen. Als Gast begrüßen Sie bei einer Einladung stets zuerst die Gastgeberin, dann den Gastgeber, dann schließlich andere Gäste. Für Sie als Gastgeber gilt: Begrüßen Sie Ihre Gäste als Paar, stellen Sie sich bitte von vornherein so, dass die Dame des Hauses »richtig« steht: So werden die ankommenden Herren automatisch zuerst ihre Hand ergreifen.

WELCHE TITEL KENNEN WIR?

- Akademische Grade
- Prädikate und Adelsprädikate
- Amtsbezeichnungen
- Ehrentitel
- Berufs -und Funktionsbezeichnungen

Die richtige Anrede bei offiziellen Einladungen

Davor haben wohl viele Gastgeber Angst: Sie befürchten, einen Ehrengast nicht richtig anzusprechen. Es ist auch nicht leicht: Welchen Titel oder akademischen Grad darf oder kann, welchen muss man nennen? Die Grundregel lautet: Als höflicher Gesprächspartner nennen Sie so lange den Titel Ihres Gegenübers, bis dieser von sich aus klarmacht, dass dies nicht nötig ist. Das klingt allerdings – ich gebe es zu – einfacher, als es ist. Denn: Titelträger stellen sich normalerweise nicht mit ihrem Titel vor.

✱ **Und wenn Sie** die Person nicht kennen und ganz normal mit »Herr« und »Frau« ansprechen, ist es Ihnen im Nachhinein vielleicht peinlich, jemanden »falsch« angesprochen zu haben. Bedenken Sie aber bitte: Sie können nicht jeden Menschen kennen und wissen, welchen Titel er trägt. Wenn

Gastfreundschaft besteht aus ein wenig Wärme, ein wenig Nahrung und großer Ruhe.

Ralph Waldo Emerson (1803 – 1882)

Titel sind tiefe Gräben um die Festung Mensch.

Hans Arndt (1911)*

Sie sich höflich verhalten haben, wird man Ihnen den kleinen Fauxpas in der Anrede sicher auch nicht übel nehmen. Eine Entschuldigung ist sicher nicht nötig – sie würde viel zu viel Wirbel um die im Grunde doch kleine Sache machen. Beim nächsten Treffen machen Sie es einfach richtig und sprechen denjenigen mit seinem Titel an.

* **Akademische Grade** werden von wissenschaftlichen Hochschulen verliehen. Doktor, Professor oder auch der »Dr. h. c.« (»honoris causa« – ehrenhalber) zählen hierzu. Man spricht jemanden, der einen akademischen Grad innehat, mit dem Titel und nachfolgenden Namen an, also »Herr Doktor ...«, »Frau Professor ...«. Weibliche Sprachformen – »Frau Doktorin«, »Frau Professorin« haben sich bislang noch nicht durchgesetzt. Hat jemand mehrere akademische Titel, so wird er mit dem höheren angesprochen. Akademische Diplome werden bei uns in Deutschland nicht in der Anrede gebraucht, wohl aber in Österreich, wo man Titel sehr wichtig nimmt. Hier kennt man durchaus den »Herrn Diplomingenieur«.

* **Prädikate und Adelsprädikate** sind Bezeichnungen, die mit einem öffentlichen oder kirchlichen Amt verbunden werden. Auch die so genannten Standestitel nennt man Prädikate. Dabei haben Staatsoberhäupter, Minister und Botschafter des Auslandes Anspruch auf das Prädikat »Exzellenz«, Monarchen dagegen auf »Majestät«. Auch Kardinäle und Bischöfe wird man mit Exzellenz ansprechen. Moderner und durchaus nicht unüblich ist aber ebenso die Anrede »Herr Kardinal« bzw. »Herr Bischof« – jeweils ohne Namensnennung.

* **Bei Amtsbezeichnungen**, Ehrentiteln, Funktions- und Berufsbezeichnungen können Sie ganz nach Situation entscheiden, wie Sie jemanden begrüßen und ansprechen. Bei einem Fest, zu dem Sie den Bürgermeister in seiner Funktion als Gemeindeoberhaupt eingeladen haben, werden Sie ihn sicher mit »Herr Bürgermeister« ansprechen. Ist er dagegen auf eine private, aber durchaus formelle Feier geladen, können Sie ihn auch »nur« mit seinem Namen anreden. Ähnliches gilt für Berufs-

oder Funktionstitel: Laden Sie zu einem Geschäftsseminar ein, werden Sie den Chef der Firma als »Herr Direktor ...« ansprechen.

✱ Als »normaler« Bürger müssen Sie zwar niemanden mit seiner Amtsbezeichnung ansprechen und können also durchaus statt »Herr Minister« oder »Frau Staatssekretär« einfach nur den Namen nennen. Wollen Sie auf einer Feier jemanden jedoch besonders ehren, werden Sie seinen Titel nicht weglassen bzw. ihn auch mit seinem Titel begrüßen, also durchaus »Guten Abend, Herr Minister« sagen. Die genauere Bezeichnung für Personen aus dem Bundeskabinett, also »Herr (oder Frau) Bundesminister«, ist dagegen nicht üblich. Anders sieht es aus, wenn Sie Mitarbeiter in einem Amt oder einer Behörde sind: Dann hat der Amtsinhaber das Recht, mit seinem Titel angesprochen zu werden – allerdings auch dann nur mit »Herr/Frau Minister/in« oder »Herr/Frau Staatssekretär/in«, nicht mit der vollen Bezeichnung (»Herr Bundesminister für Wirtschaft und Finanzen«).

➤ **AMTSBEZEICHNUNGEN** kennt man bei uns für die Inhaber öffentlicher Ämter. Darunter fallen beispielsweise Bundespräsident, Bundeskanzler, Bundesminister, Ministerpräsident, Regierungspräsident, Landrat, Bürgermeister, Staatssekretär, Ministerialrat, Amtsrat, Oberinspektor.

➤ **IN DEN KIRCHEN**: Kardinal, Bischof, Generalvikar, Domkapitular, Domdechant, Prälat, Pfarrer, Diakon.

➤ **BEI DIPLOMATISCHEN DIENSTGRADEN** zum Beispiel Botschafter, Gesandter, Konsul, Honorarkonsul.

➤ **EHRENTITEL** werden zur Anerkennung besonderer Verdienste verliehen. Darunter fallen Kammersänger/in, Staatsschauspieler/in, Ehrensenator/in.

➤ **BERUFSBEZEICHNUNGEN** sind Rechtsanwalt, Notar, Landwirt, Ingenieur – alle Berufe eben.

➤ **FUNKTIONSBEZEICHNUNGEN** sind beispielsweise Vorsitzende/r, Direktor, Abteilungsleiter/in. Vorsicht: Es ist durchaus nicht üblich, jemanden als »Herrn/Frau Vizepräsident/in« anzusprechen. Man wählt hier den hierarchisch gesehen höheren Rang, sagt also »Herr/Frau Präsident/in«.

Einen Namen hat man, wenn man keinen Wert mehr auf seine Titel legt.

Sigmund Graff (1898–1979)

Adelstitel – manchmal eine komplizierte Angelegenheit

Die alten Anreden sind noch im »Gotha«, dem Genealogischen Handbuch des Adels, nachzuschlagen.

Oft ist es umständlich, einen Adeligen – vor allem wenn er einem noch regierenden Haus im Ausland angehört – mit all seinen Titeln anzusprechen. Beim Fürsten von Monaco etwa wäre das äußerst zeitraubend. Mit vollem Namen heißt er nämlich: Rainier Louis Henri Maxence Bertrand Grimaldi, Fürst von Monaco, Herzog von Valentinois, Markgraf von Baux, Graf von Carladès, Baron von Buis, Lehnsherr von Saint-Rémy, Lehnsherr von Matignon, Graf von Torigni, Baron von Saint-Lô, Luthumière und Hambye, Herzog von Estouteville, von Mazarin und Mayenne, Fürst von Château-Porcien, Graf von Ferrette, Belfort, Thann und Rosemont…

* **Offiziell gibt es** in Deutschland keinen Adel mehr – seit 1919. Deshalb sind auch die Anreden entfallen, die den Angehörigen adeliger Familien zustanden. Das Adelsprädikat – also das allseits bekannte »von« – ist zu einem Bestandteil des Namens geworden.

* **Aber in Kleinigkeiten** sind Fallen verborgen: Sie sprechen einen Adeligen entweder mit seinem Namen an –, also »Herr von…« oder aber »Frau von…«, oder aber mit seinem Titel, dann aber ohne den Zusatz »Herr« bzw. »Frau«. Das klingt dann so: »Graf Hardenberg« – niemals »Herr Graf Hardenberg«, denn das »Herr« würde Sie in diesem Fall auf den Status einen Bediensteten setzen. Ebenso gilt dies für die weibliche Anrede. Eine Ausnahme ist übrigens der Titel des Freiherrn bzw. der Freifrau: Er ist kein Bestandteil des Namens, wird also in der Begrüßung nicht angewandt.

* **Hier ein kurzer Überblick** über die gesellschaftlich immer noch üblichen Anreden bei Adeligen. In manchen Fällen unterscheidet sich die schriftliche Anrede, die Sie bei einer Einladung brauchen, von der mündlichen. Ich habe sie deshalb hinzugefügt. Außerdem ist zu beachten: Akademische Grade werden jeweils vor dem Vornamen genannt.

Ein Blick in den »Gotha«

zeigt Ihnen die perfekte Anrede für den Angehörigen eines Adelshauses auf, wenn Sie nach »alter Schule« vorgehen wollen. Vor 1919 kannte man nämlich noch Anredeformen, die heute im gesellschaftlichen Umgang zwar noch nicht ausgestorben, wohl aber veraltet sind: Seine/Ihre Hochwohlgeboren, Seine/Ihre Durchlaucht, Seine/Ihre Hoheit, Seine/Ihre Königliche Hoheit, Seine/Ihre Kaiserliche Hoheit. Allerdings: Nicht einmal der Kundige weiß auf Anhieb, welches Mitglied einer Adelsfamilie wie angesprochen werden muss.

* **Das verrät erst** der Blick in das Genealogische Handbuch des Adels – den oben erwähnten »Gotha«.

Überblick

Bezeichnung	Anschrift für die Einladung	Mündliche Anrede
Prinzessin/Prinz	Frau/Herrn Vorname Prinzessin/Prinz von (zu) Name	Prinzessin/Prinz Name
Herzogin/Herzog	Frau/Herrn Vorname Herzogin/Herzog von (zu) Name	Herzogin/Herzog Name
Fürstin/Fürst	Frau/Herrn Vorname Fürstin/Fürst von (zu) Name	Fürstin/Fürst Name
Gräfin/Graf	Frau/Herrn Vorname Gräfin/Graf von (von der/zu) Name	Gräfin/Graf Name
Freifrau/Freiherr	Frau/Herr (kann entfallen) Vorname Freifrau/Freiherr von (von der/zu) Name	Frau/Herr von (von der/zu) Name
Baronin/Baron	Frau/Herrn Vorname Baronin/Baron Name	Baronin/Baron Name
Ritter	Herrn Vorname Ritter von Name	Herr von Name
Edler/Edle	Frau/Herrn Vorname Edle/Edler von (von der/zu) Name	Frau/Herr von (von der/zu) Name

Tischordnung bei offiziellen Festen

Ein guter Gastgeber ist darauf bedacht, die Gesellschaft zu mischen und Gäste zusammenzusetzen, von denen er meint, sie könnten sich füreinander interessieren.

Singles meinen oft, dass sie zu einem Fest automatisch auch ihren jeweiligen »Lebensabschnittspartner« mitbringen können. Ungefragt ist dies nicht nur unhöflich dem Gastgeber gegenüber, sondern es kann auch zu erheblichen Störungen im reibungslosen Ablauf einer Feier führen: Vielleicht sind im Restaurant nur für eine bestimmte Anzahl von Gästen Plätze reserviert, vielleicht ist eine Tischordnung aufgestellt worden.

Die höfischen Sitten des Mittelalters sind der Ursprung unserer heute noch gültigen Tischordnung. Diese ist zugleich – zumindest bei einem formellen Essen – Ausdruck einer gewissen Rangordnung. Damals wie heute zeigt der Platz, den ein Gast bei Tisch einnimmt, jedem Anwesenden, welche Stellung er einnimmt. Früher wusste man bei Hofe sofort, welcher Herkunft ein Gast war und wie er bei Hofe angesehen war. Im privaten Kreis spielt zwar die Rangordnung keine so große Rolle. Jedoch sollten Sie als Gastgeber darauf achten, nicht Gäste nebeneinander zu platzieren, die sich ohnehin schon kennen. Dies gilt übrigens auch für Ehepaare (und selbstverständlich ebenfalls für das Gastgeberehepaar!) und Geschwister. Als einzige Ausnahme gilt: Es wirkt nicht zuvorkommend, ein frisch verliebtes Paar auf getrennte Plätze zu verbannen.

✱ **Bei feierlichen** und offiziellen Einladungen liegt der Fall anders. Hier gibt es eine durchaus zu befolgende protokollarische Tischordnung, die zwar nicht mehr so extrem standesbezogen ist wie im Mittelalter, aber dennoch in etwa den gesellschaftlichen Rang eines jeden Gastes widerspiegelt:

➤ **GRUNDSÄTZLICH** gilt für die Tischordnung: Je näher ein Gast dem Gastgeber sitzt, desto höher ist sein gesellschaftlicher Rang.

➤ **DER RANGHÖCHSTE** Gast sitzt bei uns in Deutschland links von der Dame des Hauses, ist also ihr Tischherr. Die ranghöchste Dame wiederum sitzt rechts neben dem Hausherrn. Beachten Sie: International sind die Gepflogenheiten allerdings anders: Da sitzt der ranghöchste Gast rechts von der Gastgeberin.

➤ **RECHTS VON DER DAME** des Hauses nimmt der zweithöchste Herr Platz, links neben dem Hausherrn die zweithöchste Dame.

➤ **VON DA AN** geht die Reihenfolge dem Rang und der Wertschätzung der Gäste nach weiter, wobei Ehefrauen stets den gleichen Rang innehaben wie ihre Ehepartner.

➤ **GÄSTE** haben stets einen höheren Rang als Verwandte.

➤ **ALTER** geht vor Jugend.

➤ **AUSLÄNDISCHE** Gäste erhalten Vorzug vor inländischen Gästen.

➤ **ANGEHÖRIGE** fremder Firmen oder Institutionen haben Vorrang vor den eigenen Mitarbeitern.

➤ **KINDER** (auch bereits erwachsene) besetzen keinen »Rang« im strengen Sinne. So ungewöhnlich es klingt: Ihre »Aufgabe« ist es, eventuelle Lücken am Tisch zu schließen.

➤ **EINE BESONDERHEIT** in der Tischordnung bilden geladene Künstler. Viele Gastgeber räumen ihnen einen höheren Rang ein als nach der »klassischen« Sitzordnung üblich und platzieren sie dementsprechend.

➤ **ÄHNLICHES** gilt für ausländische Gäste. Als geschickter Gastgeber werden Sie darauf achten, sie nicht zu isolieren. Vielleicht haben Sie jemand unter Ihren anderen Gästen, der die Sprache beherrscht und ihnen deshalb als Tischherr oder -dame behilflich sein kann.

Platzkarten und Placement

Auf einem festlich gedeckten Tisch wird jeder Gast auf einer so genannten Platzkarte seinen Namen finden. An diese Tischordnung sollten Sie sich bitte halten: Der Gastgeber hat vermutlich lange überlegt, wen er wohin setzt. Eine vor allem bei Feiern mit großer Teilnehmerzahl praktische Alternative zu den Platzkarten stellt das so genannte Placement dar. Dabei handelt es sich um eine Skizze des Tischs (bzw. der Tische), auf der die Plätze mit den Namen der einzelnen Gäste eingezeichnet sind. Das Placement wird am Eingang gut sichtbar aufgestellt, so dass jeder Gast sich gleich orientieren kann, wo sein Stuhl ist. Auch hier gilt: Ein Austauschen der Plätze wäre eine grobe Unhöflichkeit! Bei offiziellen Feiern liegt zusätzlich zur Tischkarte oftmals auch eine Menükarte, aus der Sie als Gast ersehen können, was nachher beim Essen serviert wird.

Einer wurde gefragt, wo er seine feinen und wohlgefälligen Sitten gelernt habe. Er antwortete: »Bei lauter unhöflichen und groben Menschen. Ich habe immer das Gegenteil von demjenigen getan, was mir an ihnen nicht gefallen hat.«

Johann Peter Hebel (1760 – 1826)

Die Kunst des Servierens

Eine Regel zum Zuprosten: Es prostet stets der Herr der Dame zu sowie ein Älterer dem Jüngeren. Man hält vor dem Zutrinken in der Runde Blickkontakt und nickt sich nachher leicht zu.

Erst zur Zeit des Barock, also im 16. bis 18. Jahrhundert, haben sich unsere heutigen Tischsitten entwickelt.

* **Etwa ab** dem 17. Jahrhundert begann man in der Aristokratie des Abendlandes, Löffel, Messer und Gabel für den Gast aufzulegen, im Bürgertum war dies noch einmal 100 Jahre später üblich. Damals bildete sich die Reihenfolge eines Menüs heraus (siehe Kapitel 5), wie wir es heute kennen und schätzen: Zuvor wurden alle Gerichte auf einmal auf den Tisch gestellt – in einer Vielfalt und Menge allerdings, die uns heute kaum mehr vorstellbar ist. Ernst C. von Malortie, der Anfang des 19. Jahrhunderts Hofmarschall in Hannover war, beschrieb, wie es beim englischen Adel zuging: »Der altenglische Service besteht aus drei Gängen. Die sämtlichen Speisen eines Ganges befinden sich zugleich auf der Tafel, der erste bereits bei Beginn derselben. Es werden die Speisen nicht durch die Dienerschaft gereicht, sondern von den Gästen bei demjenigen erbeten, vor dessen Platz die gewünschte Speise aufgestellt ist.«

* **In jedem Restaurant**, bei jedem großen Essen wäre es heute absolut undenkbar, wenn die Gäste sich selbst bedienen müssten. Im privaten Rahmen jedoch, auch bei einer formellen Einladung, und weil man heute üblicherweise kein Servicepersonal mehr hat, ist die »englische Sitte« durchaus üblich. Bei einem offiziellen Essen hat sich ein anderer Modus durchgesetzt: Die einzelnen Gänge eines Menüs werden nacheinander serviert (siehe Kapitel 5).

* **Es gibt ganz bestimmte** Regeln, die einerseits die Gäste einzuhalten haben und die andererseits für das Servicepersonal im Restaurant gelten. Auch wenn Sie zu Hause eine größere Anzahl von Gästen bewirten, werden Sie sich erfahrene Hilfe holen. Dabei rechnet man eine Servierhilfe für jeweils sechs bis acht Personen. Bei einem offiziellen Essen tischt niemals der Gastgeber oder die Dame des Hauses selbst mit auf. Gut ausgebildete Servierhilfen beherrschen die »goldenen Regeln« des perfekten Servierens:

➤ **FRÜHER** wurde stets als Erster der ranghöchsten Dame des Tisches aus den diversen Platten und Schüsseln ange-

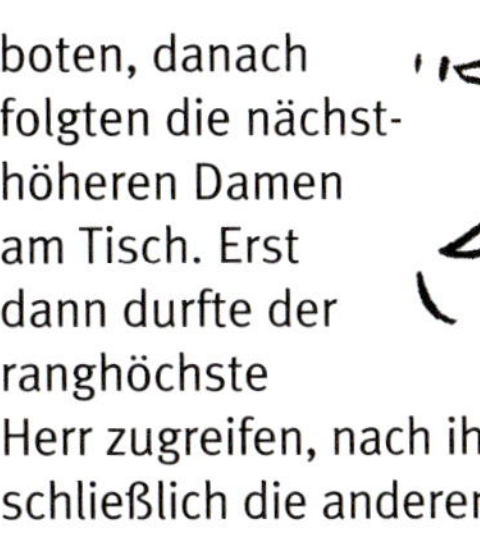

boten, danach folgten die nächsthöheren Damen am Tisch. Erst dann durfte der ranghöchste Herr zugreifen, nach ihm schließlich die anderen Herren an der Tafel.

➤ **PRAKTISCHER** jedoch ist die moderne Regelung, nach der man zuerst dem Ehrengast (bzw. der ranghöchsten Dame) serviert und dann der Reihe nach im Uhrzeigersinn bedient wird.

➤ **DER TRADITION** zufolge obliegt es jedoch stets der Dame des Hauses, das Essen zu eröffnen und zu beenden.

➤ **DER GASTGEBER** seinerseits hat die Pflicht, als Erster das Glas zu erheben.

➤ **SINGLES** müssen als guter Gastgeber beide Aufgaben erfüllen.

Von links oder von rechts?

➤ **WERDEN KEINE** Tellergerichte serviert, wobei jeder Gast die fertig angerichteten Speisen auf seinem Teller (gelegentlich unter einer stilvollen silbernen Servierhaube – frz. Cloche genannt) bekommt, dann legt das Servierpersonal die einzelnen Gerichte der entsprechenden Reihenfolge nach jedem Gast einzeln auf den Teller.

➤ **SPEISEN** werden immer von links serviert, Getränke dagegen von rechts – die Regel besitzt Gültigkeit, selbst wenn diese Tradition für Linkshänder bisweilen recht kompliziert sein mag.

Grundregel fürs Servieren: Speisen von links, Getränke von rechts!

➤ **DAS VORLEGEBESTECK** wird dabei so gelegt, dass es dem Gast zugewandt ist. Eine wichtige Regel: Weder das Servicepersonal noch Sie als Gast dürfen den Rand der Servierplatte mit den Fingern berühren!

➤ **GETRÄNKE** werden von rechts eingeschenkt – das erste Mal vor dem Servieren des Essens. Bitte beachten Sie: Niemals halten Sie dem Weinkellner das Glas entgegen – es bleibt auf dem Tisch stehen.

➤ **VORSPEISEN** und Suppen werden dem Gast nur einmal serviert. Es gibt also keinen »Nachschlag«.

Es ist eine traurige Wahrheit, dass wir die Fähigkeit verloren haben, Dingen hübsche Namen zu geben. Namen sind alles.

Oscar Wilde (1854–1900)

➤ **BEIM HAUPTGANG** wird in einer bestimmten Reihenfolge serviert: Zunächst kommen Fleisch und Saucen, danach Gemüse, Beilagen und Salat. Der gesamte Hauptgang wird normalerweise zweimal gereicht, Sie dürfen also durchaus nachfassen (und müssen sich beim ersten Mal den Teller nicht voll laden!).

➤ **BENUTZTE TELLER** werden grundsätzlich von rechts abgeräumt.

➤ **SIND ALLE GÄSTE** mit dem Essen des Hauptgangs fertig, entfernt das Servicepersonal von rechts die leeren Gläser, die Menage (also Salz und Pfeffer) sowie überzählige Besteckteile.

➤ **ERST DANN** wird das Dessert gereicht, danach, zum guten Abschluss des Mahls, Kaffee und Digestif.

Der beliebte Eintrag ins Gästebuch

Für die meisten Menschen ist es ein unangenehmer Moment: Man hat einen schönen Abend hinter sich, fühlt sich rundherum wohl – da bittet der Gastgeber oder die Dame des Hauses: »Tragen Sie sich doch bitte noch in unser Gästebuch ein!« Und damit ist es vorbei mit der Entspannung – denn kaum jemand weiß so ganz spontan, was er schreiben soll, wie er sich am besten ausdrückt.

✱ **Es gibt keine** Benimmregel, die erläutert, wie man mit dieser Situation umgeht. Deshalb: Lassen Sie den gesunden Menschenverstand walten. Sie müssen sich nicht unter Druck setzen lassen. Nehmen Sie sich Zeit, blättern Sie ein wenig in dem Buch – vielleicht finden Sie eine Anregung, die Sie umsetzen können. Und wenn nicht: Bevor Sie mühsam Gereimtes schreiben, lassen Sie den Abend noch einmal Revue passieren. Sicher gibt es nicht nur ein Detail, das Ihnen besonders gut gefallen hat. Bleiben Sie schlicht und knapp – und schreiben Sie in einfachen Worten und Sätzen, was Ihnen positiv aufgefallen ist. Das kann durchaus ein Punkt sein, der im ersten Moment vielleicht peinlich war, sich dann aber schließlich in frohgemutes Schmunzeln aufgelöst hat.

✱ **In Ihrem Eintrag** müssen Sie den Gastgeber nicht unbedingt persönlich ansprechen,

Sie können dies aber tun. Und vergessen Sie nicht: Allzu gewollte »Originalität« schlägt oft ins Gegenteil um und spricht dann gegen den Verfasser.

✱ Und noch ein Tipp: Nehmen Sie in einer stillen Stunde daheim einmal einen Zitatenschatz zur Hand. Es gibt eine ganze Reihe von Aussprüchen berühmter Männer und Frauen, die zu den Themen Essen und Trinken, Gast und Gastlichkeit und natürlich zu den unterschiedlichsten Anlässen passen. Einige finden Sie auch hier in diesem Buch…

Das richtige Gastgeschenk

Es ist nicht nur üblich, sondern zeugt auch von Höflichkeit, dem Gastgeber ein kleines Geschenk mitzubringen. Das gilt nicht nur für Geburtstags-, Hochzeits- oder Jubiläumsfeiern. Ein Gastgeschenk zeigt auf alle Fälle, dass Sie sich über die Einladung gefreut haben und im Gegenzug Ihrem Gastgeber ebenfalls eine Freude bereiten möchten. Die meisten Gäste lassen es sich daher nicht nehmen,

Vorsicht, es gibt eine Sprache der Blumen: Rote Rosen bedeuten Liebe. Und manche Blüten gelten als Trauerblumen. Wählen Sie deshalb einen neutralen Strauß, passend zur Jahreszeit und zur Person oder Wohnung des Gastgebers.

Blumen als Geschenk

- **Streng genommen dürfen Sie als Gast ausschließlich Schnittblumen überreichen. Eine Ausnahme gibt es allerdings: Sie wissen, dass Ihr Gastgeber ein wahres Faible für Topfpflanzen hat.**
- **Ebenfalls geeignet sind Blumengestecke, vor allem wenn Sie einen Blumenversand beauftragen. Denn dann können Sie einigermaßen sicher sein, dass Ihr blumiges Dankeschön eine Zeit lang frisch bleibt und nicht schon nach ein paar Tagen die Köpfe hängen lässt. Ebenfalls ein hübsches Mitbringsel: vierblättriger Klee im Töpfchen als Glücksbringer oder eine einzelne Orchidee als Topfpflanze – was bei gekauften Blumen oft ein mittelgroßes Problem darstellt.**
- **Männern bringt man in der Regel keine Blumen als Gastgeschenk mit – es sei denn, man weiß genau, dass der Einladende ausgesprochener Blumenliebhaber ist, oder dass der Gastgeber Junggeselle ist und gerade erst seine Wohnung einrichtet, für die ihm noch die eine oder andere Grünpflanze fehlt.**

Kleine Geschenke erhalten die Freundschaft. Dieser Satz ist heute immer noch gültig.

stets einen Strauß Blumen mitzubringen.

* **Ein Blumenstrauß** wird während der Begrüßung an die Dame des Hauses überreicht; sind die Gäste ein Paar, ist dies die Aufgabe des Herrn. Dabei halten Sie die Stiele der Blumen fest und streifen das Einwickelpapier nach oben ab (vorher üben, sonst köpfen Sie die schönen Blüten!). Sträuße in durchsichtiger Folie dagegen werden nicht ausgepackt. Ein Strauß Blumen ist also nicht völlig fehl am Platze, lediglich ein wenig einfallslos. Wenn Sie in einem Haus eingeladen sind, in dem Sie sich schon auskennen, wenn Sie mit dem Gastgeber befreundet sind und vielleicht über seine Vorlieben und Hobbys Bescheid wissen, können Sie durchaus auch einmal etwas anderes mitbringen. Vor allem deshalb, weil es bei einer größeren Anzahl von Gästen zu einem wahren Blumenmeer kommt und nicht in jedem Haushalt genügend Vasen vorhanden sind.

* **Übertreiben Sie** es jedoch beim Wert Ihres Gastgeschenkes nicht. Es dürfen durchaus auch selbst hergestellte Dinge sein: etwa Marmelade oder Konfekt aus der eigenen Küche, selbst angesetztes Öl oder Essig. Sogar eigene Handarbeiten sind nicht unbedingt fehl am Platze – wenn Sie wissen, dass Ihrem Gastgeber so etwas Freude macht und Sie es nicht nur deshalb mitbringen, weil Sie Geld sparen wollen. Beachten Sie bitte außerdem: Hat Ihr Gastgeber kleinere Kinder? Dann sollten Sie nicht vergessen, ihnen eine Kleinigkeit mitzubringen. Das kann ein Spielzeugauto sein, ein Buch, eine Märchenkassette oder ein kleine Leckerei. Lassen Sie sich entweder von Bekannten beraten, die selbst Kinder im entsprechenden Alter haben oder fragen Sie direkt beim Gastgeber nach.

Danke sagen will gelernt sein

Das Gastgeschenk ist – neben der Freude, die Sie damit bereiten wollen – gleichzeitig das Dankeschön für die Einladung. Natürlich haben Sie sich als höflicher Mensch gleich nach Erhalt der Einladung bedankt, spätestens jedoch mit Ihrer

Zusage. Trotzdem sind Sie deshalb nicht von einem Dankeschön nach der Feier entbunden.

✱ Ihren Dank nach der Feier können Sie mündlich oder schriftlich ausdrücken. Und natürlich ist auch beides erlaubt: mündlich gleich beim Abschied, schriftlich am nächsten Tag. Er muss nicht überschwänglich sein, sollte aber das ehrliche Gefühl der Dankbarkeit zum Ausdruck bringen. Sie sollten eine Karte oder einen Brief mit Dankesworten stets mit der Hand schreiben. Wenn Sie Ihren Gastgeber gut kennen, können Sie auch ein witziges Fax schicken. Oder Sie machen sich nach einem besonders schönen Fest die Mühe einer originellen Danksagung: vielleicht mit einem Foto vom Fest, das Sie mit einem humorvollen Spruch versehen haben. Selbst ein Blumengruß am nächsten oder übernächsten Tag nach dem Fest kommt gut an. Übrigens: Für einen Blumenstrauß, den Sie Ihrem Gastgeber als Dankeschön geschickt haben, muss sich dieser nicht wieder bedanken. Sonst würde eine unendliche Dankes-Kette entstehen. Höflich ist es aber, wenn Ihr Gastgeber beim nächsten Treffen oder Telefonat kurz erwähnt, wie sehr er sich über den Strauß gefreut hat. Mehr ist nicht nötig. Sie können dann auch sicher sein, dass Ihr Dankeschön-Geschenk Ihren Gastgeber auch wirklich erreicht hat und nicht etwa gar nicht ausgeliefert wurde.

Der Dank gehört zur Grundform des höflichen Benehmens und ist viel mehr als eine leere Floskel. Er zeigt, dass Sie sich als Gast wohl gefühlt haben und die Einladung nicht als Selbstverständlichkeit betrachten.

DANK AN DIE GÄSTE

- **Danke sagen sollte übrigens auch der Gastgeber – vor allem dann, wenn er (oder sie) zu einer Feier eingeladen hat, bei der üblicherweise mehr als nur Gastgeschenke mitgebracht werden, zum Beispiel bei Geburtstag, Jubiläum und Hochzeit.**
- **Sie entscheiden nach der Anzahl Ihrer Gäste, ob Sie jedem Einzelnen persönlich in einem Schreiben danken oder ob Sie Dankeskarten drucken lassen. Bei einer Hochzeit oder einem hohen Geburtstag kann das durchaus angebracht sein. Selbstverständlich bleibt Ihnen unbenommen, eine vorgedruckte Karte mit ein paar persönlichen Worten zu ergänzen.**

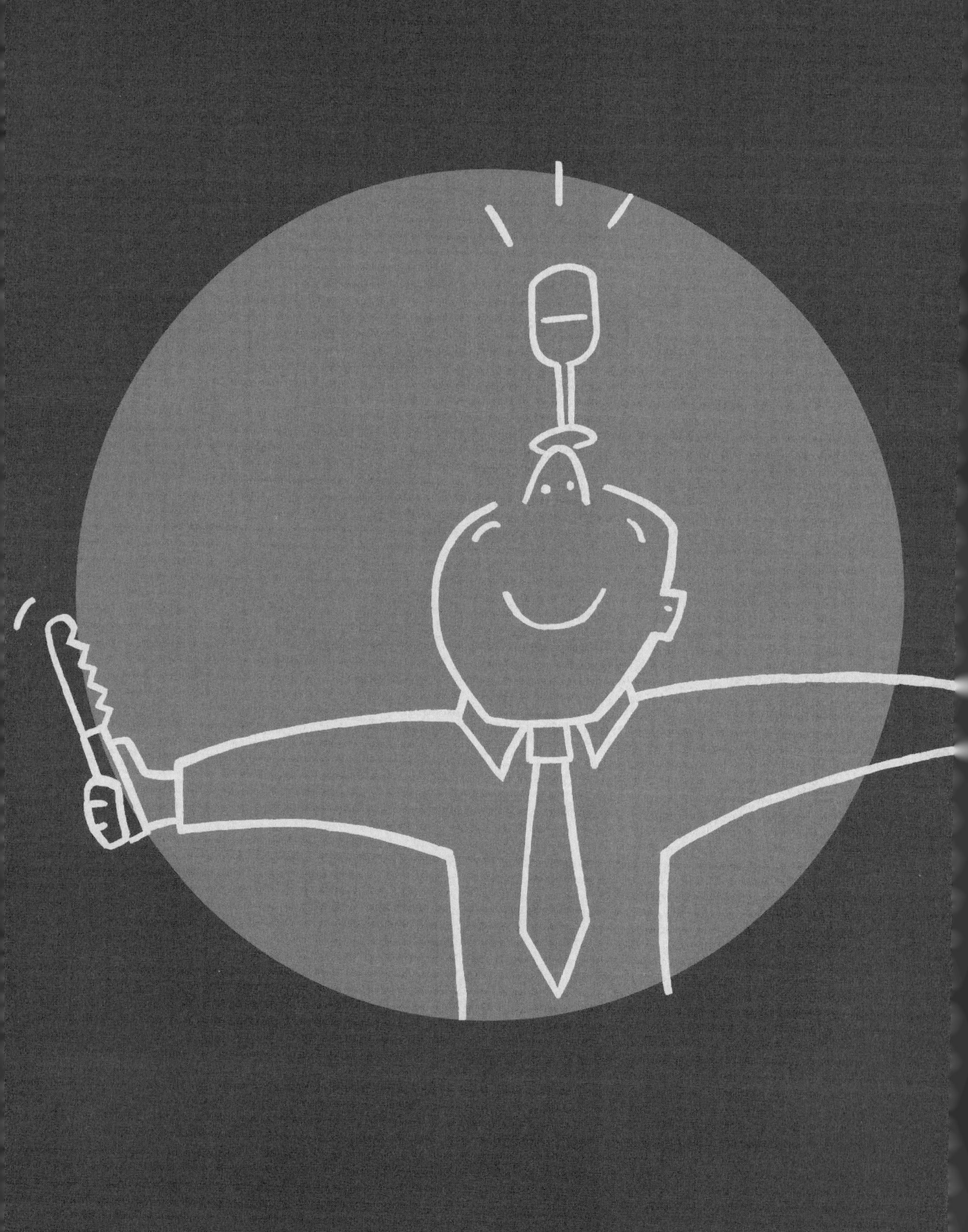

Kapitel 5

Souverän bei Tisch

Auf einen Blick

Souverän bei Tisch

Ein appetitlich eingedeckter Tisch ist eine Augenweide. Da stimmt alles: Das Besteck blitzt, die Tischdecke passt zu den Servietten, die Dekoration ist auf den Anlass abgestimmt. Wer selbst Spaß an Tischkultur hat, wird dies nicht nur im feinen Restaurant genießen wollen, sondern sich auch daheim entsprechend ausstatten.

Im Lokal oder zu Hause – das Auge isst mit

Selbstverständlich werden Sie zu Hause nicht jeden Tag ein großes Menü servieren. Aber auch in den eigenen vier Wänden sollten Sie nicht darauf verzichten, ein wenig Esskultur zu praktizieren. Und sei's nur deshalb, damit Sie in Übung bleiben …

Messer und Gabel, großer Löffel, kleiner Löffel, Fischbesteck – vielen Menschen macht die Anordnung dieser Esswerkzeuge auf einem festlich gedeckten Tisch Angst. Denn die Frage tut sich auf: Wie esse ich was mit welchem Besteck? Und dazu kommt noch die Anordnung der Gläser: Da gibt es große und kleine, hohe und flache, bauchige und schlicht gerade. Zugegeben: Bei einem mehrgängigen Menü ist die Anzahl der Teller, Gläser, Gabeln und Messer verwirrend. Gerade im Restaurant und bei großen, festlichen Essen wird Wert auf die korrekte Reihenfolge des Bestecks neben dem Teller gelegt.

* **Gute Tischmanieren** sind seit jeher eine Art Gradmesser für die »gute Kinderstube«. Mehr und mehr achtet man auch im Berufsleben darauf, ob ein Bewerber sich bei Tisch und im Restaurant »sattelfest« zeigt. Das anscheinend entspannte Essen mit dem neuen Vorgesetzten entscheidet oft darüber, ob jemand eine Stelle bekommt. Dennoch unterscheidet man im Großen und Ganzen zwischen einem Essen im privaten Kreis, innerhalb der Familie oder im Stammlokal – obwohl man sich auch da an bestimmte Grundregeln halten sollte! – und einer offiziellen Einladung ins Edelrestaurant oder zu einem Empfang. Hier müssen Sie jede Kleinigkeit beachten, um nicht unangenehm aufzufallen.

Das »kleine Gedeck«

Für den Alltag – also auch bei Ihnen zu Hause – ist das so genannte »kleine Gedeck« gedacht. Es ist sozusagen die Grundlage für alles andere, und wenn Sie damit umzugehen wissen, sind Sie auch für ein festliches »großes Essen«

gut gerüstet. Zum kleinen Gedeck zählt man für gewöhnlich Suppe, Hauptgericht und Dessert. Und natürlich das dazugehörige Besteck: also Löffel, Gabel und Messer sowie den Dessertlöffel. Nach einer inzwischen überholten Regel fanden Suppen- und Dessertlöffel oberhalb des Tellers quer ihren Platz. Messer und Gabel lagen zusammen rechts vom Teller. Heute hat sich allgemein eine andere Anordnung durchgesetzt: Die Gabel liegt links vom Teller, rechts das Messer und außen rechts der Löffel für die Suppe. Oberhalb des Tellers liegt quer der Dessertlöffel, etwas höher rechts steht ein Glas für das Tischgetränk.

Extratipp

Beim Spaghettiessen ist das Besteck einfacher als beim »kleinen Gedeck«: Hier genügen die Gabel (links vom Teller) und ein Löffel (rechts vom Teller). Einige italienische Restaurants legen ausschließlich eine Gabel vor – richtige »Spaghettiprofis« kommen damit aus. Man sollte jedoch den Löffel immer mit anbieten.

Immer von außen nach innen

Gerade zu besonderen Anlässen wie großen Feierlichkeiten und Empfängen werden mehrere Gänge gereicht: Ein Menü also, das über das »klassische« mit Suppe, Hauptgang und Dessert hinausgeht. In diesem Fall ist es auch im privaten Kreis üblich (und zeigt, dass Sie als Gastgeber Ihre Hausaufgaben gemacht haben), dass die einzelnen Besteckteile nach der Folge des Menüs von außen nach innen bereitgelegt und benutzt werden. Bei den Gläsern »arbeiten« Sie sich von rechts nach links vor.

Das Gedeck für ein fünfgängiges Menü

Nach internationalem Standard besteht ein fünfgängiges Menü aus Vorspeise, Suppe, Fischgericht, Fleisch und Dessert. Und so sieht es aus, wenn Sie Ihre Tafel dafür korrekt eindecken:

➤ **DAS AM WEITESTEN** außen liegende Besteck besteht aus den für die Vorspeise benötigten Teilen. Die Vorspeise

In den 40er Jahren sollen US-Agenten im Ausland aufgeflogen sein, weil sie ihr Essen nach amerikanischer Sitte nur »mit rechts« aufgabelten. Sie sehen: Gute Tischmanieren variieren nicht nur von Land zu Land. Sie sind auch ein Ausdruck unserer Kultur – und deshalb wichtig.

muss nicht unbedingt zwei Besteckteile erfordern: In diesem Fall liegt das benötigte Besteck rechts, ansonsten natürlich rechts und links.

Sie sind zu einem großen Menü eingeladen? Dann warten Sie immer etwas ab, bevor Sie zum nächsten Besteck greifen. Denn wird ein Gang mit Löffel oder Gabel serviert, sind diese das »richtige« Besteck.

➤ **AN DER RECHTEN** Seite des Tellers folgt nach innen der Suppenlöffel, dann das Fischmesser und schließlich direkt am Teller das Messer für das Fleisch.

➤ **AN DER LINKEN** Seite des Tellers ergibt sich demnach: zuerst ein Teil des Vorspeisenbestecks, dann eine Fischgabel und direkt am Teller eine Fleischgabel.

➤ **QUER OBERHALB** des Tellers liegen die Besteckteile für das Dessert. Dabei zeigt der Griff einer Gabel nach links, der des Löffels nach rechts.

➤ **WIRD DIE SUPPE** nicht im tiefen Teller, sondern in einer Tasse serviert, wird der Suppenlöffel auf die Untertasse gelegt und beides zusammen serviert.

➤ **DIE SCHNEIDE** des Messers legt man immer nach innen, also zum Teller hin.

➤ **DIE GABEL** liegt normalerweise so, dass die Zinken nach oben stehen. Einzige Ausnahme: Sie decken Ihre Tafel mit kostbarem Silberbesteck, auf dem ein Wappen oder Monogramm eingraviert ist. Dann dürfen Sie dies zeigen, indem Sie die Gabeln mit den Zinken nach unten eindecken.

➤ **BEI EINEM MENÜ** mit mehr als sechs Gängen wird das Besteck nicht komplett eingedeckt, sondern man reicht die Besteckteile zu den einzelnen Speisen nach.

➤ **DIE GASTRONOMISCHE** Grundregel lautet: Rechts sollen nicht mehr als vier, links nicht mehr als drei Besteckteile liegen.

➤ **LINKS NEBEN** Ihnen steht der Brotteller, auf dem ein kleines Messer liegt. Es ist nur fürs Aufstreichen der Butter gedacht, nicht etwa dafür, Brötchen aufzuschneiden.

➤ **NEBEN DER** klassischen Art kennt man einige Abweichungen, die im Lauf der Zeit entstanden oder aufgrund bestimmter Speisen notwendig sind: Reichen Sie frische Früchte zum Nachtisch, legen Sie statt eines Löffels ein Dessertmesser über den Teller.

Richtiges Essen – richtiges Sitzen

Wer sich in einem Restaurant ein wenig in die Beobachterrolle begibt (obwohl das nicht zum guten Ton gehört!), kann Erschreckendes sehen: Da gibt es die schick gekleidete Dame, die beim Essen die Ellenbogen aufgestützt, oder den eleganten Herrn, der sich tief über den Teller beugt und sein Essen regelrecht in den Mund schaufelt. Dabei ist es viel bequemer und sieht wesentlich manierlicher aus, wenn man bei Tisch die richtige Haltung einnimmt: Man sitzt so gerade wie möglich, nutzt die gesamte Sitzfläche aus und ist etwa eine Handbreit vom Tisch entfernt. Die Arme sollten sich beim Essen möglichst eng am Körper befinden – schließlich wollen Sie Ihren Tischnachbarn ja nicht beeinträchtigen. Gabel und Löffel werden zum Mund geführt und nicht etwa umgekehrt.

* **Essen Sie nur** mit der rechten Hand, liegt Ihr linkes Handgelenk (und nicht etwa Ihr ganzer Unterarm!) locker auf dem Tisch, und zwar links neben dem Teller. In den USA und in Großbritannien wird das übrigens anders gemacht: Man legt die linke Hand in den Schoß. Die Ellenbogen haben während des Essens nichts auf dem Tisch zu suchen (eigentlich auch nicht zwischen den Gängen und nach der Mahlzeit!). Vor allem bei einem offiziellen Essen sollten Sie diese Regel nicht vergessen! Noch etwas zu Beinen und Füßen: Ihre Beine stehen nebeneinander und werden nicht übereinander geschlagen oder nach hinten unter die Sitzfläche geschoben. Die Füße kreuzt man nicht – und man schlingt sie auch nicht um die Stuhlbeine.

Ellenbogen

Beim privaten Treffen im Stammlokal sitzen Sie Ihrer Begleitung meist gegenüber oder »über Eck«. Da kann im eifrigen Gespräch schon mal der Ellenbogen auf den Tisch kommen. Beim offiziellen Essen dagegen isst Ihr Tischherr bzw. Ihre Tischdame neben Ihnen: Da ist das Ellenbogen-Aufstützen eh kaum möglich – und nicht erlaubt!

»Ob der Philipp heute still
wohl bei Tische sitzen will?«
Also sprach im ernsten Ton
der Papa zu seinem Sohn …

»Der Struwwelpeter« von Heinrich Hoffmann (1809–1894)

In einer größeren Gesellschaft hat jede Dame ihren Tischherrn – nämlich denjenigen, der links von ihr sitzt. Er ist »zuständig« fürs Weiterreichen von Speisen, für ausreichende Getränke und – natürlich auch fürs Tischgespräch. Wenn Ihre Tischdame aufsteht, sollten Sie auch in großer Gesellschaft wenigstens andeuten, dass Sie sich ihr zu Ehren erheben.

Die Serviette – Tuch mit Tradition

Nur beim Krebsessen dürfen Sie die Serviette um den Hals binden. Sonst gehört sie auf den Schoß!

Im Mittelalter stellte man als Tisch einfach einen Holzbock auf, über den ein großes Brett gelegt wurde. War das Essen beendet, trug man das ganze Brett samt Geschirr und Speisen nach draußen: Daher stammt der Begriff »die Tafel aufheben«.

Schon im alten Rom kannte man Mundtücher, die so genannten »mappae«. Sie dienten nicht nur zum Abwischen des Mundes, sondern auch als Transportmittel: Denn es war durchaus üblich, Speisen mit nach Hause zu nehmen. Die Benutzung der Serviette geriet allerdings in Vergessenheit. In der mittelalterlichen »Ulmer Hofzucht« wird noch beschrieben, dass so mancher Mann seinen Mund am Tischtuch abwischte, und es war auch durchaus nicht unüblich, das Tischtuch als Taschentuch zu missbrauchen – Sitten, die uns heute sehr unappetitlich vorkommen ...

*** Ab dem 11. Jahrhundert** durften Frauen an der höfischen Tafel speisen, und das führte dazu, dass strengere und vornehmere Sitten herrschten. Man wusch sich nun vor dem Essen die Hände und stahl dem Nachbarn nicht mehr kurzerhand das beste Stück Braten vom Schneidbrett. Galanterie kam auch beim Essen in Mode. Es dauerte aber noch bis zum 15. Jahrhundert, bis die Serviette wieder entdeckt wurde. Der Gebrauch von Messer und Gabel zum Essen war noch weitgehend unbekannt, und die fettigen Finger mussten schließlich irgendwo abgewischt werden. Die Etikette schrieb vor, dass man das Mundtuch entweder über der Schulter oder dem linken Arm zu tragen habe, und bis zum Anfang des 20. Jahrhunderts trug man die Serviette noch um den Hals gebunden oder in den Kragen gesteckt. Heute hat sich das deutlich geändert. Die Servietten sind wesentlich kleiner geworden und messen höchstens 50 mal 50 Zentimeter. Und man benutzt sie anders – nicht mehr als »Schürze« für die Kleidung. Auf einer schön gedeckten Tafel ist eine in ungewöhnliche Formen gefaltete Serviette ein Schmuckstück, aber eines, das man gebrauchen kann und sollte.

*** Mit dem Entfalten** seiner Serviette gibt der Gastgeber das Zeichen zum Beginn des Essens. Ist die Hausherrin anwesend, ist dies ihre Aufgabe. Erst dann greifen also auch Sie zu Ihrem Mundtuch und entfalten es. Danach legen Sie die Serviette auf den Schoß, einmal gefaltet und zwar so, dass Sie Ihren Mund problemlos mit der Innenseite abtupfen können. Der Gastgeber ist auch derjenige – beim Essen im privaten Kreise: die Dame des Hauses –, der zum guten Schluss die Tafel aufhebt und das Essen »offiziell« beendet, und zwar, indem er seine Serviette neben dem Teller ablegt. Erst dann tun dies auch die übrigen Gäste.

* **Die Serviette** ist für die »kleine Reinigung« während des Essens gedacht, also zum Abwischen der Lippen kurz vor dem Trinken, um Speise- und Fettränder am Glas zu vermeiden. Nach der Mahlzeit wird die Serviette entgegen ihrem Originalkniff gefaltet und links neben den Teller gelegt. Damit zeigen Sie an, dass Sie mit dem Essen fertig sind. Bei einem großen Essen sollten Servietten immer aus Stoff sein. In vielen Restaurants sind mittlerweile auch Mundtücher aus hochwertigem Zellstoff üblich. Auch sie werden nach dem Essen neben den Teller gelegt. Früher war es üblich, Papierservietten nach dem Essen zerknüllt auf den Teller zu legen. Das tut man heute nicht mehr, denn dies sieht nicht nur unappetitlich aus, sondern arbeitet auch dem Küchenpersonal entgegen: Müll muss heute getrennt werden. Die Papierserviette hat also auf dem Biomüll nichts verloren.

Welches Besteck wie benutzt wird

Bis ins 16. Jahrhundert hat man als Essgeräte nur Löffel und Messer benutzt. Und das Messer hatte jeder Gast selbst am Gürtel. Als Gastgeber musste man sich also nicht besonders ums Eindecken mit Besteck kümmern. Gabeln gab es am Ende des Mittelalters. Anfangs hatten sie nur zwei Zinken, im 17. Jahrhundert kam dann in Frankreich die vierzinkige Gabel auf, die wir heute noch kennen und benutzen. Wie man das Besteck jedoch verwendet, wie man es richtig hält – das scheint, wenn man sich im Restaurant so umsieht, eine wahre Wissenschaft zu sein.

Im Restaurant legen Sie die entfaltete Serviette auf den Schoß, wenn man Ihnen die Speisekarte reicht.

Das Messer – für Fleisch und Fisch

Das Messer wird normalerweise in der rechten Hand gehalten. Es gibt nur eine einzige Form, wie Sie Ihr Messer halten. Leider ist die am meisten verbreitete die falsche: Das Messer wird nicht wie ein Bleistift in der Beuge zwi-

Linkshänder werden heutzutage nicht mehr »umerzogen«. Deshalb dürfen Sie das Besteck in der Hand halten, in der Sie es am besten handhaben können. Das heißt aber nicht, dass Sie vor dem Essen alle Besteckteile »umtauschen«. Wechseln Sie bitte nur das jeweils benötigte Besteckteil in die Ihnen angenehmere Hand. Dasselbe machen Sie auch mit Spezialbestecken, zum Beispiel für Schnecken. Auch Fingergerichte dürfen Sie »mit links« essen.

schen Daumen und Zeigefinger gehalten, sondern Sie greifen von oben zu, der Zeigefinger liegt oben auf dem Griff und kann so beim Schneiden nach unten Druck ausüben. Daumen und Mittelfinger dienen dazu, das Messer in der richtigen Balance zu halten. Auch wenn Sie nicht schneiden, sondern mit dem Messer schließlich schieben, ist dies der einzig richtige Griff. Das Messer wird niemals zum Mund geführt – es dient ausschließlich zum Schneiden und Zerkleinern der Speisen. Das Fischmesser ist etwas anders geformt als das »normale« Messer, wird aber genauso gehalten: Es dient nicht zum Zerschneiden, sondern eher zum Zerteilen des Fisches. Das kleine Buttermesser auf dem Brotteller wird nicht zum Zerteilen der Speisen benutzt und auch nicht zum Aufschneiden eines Brötchens: Es dient nur dazu, Butter oder Schmalz aufs Brot zu streichen.

Die Gabel – Spieß und Schaufel

Die Gabel wird immer so zum Munde geführt, dass sie eine waagerechte Linie nicht verlässt; am besten ist sie sogar noch ein wenig nach unten geneigt. Auch hierfür gibt es eine einfache Erklärung: Wer Erbsen isst oder Sauce »gabelt«, wird schnell merken, dass bei korrekter Gabelhaltung nichts herunterkullern und -tropfen kann. Die Gabel wird ähnlich wie das Messer gehalten: Wenn Sie etwas festhalten oder aufspießen (bitte aber auf keinen Fall die einzelnen Erbsen!), so liegt der Zeigefinger mit leichtem Druck auf dem Griff, Daumen und Mittelfinger dienen zur Balance. Dient die Gabel dagegen als »Schaufel«, zum Beispiel für Reis oder Kartoffeln, für Erbsen oder anderes Gemüse, so dreht man sie um: Der Stiel ruht dann in der Beuge zwischen Daumen und Zeigefinger. In Großbritannien ist das Umdrehen nicht üblich: Hier balanciert man Beilagen und Gemüse auf dem Gabelrücken. Man häuft die Gabel übrigens nicht so voll, dass etwas herunterfällt oder Sie die »Ladung« nur mit weit aufgerissenem Mund bewältigen können. Absolut verboten: Die Gabel in der geballten Faust zu halten und die Speisen regelrecht aufzuspießen! Ebenso äußerst unfein ist es, den kleinen Finger beim Umgang mit dem Besteck abzuspreizen. Er sollte eng am Ringfinger anliegen.

Der Löffel – für Suppe und Saucen

Bei uns schiebt man den Löffel mit der Spitze zuerst in den Mund, in angelsächsischen Ländern dagegen mit der Breitseite. Der Löffelstiel liegt in der Beuge zwischen Daumen und Zeigefinger. Natürlich wird der Löffel nicht bis zum Rande vollgeschöpft, so dass die Suppe überschwappt und wieder auf den Teller kleckert und dabei Spritzer auf Brust und Tischtuch verteilt. Eine Unsitte ist es, Suppe durch Pusten zur mundgerechten Temperatur zu bringen. Denn das erzeugt nicht nur unangenehme Geräusche, sondern kann zu höchst peinlichen Situationen führen. In Feinschmeckerlokalen ist mehr und mehr der so genannte Gourmetlöffel üblich: Er ist besonders flach und dient zum

Vom Besteckgriff werden immer nur die oberen zwei Drittel in der Hand gehalten.

Kennen Sie die Bestecksprache?

Gut ausgebildete Restaurantfachkräfte wissen die Lage des Bestecks auf dem Teller eines Gastes genau zu deuten. Die allgemein übliche »Geheimsprache« zeigt ...,

- **dass Sie mit dem Essen noch nicht fertig sind oder dass Ihnen nachserviert werden kann, wenn Sie das Messer und die Gabel gekreuzt auf den Teller legen;**
- **dass Sie das Mahl beendet haben und abserviert werden kann, wenn Sie Messer und Gabel parallel nebeneinander auf den Teller legen (die Schneide des Messers zur Gabel).**
- **Ein eventuell vorhandener Gourmetlöffel (für die Sauce) wird nach dem Essen oberhalb des Messers abgelegt.**
- **Bei Vorspeisen, Suppen und Nachtisch gilt allgemein: alle benutzten Besteckteile werden immer auf dem Unterteller abgelegt. Der Löffel bleibt also auf keinen Fall in der leeren Suppentasse oder im Eisbecher stehen.**
- **Das kleine Buttermesser bleibt auf dem Brotteller liegen.**

Aufnehmen der feinen Sauce. Manchmal zerteilt man mit dem Gourmetlöffel auch Fisch.

Wenn Sie das Essen unterbrechen..

Zum Essen gehört das entsprechende Getränk. Und wenn Sie zum Glas greifen, müssen Sie Ihr Besteck aus der Hand legen.

Ein Besteck, das den Tisch einmal verlassen hat, weil Sie es zum Essen in die Hand genommen haben, darf nicht mehr mit dem Tisch in Berührung kommen. Auch die Griffenden sollten beim Ablegen nicht mehr auf die Tischplatte stoßen.

* **Fehler** kann man auch hier machen: Die meisten legen das Besteck so ab, dass die Griffe auf der Tischdecke aufliegen und die Schneide bzw. die Zinken rechts und links auf dem Tellerrand gestützt werden. So geht es nicht! Allzu leicht können Gabel oder Messer abrutschen und hässliche Flecken auf dem Tischtuch hinterlassen! Speisereste oder Sauce können herabtropfen, und außerdem fühlt sich Ihr Tischnachbar vielleicht durch die weit herausragenden Besteckteile beeinträchtigt.

* **Die richtige Lösung**: Sie legen das Besteck gekreuzt auf dem Teller ab, und zwar liegen die Gabelzinken über der Messerschneide. So ragt es in die Speisen, kann aber auch nicht unversehens abrutschen.

Welches Glas ist das richtige?

Auf einem korrekt gedeckten Tisch stehen die Gläser für alle Getränke schon bereit, und zwar über dem Besteck der rechten Hand in einer Reihe hintereinander – in der Reihenfolge ihrer Benutzung. Die Reihe kann leicht schräg verlaufen. Sie müssen nur eines wissen: Das Glas am rechten Rand ist das Erste, das Sie benutzen werden.

* **Bei einem großen Menü** wird man zu beinahe jedem Gang ein anderes Getränk servieren. Das hat seinen Grund: Sowohl Speisen als auch Getränke entfalten erst in der Kombination ihren ganz besonderen Geschmack. Ein Weinkenner weiß das und wird sich danach richten. Und wenn Sie zu einem Empfang eingeladen sind, werden Sie auch nicht »umbestellen«, sondern sich an die Menü- und Getränkefolge halten. Getränke sind wichtiger Bestandteil des Mahls. Wenn Sie allerdings strikter Antialkoholiker sind, müssen Sie Ihre Prinzipien oder gesundheitliche Erwägungen nicht über Bord werfen: Sagen Sie dem Weinkellner leise Bescheid, dass Sie

keinen Alkohol möchten. Oder trinken Sie das gefüllte Glas einfach nicht aus – je nachdem, was weniger Aufsehen erregt.

Wichtig – die Form des Glases

Probieren Sie es selbst einmal aus: Öffnen Sie eine Flasche eines guten Weins, und schenken Sie ihn in mehrere Gläser unterschiedlicher Form ein. Sie werden schnell feststellen, dass der Geschmack von Glas zu Glas deutlich variiert. Das liegt daran, dass Wein »atmet« und so sein Aroma und seinen Geschmack verändert. Die Glasform ist also entscheidend für den Genuss. Die diversen unterschiedlichen Formen unserer heutigen Trinkgläser haben sich im Lauf der Zeit aus traditionellen Sitten und Ge-

Das passende Getränk

Üblicherweise werden zu bestimmten Gerichten die passenden Getränke angeboten. Das heißt:

- **Vor der Mahlzeit wird meist ein Aperitif angeboten.**
- **Zu Vorspeise und Suppe werden keine Getränke gereicht.**
- **Fisch fühlt sich mit leichtem Weißwein am wohlsten.**
- **Helles Fleisch mag ebenfalls Weißwein, der ruhig etwas schwerer und süffiger sein darf.**
- **Dunkles Fleisch, vor allem alle Arten von Wild, entfaltet seinen Geschmack stilvoll bei einem guten Glas Rotwein, der Zimmertemperatur haben sollte, d. h. etwa 18 °C.**
- **Deftigere Speisen wie Schweins- oder Kalbshaxe werden üblicherweise mit einem kühlen Bier »begossen«, dem wegen der besseren Bekömmlichkeit des oft reichlich vorhandenen Fetts durchaus ein Gläschen Korn oder Ähnliches folgen darf.**
- **Zum Dessert gehört eine kleine Tasse Kaffee oder Mokka, je nach Geschmack auch Likör oder ein Glas Cognac.**

bräuchen entwickelt: Schwere Rotweingläser sind zum Beispiel den mächtigen Kelchen des Mittelalters nachempfunden. Außerdem wird Ihnen jeder Gourmet bestätigen: Wie bei Speisen spielt auch bei Getränken der optische Genuss eine wichtige Rolle: Ein frisch gezapftes Pils sieht in einer Pilstulpe einfach verlockender aus als im Wasser- oder gar Weinglas. Weinkenner wissen, dass manche Weine mehr Sauerstoff brauchen, um sich in ihrem Geschmack voll zu entfalten. Dem trägt man mit unterschiedlichen Glasformen und -größen Rechnung.

Gläser mit Stiel fasst man auch immer am Stiel an. Dann bleibt die Temperatur des Weines im Glas am längsten unverändert. Und: Sie verhindern, dass Ihr Glas mit unappetitlichen Fingerabdrücken »verziert« wird.

➤ **COGNAC** muss vor dem echten Genuss erst seinen herrlichen Duft und sein volles Aroma entfalten. Deshalb serviert man Cognac – ebenso Armagnac oder Calvados – in einem Schwenker. Dieser sollte am besten auch noch leicht vorgewärmt sein.

➤ **SEKT UND CHAMPAGNER** in breiten Schalen zu reichen, ist bei uns kaum üblich. Es ist eigentlich eine Unsitte, denn dieses Getränk hat kein ausgeprägtes Aroma. Sein prickelnd erfrischender Geschmack jedoch braucht zur Entfaltung und zum Aufsteigen der Bläschen ein hohes, schmales Glas, die so genannte Champagnerflöte. Schalen sind nur dann angebracht, wenn es sich um Cocktails mit Sekt oder Champagner handelt.

➤ **WEIN** wird in vielen verschiedenen Glasformen angeboten. Das sollte Sie aber nicht zu dem Trugschluss verleiten, Wein dürfe aus so ziemlich jedem Glas oder Becher genossen werden. Trotzdem aber gibt es einige grundsätzliche Regeln, deren Beachtung den Genuss noch steigert.

➤ **ROTWEIN** wird üblicherweise in großen und breiten Kelchen gereicht, die eine nach oben leicht geschlossene Form haben. Sie werden nur bis zu einem Viertel gefüllt, damit der Wein Platz zum »Atmen« hat.

➤ **DAS WEISSWEINGLAS** ist kleiner, das Dessertweinglas noch zierlicher. Beide sind nach oben gerade oder sogar leicht nach außen geschwungen. Auch Weißwein füllt man nicht bis zum Rand ein! Prinzipiell füllt man ein Glas etwa zu zwei Dritteln voll.

➤ **SHERRY** gehört in schmale, eher kleine Weingläser, die dem Sektkelch in der Form in gewisser Weise ähneln, aber viel niedriger sind.

➤ **LEICHTE ROSÉ-** und Weißherbstweine entfalten ihren Geschmack am besten in einem leicht geschwungenen Glas, welches möglichst nicht über die Hälfte seines Fassungsvermögens hinaus gefüllt werden sollte.

➤ **SIE SOLLTEN WISSEN**, dass es oft gravierende, regional bedingte Unterschiede in der Glasform gibt. Im Südwesten Deutschlands trinkt man Wein fast nur aus Viertelitergläsern mit Henkel. Im Rheinland wiederum genießt man den edlen Tropfen aus kleinen, schlichten Gläsern ohne Stiel, fast einem Wasserglas ähnlich. Eine weit verbreitete Weinglasform ist der so genannte Römer, der einen grünen oder hellbraunen, geriffelten Glasfuß hat.

➤ **SCHNAPS** wird meist in kleinen, oftmals geschwungenen Gläsern serviert. Wenn Sie einen Klaren bestellen, ist das Glas oft sogar eisgekühlt. Auch das Getränk selbst sollte gekühlt sein. Selbst kleine Steinguttöpfchen eignen sich hervorragend zum Genuss von Schnaps. Bei Jagdgesellschaften kann der Klare selbst aus Zinn- oder Silberstamperln genossen werden.

➤ **OBSTBRÄNDE** serviert man mittlerweile oft in einem Schwenker. Denn nur darin entfalten sich der Duft und das Aroma der entsprechenden Obstsorte. Obstbrände sollten übrigens Zimmertemperatur haben und nicht eiskalt getrunken werden.

➤ **BIER** wird wie Wein aus sehr unterschiedlichen Gläsern getrunken. Am besten schmeckt dem wahren Kenner sein »Frischgezapftes« aus einem klassischen Ton- oder Keramikkrug, gern auch mit Zinndeckel versehen. Weizenbier trinkt man aus hohen Halblitergläsern, das Pils aus der bekannten Pilstulpe, Kölsch oder Alt aus einem geraden Glas, das der Fachmann »Stange« nennt.

Auf einen guten Bissen gehört ein guter Trunk.

Redensart aus Deutschland

Unschöne Lippenstiftränder am Glasrand vermeiden Sie, wenn Sie den Rand des Glases unauffällig mit der Zunge befeuchten. Dann wird der Lippenstift nicht so schnell haften bleiben.

Gespräche bei Tisch – mit Takt geführt

Wenn Sie Arzt oder Anwalt sind, dann wissen Sie: Jedes Auftreten in der Öffentlichkeit, auch bei Tisch, führt zu einem

Zeige, so viel du kannst, eine immer gleiche, heitere Stirne! Nichts ist reizender und liebenswürdiger, als eine gewisse, frohe, muntre Gemütsart, die aus der Quelle eines schuldlosen, nicht von heftigen Leidenschaften in Tumult gesetzten Herzens hervorströmt. Wer immer nach Witz hascht, wem man es ansieht, dass er darauf studiert hat, die Gesellschaft zu unterhalten, der gefällt nur auf kurze Zeit und wird bei wenigen Interesse erwecken …

Adolph Freiherr Knigge (1752–1796)

»Fachgespräch«. Da wird dann gefragt, wie man dieses Zipperlein behandeln oder jenen Streitfall lösen könnte. Dass solche Gespräche nicht nur unhöflich sind – denn wie kommt ein Arzt oder Anwalt dazu, außerhalb seiner Sprechstunde oder Kanzlei kostenlosen Rat zu geben –, ist das eine. Das andere: Solche Gespräche sind wahrlich keine Tischgespräche. Ein gut gemeinter Rat für alle, die immer wieder von diesen Schnorrern (und nur so kann man diese »Gesprächspartner« bei Tisch nennen) belästigt werden: Geben Sie demjenigen die Telefonnummer Ihres Büros, und bitten Sie darum, einen Termin mit der Sekretärin bzw. der Sprechstundenhilfe zu vereinbaren. Sie werden sehen, dass sich viele Fragen plötzlich in Luft auflösen!

✱ **Tischgespräche** sollten wie das Essen selbst sein: schmackhaft, bekömmlich und in übertragenem Sinne leicht verdaulich. Das heißt nicht, dass nur oberflächliche Plaudereien erlaubt sind. Man sollte sich jedoch nicht so in ein Thema hineinsteigern, dass man gar nicht mehr merkt, was man isst. Gespräche bei Tisch können sich, angefangen vom Wetter über das aktuelle Weltgeschehen bis hin zu Kunst, Literatur und Mode, um so ziemlich jedes Thema drehen. Sie verhalten sich am besten wie beim Small Talk (siehe Kapitel 6) und meiden all jene Themen, die Zündstoff bergen könnten. Das ist sicher von Gesellschaft zu Gesellschaft verschieden. Vorsicht ist jedoch stets bei Politik und Religion geboten. Berufliche Sorgen und geschmacklose Witze sind beim Tischgespräch ebenfalls tabu.

Gutes Benehmen im Restaurant

Am Benehmen in einem Restaurant – also in der Öffentlichkeit – erkennt man, ob jemand eine »gute Kinderstube« hat. Ich habe es schon angesprochen: So mancher Bewerber ist bei seinem Vorgesetzten schon »durchgefallen«, weil er sich bei Tisch nicht richtig benehmen konnte. Was Sie daheim »dürfen« (selbst wenn Sie es in den eigenen vier Wänden ebenfalls nicht tun!), ist im öffentlichen Raum eines Restaurants auf keinen Fall gestattet. Dabei ist es im Prinzip gleichgültig, ob Sie Gastgeber oder Gast sind. Nur ein Unterschied besteht: Als

Gastgeber haben Sie die Pflicht, sich besonders um das Wohl desjenigen zu kümmern, den Sie eingeladen haben.

✱ Schon die Auswahl des Lokals kann von entscheidender Bedeutung sein. Die Vielfalt des Angebots ist fast unüberschaubar: Ob italienische oder französische, regionale oder internationale, exotische oder einheimische Küche – Sie können mit Rücksicht auf Ihren Gast aus einem großen Angebot wählen.

✱ Wenn Sie sich zum ersten Mal mit jemandem verabreden, sollten Sie nach dessen Wünschen fragen, sich aber nicht unbedingt auf Experimente einlassen. Will heißen: Sie gehen in ein Lokal, von dessen gutem Ruf Sie sich entweder selbst schon überzeugen konnten – oder das Ihnen von einem vertrauenswürdigen Bekannten empfohlen wurde.

✱ Als vorausblickender Gastgeber haben Sie einen Tisch vorbestellt. Wenn Sie

Bei Tisch soll Freude den Vorsitz führen.

Sprichwort aus Deutschland

WER ÖFFNET DIE TÜR, WER TRITT ZUERST EIN?

- **Früher war es üblich, dass zuerst der Herr ein Lokal betrat, sich umsah, dann der Dame die Tür aufhielt und sie hinter sich zum Tisch führte.**
- **Diese Sitte erscheint logisch, wenn man weiß, dass Gasthäuser von einer so genannten »anständigen« Dame fast ausschließlich betreten wurden, wenn sie sich auf Reisen befand. Ihr männlicher Begleiter hatte die Pflicht, zunächst einmal zu prüfen, ob das Etablissement den Ansprüchen seiner Dame genügte.**
- **War das nicht der Fall, so konnte er sie durch sein Vorangehen vor dem Anblick ungehobelter Gäste oder Betrunkener bewahren. Viele halten heute noch an dieser Gepflogenheit fest, obwohl es eigentlich kaum noch nötig ist: Als gleichberechtigte Frau wird man sich der althergebrachten Beschützerrolle des Mannes nicht unbedingt und unnötig unterwerfen wollen.**
- **Als junge Dame sollten Sie einem älteren Begleiter die Freude machen, ihn vorangehen zu lassen. Als einladende Dame, etwa bei einem Geschäftsessen, ist es allerdings eher Ihre Aufgabe, das Lokal als Erste zu betreten.**

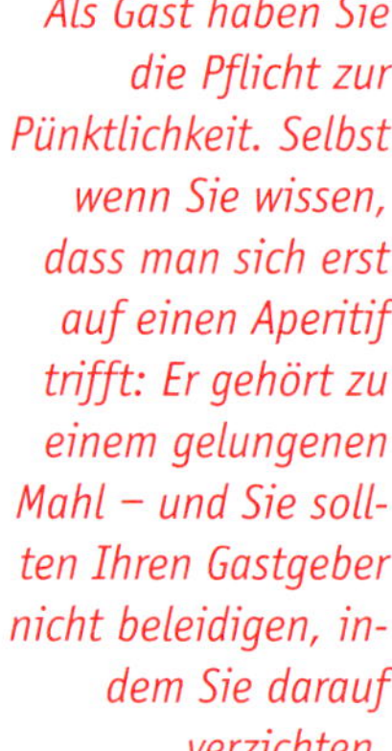

Als Gast haben Sie die Pflicht zur Pünktlichkeit. Selbst wenn Sie wissen, dass man sich erst auf einen Aperitif trifft: Er gehört zu einem gelungenen Mahl – und Sie sollten Ihren Gastgeber nicht beleidigen, indem Sie darauf verzichten.

das Lokal kennen, wissen Sie um die räumlichen Gegebenheiten und reservieren vielleicht einen ganz bestimmten Tisch. Ist Ihnen das Restaurant noch fremd, so treten Sie als Erster, vor Ihren Gästen, ein und lassen sich den reservierten Tisch vom Oberkellner zeigen. Ist er zu Ihrer Zufriedenheit, begleiten Sie Ihre Gäste an den Tisch. Ihnen als Gastgeber obliegt es, Ihre Gäste zu begrüßen. Deshalb sollten Sie für sich selbst einen Platz wählen, von dem aus Sie problemlos aufstehen können, um nachfolgende Gäste in Empfang zu nehmen.

* **In vielen Restaurants** ist es üblich, auf mehrere Gäste an der Bar zu warten – am besten bei einem Aperitif. Sind alle Gäste eingetroffen, begibt man sich gemeinsam an den Tisch. Übrigens: In immer mehr Restaurants hält man sich an eine Sitte, die im Ausland schon lange üblich ist: Als Gast des Lokals warten Sie geduldig, bis Sie vom Keller platziert werden. »Wait to be seated« heißt dies im englischsprachigen Ausland, und es ist für den Oberkellner allemal leichter zu handhaben als Gäste, die selbst suchend durchs Lokal wandern und dabei andere stören. Sie sollten höflich genug sein, prinzipiell den Kellner zu fragen, ob und wo er noch Platz frei hat. Selbstverständlich müssen Sie einen Tisch nicht nehmen, wenn er in der Nähe des Kücheneingangs oder vor den Toiletten steht. Oder wenn es deutlich sichtbar der »Katzentisch« ist, an dem niemand sitzen will. Verlangen Sie dann in höflichen Worten einen anderen, besseren Platz.

* **In guten Restaurants** werden die Gäste vom Oberkellner empfangen. Normalerweise folgt die Dame ihm direkt zum Tisch, der Herr geht hinter ihr. Bietet sich kein Kellner als Begleiter an, so hat der Herr vorauszugehen und seinen Gästen die Wahl des Platzes zu überlassen. Heute noch ist es eine schöne Sitte, dass der Herr seiner Dame den Stuhl zurechtrückt, wenn dies nicht der Kellner übernimmt. Als Dame nehmen Sie dies dankend an. Aber beachten Sie: Selbstverständlich »schubsen« Sie als Herr den Stuhl nicht in die Kniekehle Ihres Gastes, sondern schieben ihn sanft zurecht.

Sie haben die Qual der Wahl...

Wenn es keine bereits vorbestellte Menüfolge gibt, wird Ihnen der Kellner nun die Speisekarte reichen. Als Gast sollten Sie sich ein wenig danach richten, was der Gastgeber bestellt. Ganz gewiss suchen Sie sich nicht das Teuerste aus, weil Sie endlich einmal die Gelegenheit nutzen wollen, Hummer, Kaviar oder ein anderes seltenes Gericht zu probieren. Vielleicht spricht Ihr Gastgeber, weil er das Restaurant kennt, eine Empfehlung aus. Das erleichtert Ihnen nicht nur die Auswahl, sondern gibt Ihnen einen diskreten Hinweis, wie viel der Einladende in etwa auszugeben gedenkt. Natürlich müssen Sie seinen Vorschlägen nicht unbedingt entsprechen, Sie sollten sich jedoch in etwa der vorgegebenen Preisklasse anpassen. Als

Wie schön ist es, einen guten Appetit zu haben, wenn man sicher ist, dass es bald eine ausgezeichnete Mahlzeit gibt.

Jean Anthelme Brillat-Savarin (1755–1826)

Der formvollendete Tischherr

- **Für die Garderobe war früher stets der Herr zuständig. Heute können Sie dies – wenn es in diesem Restaurant so üblich ist – durchaus dem Kellner überlassen. Er hilft der Dame beim Betreten des Lokals aus dem bzw. später in den Mantel. In allen anderen Fällen ist der Herr für die Garderobe seiner Dame und natürlich für die eigene zuständig. Wohlgemerkt: Immer noch gilt hier die alte Regel »Ladies first!«**
- **Der Herr bietet der Dame einen Platz an und rückt ihr behutsam den Stuhl zurecht.**
- **Erhebt sich eine Dame bei Tisch oder kommt eine weitere hinzu, so steht der gastgebende Herr auf. In einer größeren Runde deutet er dies zumindest an! Ausnahme: Sie essen bereits. Dann genügen ein freundliches Nicken mit dem Kopf und ein paar passende Begrüßungsworte.**
- **In einer größeren Gesellschaft hat jede Dame ihren Tischherrn – nämlich denjenigen, der links von ihr sitzt. Er ist »zuständig« fürs Weiterreichen von Speisen, für ausreichende Getränke und – natürlich auch fürs Tischgespräch. Wenn Ihre Tischdame aufsteht, sollten Sie selbst in großer Gesellschaft wenigstens andeuten, dass Sie sich ihr zu Ehren erheben.**

Gastgeber stellen Sie bitte niemals die etwas taktlose Frage: »Möchte jemand ein Dessert?« Besser und freundlicher klingt der Satz: »Welches Dessert möchten Sie?«

Wie die Weinbestellung vor sich geht

Längst ist die Auffassung überholt, dass der Herr den Wein zu bestellen und zu verkosten habe. In einem guten Restaurant wird der Kellner schnell herausfinden, wer am Tisch für den Wein »zuständig« ist und diesem auch den ersten Schluck nach dem Entkorken der Flasche anbieten. Selbst die Frage »Wem darf ich einschenken?« ist heute durchaus üblich, und wenn Sie sich als Dame auskennen, sollten Sie sich nicht scheuen, dies selbstbewusst kundzutun. Ausnahme auch hier wieder: Sie sind als Dame mit einem älteren Herrn im Restaurant, von dem Sie auch noch wissen, dass er zum einen Wert auf die alten Sitten legt, zum anderen Weinkenner ist. Und so geht man vor: Der Weinkellner – auch Sommelier genannt – bringt Ihnen den Wein, zeigt Ihnen das Etikett. Entspricht es Ihrer Bestellung, öffnet er den Wein und schenkt Ihnen ein kleines Schlückchen zum Kosten ein. Ist der Wein zu Ihrer Zufriedenheit, nicken Sie ihm freundlich zu. Dann wird zuerst der Dame eingeschenkt (es sei denn, Sie als Dame haben vorgekostet) und dann dem Herrn.

Früher galt der Herr als Mittler zwischen Dame und Kellner. Heute jedoch lässt sich die Dame ebenso beraten und bestellt auch ihr Essen selbst. Überlässt SIE es jedoch IHM von sich aus, die Bestellung aufzugeben, so nennt ER seine Wünsche höflichkeitshalber nach denen der Dame.

Wer bestellt, muss auch bezahlen?

Die Zeiten haben sich gewandelt: Früher wäre es undenkbar gewesen, dass eine Dame die Rechnung übernommen hätte. Heute ist das zum Glück anders. Heute muss auch keine Frau mehr ihrem Begleiter unterm Tisch ein paar Scheine oder gleich ihr ganzes Portemonnaie zustecken. Zwar fällt es vielen Herren noch immer schwer, die Dame bezahlen zu lassen. Und es gehört sicher zu einem Teil des Werbens um eine Frau, sie zu einem gepflegten Essen einzuladen. Dennoch: Viele Frauen sind heute berufstätig oder verfügen über ein eigenes Konto. Also ist durchaus nichts dagegen einzuwenden, wenn Sie, meine Damen, die Rechnung übernehmen. Haben Sie als Gastgeberin Geschäftsfreunde eingeladen, ist dies sowieso eine Selbstverständlichkeit. Viele Kellner fragen auch ganz offen – und dies ist keinesfalls ein Fauxpas: »Wem darf ich die Rechnung bringen?« Selbst die Frage, ob man getrennt oder zusammen bezahlt, ist heute in vielen Häusern üblich. Wenn Sie dem zuvorkommen wollen, sagen Sie als Gastgeber/in schon vorher Bescheid. Dann vermeiden Sie die Situation, die Rechnung an den Tisch gebracht zu bekommen. Entschuldigen Sie sich kurz bei Ihren Gästen, und begleichen Sie die Summe diskret und direkt beim Kellner.

Wenn es nicht geschmeckt hat

»Der Ton macht die Musik« – in keinem Fall stimmt diese Redensart so wie bei einer Reklamation. Selbst wenn sie berechtigt ist: Seien Sie höflich, aber bestimmt. Bedenken Sie bitte außerdem: Ihr Zorn trifft wahrscheinlich den Falschen. Denn nicht das Servicepersonal ist schuld, wenn beim Essen etwas nicht in Ordnung ist, sondern die Küche. Bringen Sie Ihre Beschwerde in ruhigem, angemessenem Ton vor. Sie müssen kein zähes, durchgebratenes Stück Fleisch verzehren, wenn Sie ein zartes Filet »medium« bestellt haben. Sagen Sie klar, aber in höflichen Worten, was nicht in Ordnung war. »Ich hatte ein Filetsteak medium bestellt. In der Küche hat man wohl etwas verwechselt – seien Sie so freundlich und klären Sie das doch bitte ab!«, klingt allemal besser als »Was soll ich mit dieser Schuhsohle! Dafür zahle ich nicht!«

✱ **Viele Gerichte** wandeln sich in der Rezeptur, oder die Bezeichnungen auf der Speisekarte sind irreführend. Dann kann es aus psychologischen Gründen vorteilhaft sein, der Beschwerde eine Frage beizufügen, zum Beispiel: »Ich habe ein Spezialgericht Ihrer Karte bestellt. Ist es denn eine Spezialität Ihres Hauses, dass dies so serviert wird? Kann es sein, dass die Küche sich geirrt hat?« Hüten Sie sich aber davor, erst alles aufzuessen oder auszutrinken und dann erst zu reklamieren. Damit werden Sie wenig Erfolg haben. Haben Sie jedoch keine »große« Beschwerde, son-

Das Begleichen der Rechnung ist vielen Menschen »irgendwie peinlich«. Als Gastgeber können Sie diese Situation umgehen, indem Sie die Rechnung außer Sichtweite Ihrer Gäste begleichen und dies dem Kellner schon vorher mitteilen. Wenn Sie am Tisch bezahlen, tun Sie dies diskret und ohne die Scheine einzeln auf den Tisch zu zählen. Sie sollten ungefähr überschlagen können, was jeder bestellt hat – und müssen die Rechnung deshalb nicht akribisch Posten für Posten durchgehen.

dern ist einfach etwas nicht nach Ihrem persönlichen Geschmack, so sagen Sie dies ebenfalls in freundlichen Worten, wenn der Kellner Sie beim Abräumen fragt, ob es denn geschmeckt hat.

Welche Speise man wie richtig isst

Manche Speisen sind nicht ganz einfach zu essen. Exotisches oder Ungewöhnliches wie Artischocken, Austern oder Schnecken kommen nicht täglich auf den Tisch. Selbst für ganz normale Gerichte wie Kartoffeln, Eier oder Fisch gibt es »Verhaltensregeln« zum Verzehr.

Selbst wenn Sie bei einem Gericht einen »Fehler« machen und es nicht formvollendet verzehren: Niemand wird Sie deshalb schief anschauen, so lange Sie dies mit Anstand tun, dabei nicht schmatzen oder kleckern und Ihre Tischnachbarn nicht beeinträchtigen.

➤ **AAL** ist einer der wenigen Fische, die mit dem normalen Besteck, also Messer und Gabel, gegessen werden, vor allem dann, wenn es sich um Räucheraal handelt. Gedünsteten Aal in Sauce dagegen essen Sie mit dem Fischbesteck. Er wird enthäutet und entgrätet.

➤ **ANANAS** wird normalerweise bereits in Scheiben geschnitten serviert und dann mit dem Obstbesteck gegessen. Wenn Sie vom Büfett eine ganze Babyananas geholt haben, schneiden Sie erst den Ansatz der Blattkrone ab und vierteln die Frucht dann der Länge nach. Nachdem Sie den holzigen Mittelstrunk entfernt haben, können Sie das so genannte »Schiffchen« mit Messer und Gabel verzehren.

➤ **AMUSE-GUEULE** (auch: Amuse-bouche) ist der so genannte »Gruß aus der Küche«: ein kleiner Appetithappen, der Sie auf das kommende Essen einstimmen soll. Er ist kostenlos und wird vor den georderten Speisen, etwa zum Aperitif, serviert. Meist erklärt Ihnen das Servierpersonal, um was es sich handelt.

➤ **ÄPFEL** werden vor dem Servieren geschält, in mundgerechte Stücke geschnitten, das Kernhaus wird entfernt. Danach isst man den Apfel entweder mit dem Obstbesteck oder mit den Fingern.

➤ **APFELSINEN** schält man, indem man die Schale mehrmals mit dem Obstmesser anritzt und dann vorsichtig entfernt. Die Haut auf dem Fruchtfleisch wird ebenfalls abgezogen. Dann teilt man die Apfelsine und nimmt die einzelnen Spalten mit den Fingern vom Obstteller.

➤ **ARTISCHOCKEN** werden zumeist lauwarm als Vorspeise serviert. Gegessen werden sie, indem mit den Fingern von unten Blatt für Blatt aus der Frucht herausgezogen und dann in die gewünschte Sauce (steht in Schälchen oberhalb des Gedecks bereit) getunkt wird. Da nur der untere, dickere Teil des Artischockenblattes genießbar ist, wird er mit den vorderen Zähnen gefasst und »durchgezogen«. Der leere und ungenießbare Rest kommt auf den bereitgestellten Abfallteller. Sind alle Blätter abgezupft, verbleibt der Boden mit dem so genannten »Heu«. Dieses ist nicht essbar, sondern wird mit einem kleinen Löffel entfernt und ebenfalls auf den Abfallteller gelegt. Der Boden – »Lohn« für die mühevolle Zupfarbeit – ist so zart, dass er mühelos mit einem Löffel oder einer Gabel zerteilt, in die gewünschte Sauce getaucht und dann genossen werden kann.

➤ **AUSTERN** haben eine harte Schale. Normalerweise werden sie geöffnet serviert. Wenn nicht, sollten Sie darum bitten! Die geöffnete Auster haftet noch im unteren, tiefen Teil ihrer Schale. Sie muss vor dem Genießen gelöst werden. Das tun Sie mit der Austerngabel. Es ist Geschmackssache, ob man zunächst Bart und Darm (als kleiner schwarzer Punkt am unteren Teil sichtbar) entfernt, um die Auster dann zusammen mit ihrem Meerwasserbad zu schlürfen und ungekaut hinunterzuschlucken. Man kann Bart und Darm durchaus mitessen, und die »wahren Kenner« tun dies auch. Ich selbst bevorzuge die »klassische« Methode. Dabei entferne ich mit der Austerngabel Bart und Darm, beträufle die Auster mit etwas Zitronensaft, streue ein wenig Pfeffer aus der Mühle darüber und schlürfe das Fleisch zusammen mit dem Meerwasser aus. Dazu wird meist lediglich gebuttertes Schwarzbrot gereicht.

Der Kenner schluckt Austern nicht einfach nur hinunter, sondern kaut das zarte Fleisch mit leichtem Druck der Zunge am Gaumen.

➤ **AVOCADOS** werden meist halbiert und gefüllt als Vorspeise angeboten. Man hält die Frucht in der linken Hand und schält das Fruchtfleisch nach und nach mit einem kleinen Löffel heraus.

Haben Sie die Banane geschält, beißen Sie bitte nicht einfach von der verlockenden Frucht ab: Jetzt »arbeiten« Sie mit dem Obstbesteck weiter und schneiden Stückchen für Stückchen ab.

➤ **BANANEN** werden am unteren Ende der Frucht geöffnet, also nicht am Stiel. Man knickt das Ende mit den Fingern um, damit sich die Schale öffnet. Dann wird die Frucht zunächst bis etwa zur Hälfte abgeschält. Die untere Hälfte verbleibt zunächst in der Schale, bis das bereits freigelegte Stück verspeist ist. Dann wird weitergeschält und der Rest aufgegessen.

➤ **BIRNEN** sind meist sehr saftig, deshalb sollte man zum Verzehr – gerade dann, wenn sie geschält serviert werden – ein Obstmesser und eine Gabel verwenden.

➤ **BRÖTCHEN** werden stets in mundgerechte Teile zerteilt – und zwar nicht »auf Vorrat«, sondern der Reihe nach, Bissen für Bissen. Das geschieht mit der Hand, nicht mit dem Messer! Danach bestreicht man den Bissen mit Butter. Belegte Brötchen hält man auf dem Teller fest und schneidet sie dann in kleine Happen.

➤ **CHINESISCHE** Gerichte sollten Sie mit Stäbchen essen. Zwar werden in deutschen Chinarestaurants stets auch Gabel und Löffel eingedeckt. Es ist aber gar nicht so schwer, mit Stäbchen zu essen: Ein Stäbchen liegt fest in der Beuge zwischen Daumen und Zeigefinger und wird auf den Ringfinger gestützt; das zweite Stäbchen bewegen Sie darüber mit Daumen und Zeigefinger. Mit diesem »Zangengriff« kann man selbst kleine Stücke gut und bequem aufnehmen. Mit ein wenig Übung werden Sie schnell zum Meister.

➤ **DIPS SIND SAUCEN**, in die man Gemüse oder Fleisch eintunkt. Sie werden in allen möglichen Geschmacksrichtungen angeboten. Gedippt wird stets nur von Hand, und meist wird zum Säubern der Finger eine extra Papierserviette gereicht.

➤ **EIER** durfte man früher nicht mit dem Messer schneiden, denn die Metalllegierung lief bei der Berührung mit Eiweiß an und verfärbte sich. Deshalb ist das »Köpfen« eines Frühstückseis immer noch nicht überall en vogue. Nach den neuesten Benimmregeln können Sie ein Ei jedoch entweder »köpfen« oder aber nach der alten Methode verfahren: Danach trennt man die Spitze des Eis mit dem Eierlöffel ab. Dazu klopft man die Schale an und entfernt sie stückchenweise.

➤ **EIERSPEISEN** wie Spiegel- oder Rühreier isst man mit Messer und Gabel. Für Rühreier kann man eventuell sogar nur die Gabel in der rechten Hand verwenden. Der berühmte »Stramme Max« dagegen – also Spiegelei auf Schinken und Brot – muss mit beiden Besteckteilen verzehrt werden.

➤ **FEIGEN** sind eine Delikatesse, wenn sie frisch serviert werden – Sie sollten sich diesen Genuss nicht entgehen lassen! Die Früchte werden der Länge nach halbiert und dann ausgelöffelt.

➤ **FINGERGERICHTE** sind Speisen, die man ganz »offiziell« mit den Fingern essen darf – selbst im allerbesten Lokal. Dazu zählt man zum Beispiel Artischocken, alle Arten von Schalentieren (Austern, Hummer, Krabben, Krebs, Langusten, Muscheln und Scampi) sowie Wachteln und Spareribs. Lammkoteletts sind hingegen ein Grenzfall. Kommen Fingergerichte auf den Tisch, wird man Ihnen stets nach dem Essen eine Fingerschale mit Wasser (auch Fingerbowle genannt) reichen, in der Sie die fettigen Finger reinigen können. In manchen Restaurants ist es auch üblich, stattdessen kleine, heiße und feuchte Tücher aus Frottee anzubieten.

➤ **FISCH** wird stilecht und korrekt nur mit einem speziellen Fischbesteck verzehrt. Es besteht aus Fischgabel und Fischmesser (wobei auch hier die Gabel mit der linken, das Messer mit der rechten Hand gehalten wird). Fehlt ein solches Besteck, greifen Sie am besten auf zwei Gabeln zurück. In vornehmen Restaurants wird statt des Fischmessers manchmal der Gourmetlöffel zum Zerteilen des Fischs eingedeckt. Haben Sie keine Scheu, den Kellner zu bitten, »komplizierte« Fischarten am Tisch zu filetieren.

➤ **EINE FORELLE** jedoch sollten Sie selbst zerteilen können: Sie lösen zuerst die Bäckchen unterhalb der Augen aus (sie sind in Feinschmeckerkreisen besonders begehrt!). Dann entfernen Sie Rücken-, Bauch- und Schwanzflosse. Am Rückgrat entlang führen Sie nun einen Schnitt, um erst die Haut abzuziehen und dann das obere Filet auszulösen. Entfernen Sie die Mittelgräte und den Kopf: Das geht ganz leicht, wenn Sie den Fisch am

Zur Bouillabaisse – der berühmten französischen Fischsuppe – wird oft getrennt ein Schälchen Knoblauch-Mayonnaise serviert. Man darf die so genannte Rouille dann durchaus direkt in den Suppensud einrühren, auch wenn es nicht appetitlich aussieht: Der Geschmack ist für den Gourmet dann das Wichtigste.
Zur Bouillabaisse wird Brot serviert. Auch dieses dürfen Sie in kleinen Stücken in die Suppe geben und dann gemeinsam mit Sud und Fischstücken auslöffeln.

Schwanzende beginnend anheben. Das untere Filet liegt nun ebenfalls frei und kann verzehrt werden. Die Haut können Sie ganz nach Geschmack auf den Abfallteller legen oder mitessen – bei gebratener Forelle schmeckt sie besonders fein.

Viele Menschen verzichten auf Fischgerichte, weil sie Angst vor den Gräten haben. Dabei ist es kein Problem, eine Gräte zu entsorgen, die in den Mund gerät: Sie nehmen nicht die Finger, sondern schieben die Gräte mit der Zunge auf die Gabel. Danach legen Sie sie auf dem Tellerrand ab.

➤ **FLEISCH** zu zerteilen und zu verzehren ist wirklich kein Problem. Die Gabel wird stets mit der Wölbung nach oben ins Fleisch gesteckt. Das Messer teilt mit leichtem Druck mundgerechte Stücke ab. Kratzen Sie nicht geräuschintensiv auf dem Teller herum, und lassen Sie den Zeigefinger auch nicht bis knapp über den Klingenansatz gleiten. Das Messer wird auch nicht am Fleischstück »sauber gewischt«, bevor man den Happen zum Munde führt.

➤ **FLEISCHGERICHTE** werden in der Regel nicht von Hand gegessen. Zwei Ausnahmen gibt es jedoch: Spareribs und Lammkoteletts. Wobei sich beim Lamm die Geister scheiden: Offiziell zählt man sie nicht zu den Fingergerichten. Bei einem formellen Essen sollten Sie daher eher mit Messer und Gabel hantieren, anstatt die Finger zu benutzen. Im privaten Kreis dagegen ist das Verspeisen »per Hand« erlaubt.

➤ **FONDUE** wird in einem Spezialgeschirr zubereitet und auf speziellen Fondue-Tellern verzehrt. Klassisch ist das Fondue mit Rindfleischwürfeln, die in Fett oder Öl gegart werden. Mittlerweile gibt es aber viele Variationen: Fondue mit Geflügelfleisch, Fisch oder Gemüse, das in Brühe gegart wird. Beim Käsefondue wird Käse bis zum Flüssigwerden erhitzt, danach tunkt man Brotwürfel ein.

➤ **GARNELEN** sind in jedem Fall ein Fingergericht, zumindest dann, wenn sie im Panzer serviert werden. Zu den Garnelen rechnet man auch Shrimps, Langustinos, Königskrabben (King Prawns), Gambas oder Cocktailgarnelen. Werden Garnelen bereits ausgelöst serviert, isst man sie selbstverständlich mit Messer und Gabel.

➤ **GEFLÜGEL** wird im Restaurant immer mit Messer und Gabel gegessen, selbst wenn das leckerste Brathähnchen vor Ihnen auf dem Teller liegt. Nur in Ihrem Stammlokal oder auf einer Kirmes essen Sie

Hähnchen »aus der Hand«. Auch Ente, Gans, Truthahn, Fasan, Taube und Rebhuhn sind Tellergerichte. Einzige Ausnahme: die Wachtel. Sie gilt als Fingergericht – und man wird sie Ihnen mit einer Fingerschale servieren.

➤ **GEMÜSE** wird in aller Regel nur mit der Gabel gegessen. Selbstverständlich darf dabei das Messer zu Hilfe genommen werden. Es gilt die Regel: Was weich genug ist, wird mit der Gabel zerteilt. Alles andere dürfen Sie mit dem Messer in mundgerechte Happen teilen. In feinen Restaurants wird das Gemüse immer in kleinen Stücken serviert werden.

➤ **GUAVEN** und Nashis kann man äußerlich leicht mit Äpfeln und Birnen verwechseln. Beide Früchte isst man auch genau so wie unser heimisches Obst: vierteln und nacheinander das Kernhaus und die Schale entfernen.

➤ **HUMMER** ist ein äußerst delikates Krustentier. Er wird üblicherweise erst bei Tisch auf einem Brett der Länge nach halbiert und dann serviert. Von jeder Hälfte lösen Sie die Hummerschere durch einen kurzen Ruck ab. Ihr dickerer Teil wird dann mit dem Messer angeschlagen, damit man ihn beim Essen leicht brechen kann. Ist die Hummerschere nun vom Körper gelöst, drehen Sie die vier zweigliedrigen Beine aus dem Körper. Mit einer speziellen Hummergabel lösen Sie das Fleisch aus der Schale: Dazu hält man die Hummergabel in der rechten Hand mit den Zinken nach oben. Mit der linken Hand halten Sie den Hummerkörper fest, heben mit dem löffelartigen Griff der Gabel den genießbaren Teil des Tieres aus seiner Schale und verzehren es mit dem Fischbesteck. Danach bricht man die bereits angeschlagenen größeren Teile der Hummerschere auseinander und zieht das Fleisch wieder mit der Gabel heraus. Der kleinere Teil der Schere wird ebenso behandelt, allerdings wird er vorher nicht auseinander gebrochen. Die Beine des Hummers werden mit den Fingern an den Gelenken auseinander gebrochen und dann »ausgesaugt«. Serviert man Ihnen einen bereits ausgelösten Hummer, essen Sie ihn mit dem Fischbesteck.

➤ **KÄSE** gilt als Zwischenmahlzeit, die häufig zwischen Hauptgericht und Dessert serviert wird. Dazu reicht man

Die Dekoration aus Lebensmitteln, mit der viele Köche ihre Speisen verzieren, darf man übrigens mitessen. Denn es gilt nach dem berühmten Koch Hermann Bareiss das Prinzip: Es kann alles gegessen werden, was auf dem Teller ist. Allerdings gilt dies nicht in jedem Fall bei Cocktails und Aperitifs: Die Orangenschale als Dekoration am Glasrand wird nicht ausgelutscht, das Spießchen Früchteschaschlik dagegen dürfen Sie genüsslich verzehren.

verschiedene Brotsorten mit Butter. Um den Gaumen auf den Genuss vorzubereiten, beginnt man mit einem milden Käse, dem dann herzhaftere Sorten folgen.

Klöße oder (süddeutsch) Knödel sind – werden sie gut gemacht serviert – eine lockere Speise, die sich leicht mit der Gabel zerteilen lässt. Ist dies einmal nicht der Fall, dürfen Sie zum Zerteilen auch das Messer zu Hilfe nehmen. Man kennt übrigens pikante und süße Knödel: Erstere als Beilage – z. B. Semmel-, Kartoffel-, Servietten- oder Speckknödel; Letztere z. B. als Germ- oder Topfenknödel zum Dessert.

➤ **KAKIS** – die israelische kernlose Neuzüchtung heißt Sharon – haben eine glatte Haut, etwa wie eine Tomate. Man halbiert die Frucht und löffelt dann nach und nach das Fruchtfleisch heraus.

➤ **KANAPEES** sind kleine, pikante Leckereien, die man mit der Hand isst. Die mundgerechten Cocktailhappen werden gerne bei einem Stehempfang serviert.

➤ **BEI KAPSTACHELBEEREN** – auch Physalis genannt – isst man zwar die ganze Frucht, aber natürlich ohne die papierähnlichen Blätter.

➤ **KARAMBOLEN** nennt man auch Baumstachelbeeren oder Sternfrüchte – Letzteres wegen ihrer Form. Man kann sie komplett verzehren, also die Haut durchaus mitessen.

➤ **KARTOFFELN** sollen nicht nur satt machen, sondern sind die idealen Saucenträger. Das ist übrigens auch der Grund, weshalb Gourmets Kartoffeln nicht mit dem Messer schneiden, sondern sie mit der Gabel zerteilen: Die dabei entstehende unebene Fläche nimmt die Sauce nämlich besser auf. Natürlich ist das Schneiden mit dem Messer heute erlaubt. Früher war es »verboten«, denn das Metall der Messer lief bei der Berührung mit Kartoffelstärke an und verfärbte sich. Eines ist nach wie vor tabu – zumindest im Restaurant: das Zerquetschen der Kartoffel mit der Gabel! Selbst wenn es Ihnen noch so gut schmecken sollte ... Bei Gerichten ohne Sauce – zum Beispiel Pellkartoffeln mit Quark und Schinken – können Sie ruhig das Messer benutzen.

➤ **KAVIAR** sollte stets mit einem Perlmuttlöffelchen gegessen werden. Der ganz besondere Geschmack des Kaviars kann sich bei Berührung mit Metall verändern. Ob Sie die Eier des Störs mit Zitrone beträufeln, mit Zwiebeln garnieren, in speziellen Kaviarschalen reichen oder auf Eis servieren, bleibt dem Geschmack des Genießers überlassen. Kaviar kann man auch pur essen oder mit dem Löffel auf ein Stück Brot legen.

➤ **KIRSCHEN** werden frisch serviert und mit den Fingern

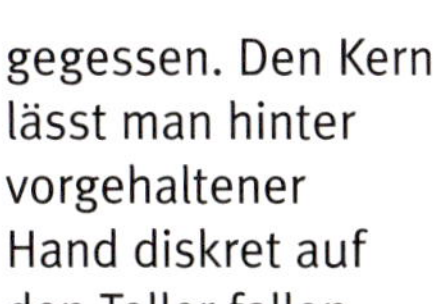

gegessen. Den Kern lässt man hinter vorgehaltener Hand diskret auf den Teller fallen.

➤ **KIWIS** werden halbiert, und dann löffelt man das Fruchtfleisch heraus.

➤ **KRABBEN** werden hierzulande meistens fertig geschält serviert. Große Krabben, die bis zu zwei Kilogramm schwer werden können, essen Sie wie Hummer und Langusten. Kleinere werden mit den Fingern gerade gebogen (Kopf links, Schwanz rechts), bis die harte Schale bricht. Dann wird der Schwanzteil ruckartig vom Körper getrennt. Die einzelnen Glieder der Schale werden nun gelöst, das Fleisch wird mit den Fingern gegessen. Genießer saugen zudem noch die Köpfe der Krabben aus.

➤ **KREBSE** werden von Hand gegessen. Zum Auseinandernehmen sollten jedoch Teller, Gabel und Krebsmesser bereitliegen.

➤ **KUMQUATS** sind auch als Zwergorangen bekannt. Die winzigen, wohlschmeckenden und vitaminhaltigen Orangen verzehrt man mit der Schale. Bitte nicht mit der Gabel aufspießen, sondern mit dem Löffel zum Munde führen!

➤ **MAISKOLBEN** wird man Ihnen in einem Feinschmeckerlokal kaum im Ganzen servieren. Im Steakhaus dagegen stehen sie durchaus auf der Karte. Sie werden meist schon vorbereitet serviert: Rechts und links steckt ein kleiner Spieß im Maiskolben, an dem Sie ihn anfassen können. Bestrichen mit Butter, führen Sie ihn nun zum Mund und knabbern die Maiskörner Reihe für Reihe heraus.

➤ **MANDARINEN** schält man mit den Fingern und isst sie dann Stück für Stück ohne Obstbesteck.

➤ **MELONEN** werden meist als Schiffchen serviert: Dann werden sie mit Messer und Gabel gegessen. Wird jedoch eine halbe Melone mit Fruchtfleischbällchen oder Obstsalat gefüllt serviert, löffeln Sie den Inhalt aus.

➤ **MUSCHELN** kommen meist in einer Terrine auf den Tisch, in einer köstlichen Brühe oder Suppe. Man nimmt eine der zweihälftigen Schalen und pult bei dieser ersten Muschel das gelbweißliche

Wenn Sie bei einem Gericht gar nicht Bescheid wissen, schauen Sie sich unauffällig am Tisch um, wie die anderen Gäste es machen. Es ist übrigens keine Schande, den Kellner um Rat zu fragen oder zu bitten, etwa einen Fisch zu filetieren.

Kroketten werden mit der Gabel zerteilt, dann aufgespießt, in die Sauce getaucht und dann verzehrt.

Fleisch mit der Gabel heraus. Die beiden miteinander verbundenen, nun leeren Schalenhälften dienen jetzt als zuverlässiges und äußerst praktisches »Besteck«: Wie mit einer Zange zieht man mit ihnen das Fleisch aus den übrigen Muscheln und führt es zum Mund.

➤ **PAPAYAS** reicht man im Restaurant in Spalten geschnitten, die mit Messer und Gabel verzehrt werden – die angemessene Methode für diese saftige exotische Frucht.

➤ **PASTETE** wird niemals mit dem Messer geschnitten, sondern grundsätzlich nur mit der Gabel oder wahlweise mit dem Löffel gegessen.

Oliven gelten – wenn keine Minispieße dazu gereicht werden – als Fingerfood. Das gilt übrigens auch für die Olive, die im Cocktail schwimmt. Man greift sie wie Würfelzucker mit Daumen und Zeigefinger und führt sie zum Mund.

➤ **PFIRSICHE** werden stets mit dem Obstbesteck verzehrt – ob sie geschält im Saft oder frisch und ungeschält auf den Tisch kommen.

➤ **PFLAUMEN** bricht man mit den Fingern auf (Vorsicht vor Spritzern bei besonders saftigen Früchten!) und entfernt den Kern, den man dann auf einen Teller legt. Die beiden Hälften des Fruchtfleischs werden nacheinander mit den Fingern zum Mund geführt.

➤ **SALATBLÄTTER** durfte man früher allenfalls falten. Da heute aber viele neue und großblättrige Salatsorten auf dem Markt sind, ist das Zerteilen der Blätter mit dem Messer in mundgerechte Stücke kein Tabu mehr.

➤ **SCHNECKEN** kommen in aller Regel in Spezialpfannen auf den Tisch. Werden Ihnen die Schnecken noch mit Gehäuse serviert, bekommen Sie dazu ein Spezialbesteck, nämlich die Schneckenzange, und eine schmale, zweizinkige Gabel. Man nimmt die Gehäuse mit der Zange aus der Pfanne und legt sie auf den Teller oder direkt in den bereitliegenden Suppenlöffel. Mit der Gabel nimmt man dann das Fleisch aus dem Gehäuse und isst es direkt von der Gabel. Oder man legt die Schnecke auf einen Löffel und übergießt sie vor dem Verzehr mit heißer, würziger Butter.

➤ **SPAGHETTI** zu essen ist eine Kunst für sich. Könner legen sich drei oder vier Nudeln mit der Gabel auf den Tellerrand und wickeln sie dann geschickt auf. Weniger versierte Pastafans sollten aber den Gebrauch eines Löffels (in der linken Hand) nicht scheuen.

Auf gar keinen Fall aber schneidet man Spaghetti mit dem Messer!

➤ **SPARGEL** wird von Fachleuten immer mit der Spitze nach links auf dem Teller serviert. Es hat sich mittlerweile eingebürgert, Spargelstangen mit dem Messer in Stücke zu teilen. Obwohl Gourmets behaupten, der wahre Genuss stelle sich nur ein, wenn man Spargel mit der Hand esse ... Wegen der dazu servierten Saucen ist dies aber oft schwierig und nicht immer appetitlich anzusehen.

➤ **SUPPE** kommt meist im tiefen Teller auf den Tisch. Sie wird auf keinen Fall geschlürft oder kühler gepustet. Der Löffel wird mit der Spitze zuerst zum Mund geführt. Haben Sie übrigens keine Scheu, den Rest auszutrinken – allerdings nur dann, wenn die Suppe in einer Tasse mit Henkeln serviert wurde. Der Suppenteller wird natürlich nicht an den Mund geführt – man darf ihn allerdings leicht kippen, um den letzten Rest auszulöffeln. Rechtshänder halten den Teller leicht nach rechts hinten, Linkshänder schräg nach links hinten – immer vom Körper weg. Überbackene Suppen (wie Zwiebelsuppe) essen Sie mit besonderer Vorsicht: Erstens sind sie meist extrem heiß, zweitens ziehen sich Käsefäden scheinbar unendlich. Hier können Sie sich nur behelfen, indem Sie den Käse mit dem Löffel »aufwickeln«. Überbackenes Brot in der Suppe »tauchen« Sie ein paarmal, bis es sich mit dem Löffel gut teilen lässt. Eine mit einer Teighaube überbackene Suppe verzehren Sie, indem Sie die Teighaube mit der Gabel einstechen und dann vorsichtig entfernen bzw. essen.

➤ **WEINTRAUBEN** werden mit den Fingern einzeln von der so genannten Rispe abgezupft und anschließend zum Mund geführt.

➤ **WEISSWURST** ist eine bayerische Spezialität. Und hier streiten sich wirklich die Gelehrten, wie man sie richtig isst: Die einen lassen nur das »Auszuzeln« zu, bei dem das Messer lediglich die Wurstspitze abschneidet. Danach wird die Wurst in süßen Senf getaucht und direkt mit dem Mund ausgesaugt. Vornehmer ist es jedoch in jedem Fall, die Wursthaut der Länge nach aufzuschlitzen, das Brät auszulösen und dann einzelne Stücke in Senf getaucht mit der Gabel zu genießen.

Soufflés sind ein Meisterwerk der Küche: Sie werden mit Dessertlöffel und Dessertgabel gegessen.

Zwiebelkuchen gehört – zumindest in einem rustikalen Lokal, z. B. im Elsass – zu den Fingergerichten: Man teilt den krossen Boden samt flachem Belag in handliche Stücke und verzehrt diese »aus der Hand«. Anders sieht es mit einer dick belegten Quiche Lorraine aus: Sie wird wie ein Tortenstück mit der Gabel gegessen.

In der Öffentlichkeit

Kapitel 6

Auf einen Blick

In der Öffentlichkeit

Wer sich aus den eigenen vier Wänden in die Öffentlichkeit begibt, muss noch mehr als im privaten Bereich mit Menschen umgehen. Denn »draußen« gelten selbstverständlich erst recht die Grundsätze von Höflichkeit und Takt, von Rücksichtnahme und gegenseitigem Respekt. Wie leicht kann man es sich – ohne es zu wollen – mit fremden Menschen verderben.

Wie du dich kleidest, so wirst du eingeschätzt

Die Fassung der Edelsteine erhöht ihren Preis, nicht ihren Wert.

Ludwig Börne (1786–1837)

Ob Sie als Privatperson unterwegs sind oder »höchst offiziell«, stets gilt der altbekannte Satz: Kleider machen Leute! Wer sich allzu leger oder in schmuddeliger Kleidung aus dem Haus begibt, darf sich nicht wundern, wenn er von seinen Mitmenschen entsprechend beurteilt wird. Auch wenn das Vorurteile sein mögen: Sie wissen aus dem ersten Kapitel, dass der erste Eindruck, den Sie auf einen Fremden machen, entscheidend ist. Umso mehr sollten Sie sich bemühen, ordentlich gekleidet in der Öffentlichkeit zu erscheinen. Das heißt: Sie gehen nicht in schlampiger Kleidung auf die Straße, zum Einkaufen, zu Veranstaltungen, zu Behörden. Kleiden Sie sich der Situation angemessen, also weder zu leger noch zu herausgeputzt. Dann wird der Eindruck, den Sie hinterlassen, stets angemessen sein!

Schmückende Accessoires

Vor wenigen Jahren noch gab es in Bezug auf Schmuck klare Regeln. Diamantschmuck trug »man« nie tagsüber, Gold- und Silberschmuck gehörten nicht zusammen, und Ringe hatten ausschließlich etwas am Ringfinger zu suchen. Für den Herrn galt Schmuck – außer dem Ehering oder einem Siegelring – als äußerst unpassend. Diese Regeln haben sich zum Glück gelockert: Zum Beispiel ist in modernen Schmuckstücken durchaus Silber mit Gold bzw. Gold mit Weißgold oder Platin verarbeitet.

✱ **Wie das Wort** schon sagt: Schmuck soll Zierde und Dekor sein, keinesfalls die Hauptsache an Ihrem Outfit. Das gilt für Accessoires wie Halstuch oder Handtasche ebenso wie für »echten« Schmuck oder Modeschmuck. Halten Sie sich stets an die Devise: Weniger ist mehr.

Wobei für die Dame gilt: Gerade wenn Sie Hochkarätiges und Teures zeigen wollen, schmälert ein Zuviel die Wirkung. Edle Stücke kommen einzeln besser zur Wirkung, als wenn Sie wie mit Lametta behängt in Erscheinung treten. Dasselbe gilt für Tücher, Schals, Gürtel und anderes modisches Beiwerk. In dezenter Form und Ausführung unterstreicht es Ihre Kleidung. In protziger Form dagegen wirken auch teurere Stücke billig und aufgetakelt.

✱ **Herren**, die Eleganz an den Tag legen wollen, beschränken sich auf Ring und Uhr. Eine elegante Armbanduhr sollte bei Ihnen zur Grundausstattung gehören. Bunte Plastikuhren, möglichst mit Comicfiguren, sind bei Jugendlichen bis zum Erreichen der Volljährigkeit vielleicht angesagt – ab einem bestimmten Reifegrad und einer höheren gesellschaftlichen Position macht eine seriösere Variante des Zeitmessers mehr her.

✱ **Für Herren** ist es heute fast selbstverständlich, ein Kettchen mit einem Anhänger zu tragen. Auch ein goldenes Armband und selbst ein Brillant im Ohrläppchen erregen kein Aufsehen mehr. Ansonsten gilt: Getragen wird, was gefällt – aber stets so, dass guter Geschmack erkennbar bleibt! Es empfiehlt sich immer eher schlicht und dezent als auffallend und protzig.

✱ **Früher** richtete sich das Outfit streng nach der Tageszeit. Man(n) ging einfach davon aus, dass einer Frau die Zeit zur Verfügung stand, sich andauernd umzuziehen. Tagsüber war das einfache, praktische und trotzdem elegante Kleid oder Kostüm gefragt. Um 17 Uhr war Teestunde: Die Dame von Welt schlüpfte in eine leichte, die Phantasie anregende Garderobe. Abends trug man dann ein Cocktail- oder Abendkleid. Coco Chanel hat der Damenwelt endlich die Mode beschert, die man sowohl im Büro als auch beim abendlichen Vergnügen zeigen durfte. Grundsätzlich gilt: Je mehr sich der Tag dem Abend nähert, umso mehr geht die Kleidung in Richtung Eleganz. Ein Jackenkleid oder ein dezent-elegantes Kleid, ein klassisches Kostüm und nicht allzu auffälliger Schmuck – schon sind Sie bestens gerüstet für gesellschaftliche Ereignisse am Nachmittag.

Elegant wirkt beim gepflegten Herrn von Welt eine Taschenuhr. Man trägt sie zum dunklen Anzug, und als Accessoire zum Frack ist sie sogar ein absolutes Muss.

Schmuck wie ein dezenter Ohrstecker dagegen ist heute auch bei Herren durchaus üblich und »erlaubt«. Achten Sie bitte darauf: In bestimmten Kreisen ist es von gesellschaftlicher Bedeutung, ob Sie einen Ohrring links oder rechts tragen (im rechten Ohr weist der Schmuck auf Homosexualität hin!).

Grüßen und Begrüßen mit Takt und Stil

Der Gruß ist nichts anderes als eine erste Kontaktaufnahme.

In der Öffentlichkeit geht man anders miteinander um als im engen Freundes- und Familienkreis. Sie werden einen guten Bekannten auf der Straße oder auf einer Veranstaltung nicht mit einem Freudenschrei begrüßen, weil man sich so lange nicht gesehen hat. Sondern Sie verhalten sich eher unauffällig, denn auch so kann man seine Wiedersehensfreude ausdrücken.

* **Es gibt** einen Unterschied zwischen Grüßen und Begrüßen: Mit einem Gruß geben Sie zu erkennen, dass Sie jemanden gesehen und erkannt haben. Sie nicken ihm freundlich zu, lächeln ihn an, heben vielleicht Ihre Hand. Einem Gruß muss kein Gespräch folgen, er ist lediglich ein höfliches Signal des Respekts – auch an einen Nachbarn oder Kollegen, mit dem Sie vielleicht nicht so gut »können«. Bei der »echten« Begrüßung dagegen richten Sie das Wort an Ihr Gegenüber und reichen ihm eventuell die Hand.

* **Immer wieder** gibt es Meinungsverschiedenheiten darüber, wer wen zuerst grüßt. So viel sei von vornherein gesagt: Ein höflicher Mensch wird lieber einmal »zu viel« oder »zu früh« grüßen als steif abzuwarten, ob die ihm zuerst »zustehende« Begrüßung auch wirklich erfolgt. Dennoch kennen wir allgemein gültige Regeln, die unabhängig von Ihrem privaten und beruflichen Umfeld immer Gültigkeit besitzen. In offiziellen Gesellschaften gilt nach wie vor die Formel: »Ladies first!« (siehe auch Kapitel 5). Davon abgesehen grüßt stets zuerst …

➤ wer einen Raum betritt – und dies gilt für das private Zimmer ebenso wie für ein Restaurant, und

➤ wer als Einzelner auf eine Gruppe zukommt.

* **Die alten Formen**, nach denen man seinen Gruß an gesellschaftlichen und beruflichen Hierarchien ausrichtete, sind nicht mehr grundsätzlich üblich. Wobei das nicht bedeutet, dass Sie als Auszubildender sich strikt weigern sollten, Ihren Vorgesetzten zu grüßen, wenn er den Raum betritt. Höflichkeit und Takt (siehe Kapitel 1) erfordern selbstverständlich, dass Sie Ihren Chef grüßen. Ältere Menschen halten sich ebenfalls oft noch an

die Regel, dass der »niedriger Gestellte« den »höher Gestellten« (und das ist der Ältere dem Jüngeren gegenüber bzw. die Dame dem Herrn) zu grüßen hat. Sie sehen: Auch hier ist wieder einmal Fingerspitzengefühl gefragt.

Die Hand in der Tasche …

Früher wäre es undenkbar gewesen, dass ein Herr mit jemanden sprach und dabei die Hand in der Hosentasche behielt. Das sieht man heute nicht mehr so eng: Es hat nichts mit Respektlosigkeit zu tun, wenn Sie dies in einem lockeren Gespräch (auch in einer beruflichen Situation) tun. Damen ist dies ebenfalls erlaubt – wobei die Hand einerseits in der Jacken-, aber auch in der Hosentasche bleiben darf. Beachten Sie aber bitte: Bei einer Begrüßung und beim Vorstellen bezeugen Sie Ihrem Gegenüber Respekt, wenn Sie die Hand aus der Tasche nehmen. Noch etwas: Als Herr steht man normalerweise auf, wenn man jemanden begrüßt,

Zu jedem Gruß gehört der Blickkontakt und auch ein freundliches Lächeln.

Sie grüssen andere Menschen, wenn Sie …

- **ein Eisenbahnabteil betreten. Im Großraumwagen richten Sie Ihren Gruß lediglich an die Sitznachbarn;**
- **sich im Flugzeug, im Bus oder anderen Verkehrsmitteln neben einen anderen setzen;**
- **in ein Wartezimmer kommen;**
- **ein kleineres Geschäft oder Restaurant betreten;**
- **in einen Fahrstuhl einsteigen;**
- **in ein fremdes Bürozimmer kommen. Dasselbe gilt für Behörden;**
- **andere Personen auf einem Hotelflur treffen;**
- **in Ihrer Firma Besucher oder andere Fremde treffen;**
- **in einem Supermarkt oder Kaufhaus einen Verkäufer etwas fragen. Beim Bezahlen an der Kasse ist ein Gruß ebenfalls angebracht;**

nicht nur, wenn Sie eine Dame begrüßen, sondern prinzipiell. Als Dame können Sie heute im Gegensatz zu früher selbst entscheiden, was Sie tun wollen: Sie dürfen zwar sitzen bleiben – in vielen Situationen ist es aber sicher höflicher, wenn Sie sich erheben.

Begrüßungsformen vergangener Zeiten

Und so ihr gegrüßt werdet mit einem Gruß, so grüßet mit schönerem wieder oder gebet ihn zurück.

Koran (Sure 4, 86)

Früher war es eine Selbstverständlichkeit, dass der Herr seinen Hut zog und eine leichte Verbeugung machte, wenn er jemanden begrüßte. Heute ist dies nicht mehr üblich. Ältere Herren werden es sich wohl aber nicht nehmen lassen, eine Dame auf diese Weise zu »ehren«. Zu den veralteten Formen gehört außerdem das Ausziehen des Handschuhs. Da in der heutigen Mode kaum noch jemand Handschuhe trägt (obwohl sie durchaus noch zur klassischen und korrekten Kleidung gehören), hat sich diese Sitte ebenfalls überlebt.

* **Es ist noch gar nicht** so lange her, da war für Damen der Knicks, für Herren der so genannte »Diener« die gesellschaftliche korrekte Form, eine höher gestellte Person zu begrüßen. Beides ist heute absolut unüblich – außer Sie verkehren vielleicht bei Hofe oder sind im diplomatischen Dienst: Dann müssten Sie noch wissen, wie man als Herr formvollendet den Kopf zu neigen und als Dame im perfekten Hofknicks zu versinken hat. Der Hofknicks übrigens ist aus dem Kniefall hervorgegangen, und dieser deutet – mit zu Boden gerichteten Blick – nichts anderes als Unterwerfung an. In unserer demokratischen Gesellschaft also ein Relikt, dem Sie sich als Dame bestenfalls bei einem höchst offiziellen Empfang gegenüber einem Monarchen unterwerfen müssten!

Der Handschlag zum Gruß

Wir Deutschen sind eines der wenigen Völker, bei denen der Handschlag zur Begrüßung ganz selbstverständlich dazugehört. Obwohl Sie wissen sollten, dass sich diese Sitte etwas gewandelt hat. Wer morgens ins Büro kommt, wird seine Kollegen nicht tagtäglich reihum mit Handschlag begrüßen. Das wäre viel zu umständlich. Geht ein Mitarbeiter

jedoch für ein paar Wochen in Urlaub oder in Kur, ist der Handschlag durchaus üblich. Nach internationalen Regeln reicht man sich lediglich die Hand, wenn …

➤ **MAN SICH** zum ersten Mal begrüßt bzw. kennen lernt.

➤ **MAN SICH** für längere Zeit von jemandem verabschiedet.

➤ **MAN EINEN MENSCHEN** nach einem größeren Zeitraum wieder trifft.

✱ **Am besten** passen Sie sich – von den obigen Regeln abgesehen – der Situation an: Sie werden einer Bekannten nicht die Hand hinstrecken, wenn sie schwer beladen aus dem Supermarkt kommt. Treffen Sie Freunde in einem Lokal, während diese gerade speisen, ist die Begrüßung mit Handschlag ebenfalls unüblich. Früher gab es übrigens strenge Regeln, wer wem die Hand reichen durfte bzw. musste: Die strenge Hierarchie kam auch hier zum Tragen. Heute sieht man das mit Recht lockerer. Dennoch sollten Sie abwarten, wenn Sie als sehr junger Mensch einen wesentlich älteren treffen.

Und als Dame werden Sie sicherlich nicht davor zurückschrecken, wenn der Herr Ihnen die Hand reicht – auch wenn Sie eigentlich diejenige sind, der dieses »Recht« zuerst zustünde. Im Berufsleben sind Sie dagegen besser zurückhaltend: Es macht wirklich nicht den besten Eindruck, wenn Sie als Azubi Ihrem Lehrherrn jovial die Hand zum Gruß reichen.

»Ich küsse Ihre Hand, Madame« – Muss das sein?

Sie müssen für sich selbst entscheiden, ob diese althergebrachte Form de Begrüßung noch zeitgemäß und angebracht ist. Die einzige Regel, die Sie als Herr zu beachten haben: Im Berufsleben hat der Handkuss nichts verloren! Im Privatbereich dagegen können Sie es halten, wie Sie wollen. Eine wichtige Rolle spielt die Umgebung, in der Sie den Handkuss »anwenden«. Sie wissen sicherlich: Der Handkuss ist kein echter Kuss. Sie ziehen die Hand der Dame auch nicht zu sich empor, sondern beugen sich darüber. Und ein paar Zentimeter über dem

Selbst wenn Sie als Dame den Handkuss ablehnen: Sie müssen es in der Öffentlichkeit dulden, wenn ein Herr Sie so begrüßt.

Küsse sind das, was von der Sprache des Paradieses übrig-geblieben ist.

Joseph Conrad (1857–1924)

Handrücken küssen Sie formvollendet – in die Luft. Dann verharren Sie kurz und richten sich wieder auf. Der Handkuss stand früher nur verheirateten Damen zu – heute ist das anders. Eine Regel gilt jedoch immer noch: Wenn Sie einer Dame die Hand küssen, müssen Sie dies auch bei allen anderen tun. Das kann dann zu einem regelrechten Kussmarathon ausarten. Noch ein Hinweis: Der Handkuss sollte auf geschlossene Räumlichkeiten (wozu in diesem Fall eine Terrasse zählt) beschränkt bleiben. Auf der Straße wirkt diese Begrüßungsform mit Sicherheit deplatziert.

* **Als Dame** akzeptieren Sie bitte diese Form der Begrüßung – selbst wenn Sie dafür eigentlich nicht das Geringste übrig haben. Lassen Sie es nicht auf eine Rangelei ankommen: Nichts wirkt peinlicher als eine Dame, die sich energisch gegen den Handkuss-Kavalier wehrt.

Küsschen hier und Bussi da …

Ihren Ursprung hat diese Form der Begrüßung schon in der Bibel, und zwar als »Bruderkuss«. Im Mittelalter wurde er Adeligen als Ehrung zusammen mit der so genannten Umhalsung (Akkolade) zuteil, wenn sie in einen Ritterorden aufgenommen wurden. Das heute so übliche Begrüßungsbussi ist meist mit einer leichten Umarmung verbunden und wird ebenfalls nur angedeutet. Nur wirklich innige Freunde und Familienangehörige küssen dabei tatsächlich die Wangen. Bevor es zu Verwirrung kommt, hier für alle Fälle der richtige Ablauf: Man küsst normalerweise zweimal, erst links dann rechts.

Wie man sich und andere vorstellt

Ist Ihnen diese Situation vertraut? Sie gehen mit einem Bekannten über die Straße und treffen plötzlich auf Freunde, die Ihren Begleiter noch nicht kennen. Natürlich wird jetzt von Ihnen erwartet, dass Sie die anderen einander vorstellen. Aber wie macht man‘s richtig? Im Grunde genommen ist es einfach, denn heutzutage gibt es keine strengen Hierarchien und unüberwindbaren Standesunterschiede mehr. Sie halten sich bitte nur an zwei Regeln:

➤ **DER NAME** eines Herrn wird immer noch vor dem der Dame genannt.

➤ **DIE OFFENSICHTLICH** jüngere Person wird der älteren zuerst vorgestellt.

✱ **Altüberlieferte** Floskeln wie »Darf ich vorstellen« oder »Sehr erfreut« dürfen Sie sich dabei getrost sparen. Nicht ersparen hingegen sollte man sich den Händedruck, der noch immer zur Begrüßung gehört. Hierbei ergreift die Dame üblicherweise die Initiative. Sie ist es, die dem Herrn die Hand zuerst reicht, ältere Personen wiederum jüngeren. Wichtig dabei ist der Blickkontakt, am besten noch verbunden mit einem freundlichen Lächeln. Es ist übrigens durchaus nicht nur Sache des Herrn, andere miteinander bekannt zu machen. Am besten übernimmt das derjenige, der die anderen Personen der Gruppe kennt.

✱ **Wenn Sie andere** mit einander bekannt machen, aber auch wenn Sie sich selbst vorstellen, tun Sie dies in schlichten Worten. Veraltet sind solche Floskeln wie »Gestatten Sie, dass ich bekannt mache?« oder »Erlauben Sie mir, Ihnen ... vorzustellen?« Vermeiden sollten Sie Formulierungen wie z. B. »Hallo, ich bin der Michael aus Köln-Porz!« oder die aus den James-Bond-Filmen stammende Phrase »Mein Name ist Müller. Andreas Müller!«. Hüten Sie sich auch vor solch altertümlichen Worten wie »Gattin« oder »Gemahlin«.

✱ **Blicken Sie** Ihr Gegenüber offen und freundlich lächelnd an, und nennen Sie deutlich Ihren Namen: »Guten Tag, ich heiße ...« oder »Guten Tag, mein Name ist ...«. Sie können auch gleich Ihren Vornamen ins Spiel bringen. Wenn Sie wollen, können Sie außerdem verraten, welche »Funktion« Sie in der Gruppe haben: »Ich bin die Stellvertreterin von Herrn ...« oder »Ich arbeite in der Versandabteilung«.

✱ **Früher** war es Usus, bestimmte Entgegnungsfloskeln zu murmeln, wenn einem jemand vorgestellt wurde. Das vermeiden Sie bitte: Sagen Sie lieber klar und deutlich »Ich freue mich, Sie endlich kennen zu lernen« oder »Wie schön,

Sie tragen einen Titel wie Doktor oder Professor? Stilvoll ist es, diesen Titel bei der Selbstvorstellung nicht zu nennen!

Stellt sich jemand mit den Worten vor: »Guten Tag, ich bin Christina!« (nennt also nur den Vornamen), so ist dies die stillschweigende Erlaubnis zum Duzen.

dass wir uns treffen!« Aber bitte nicht »Sehr erfreut« oder »Angenehm« oder gar »Ich habe die Ehre!«

Peinlich – Sie haben einen Namen nicht verstanden!

Keine Panik, wenn Sie einen Namen beim ersten Mal nicht gleich verstanden haben. Am besten fragen Sie sofort nach. Die passende Formulierung: »Verzeihung, ich habe Ihren Namen nicht verstanden«. Am Telefon lassen Sie ihn sich zur Sicherheit buchstabieren. Vergessen Sie aber auf keinen Fall, mitzuschreiben! Wiederholen Sie den Namen (»Herr ..., ich grüße Sie...«), dann bleibt er besser in Ihrem Gedächtnis haften.

Darf ich Ihnen meine Karte geben?

Eine weitere Möglichkeit, sich namentlich kennen zu lernen, ist der Austausch von Visitenkarten. Auf einer Geschäftskarte findet man neben dem Namen zusätzliche Informationen: Beruf und Position, Adresse, Telefon- und Faxnummer sowie die E-Mail-Adresse. Auch eventuelle akademische Titel oder Adelstitel können Sie auf Ihre Visitenkarte drucken lassen – das ist prak-

Wo man sich nicht vorstellen muss

- **An einem Informationsschalter, wenn Sie um eine Auskunft bitten**
- **Bei der Frage nach dem Weg, nach einer Straße oder nach der Uhrzeit**
- **Im Restaurant, wenn Sie sich zu Fremden an den Tisch setzen oder Fremde an Ihrem Tisch Platz nehmen**
- **Im Wartezimmer beim Arzt oder Anwalt**
- **Auf Reisen beim Einchecken und später beim Sitznachbarn in Bahn, Bus oder Flugzeug**
- **Beim Warten an der Haltestelle**
- **Im Fahrstuhl**

tisch, denn bei der Selbstvorstellung nennen Sie den eigenen Titel ja keinesfalls. Auf privaten Visitenkarten fehlen Berufs- oder Titelangaben. Sie enthalten lediglich den »nackten« Namen und die Anschrift mit Telefonnummer.

Dienstleistung und Service

Unfreundlichkeit und wenig Entgegenkommen – das sind die Vorwürfe, die man fast allen Bereichen der Dienstleistungen in Deutschland macht. Ob Gastronomie oder Handwerk, ob medizinische Versorgung oder Behörde – mit dem Service scheint es bei uns nicht weit her zu sein. Vor allem im Vergleich mit anderen Ländern nicht. Zum großen Teil stimmt dieses Negativbild. Aber: Sie können selbst etwas dazu beitragen, dass Dienstleistungen wieder zu dem werden, was das Wort eigentlich beinhaltet.

✱ **Sie müssen** es sich nicht gefallen lassen, dass Ihnen eine Verkäuferin unfreundlich begegnet. Oder dass Sie in einer Behörde pampig abgefertigt werden, dass Sie in der Arztpraxis stundenlang warten müssen. Wehren Sie sich in höflicher Form, indem Sie freundlich, aber bestimmt auf den einen oder anderen Mangel hinweisen. Das mag zunächst einmal viel Selbstbewusstsein erfordern. Sie werden jedoch schnell merken, dass es Wirkung zeigt: Wer mit Zivilcourage auftritt, mit dem versucht man so manches »Spielchen« gar nicht erst.

Wer aufhört, besser zu werden, hat aufgehört, gut zu sein.

Philip Rosenthal (1916–2001)

✱ **Umgekehrt** haben Sie bitte aber auch keine Scheu, deutliches Lob auszusprechen, wenn Sie gut bedient oder beraten werden. Erst einmal werden Sie dann ungläubige Blicke, erstaunte Mienen und skeptische Überraschung ernten. Dann aber wird man sich freuen – und wenn es nur deshalb ist, weil viele eben auch allzu oft mit ungehobelten und unfreundlichen Kunden umgehen müssen.

Allseits beliebt – Ämter und Behörden

Beamte genießen eine Sonderstellung, und das zeigen sie manchmal recht deutlich. Ihre soziale Stufe steigt mit ihrem Rang und den Dienstbezeichnungen, die dieser mit

Kein Beamter hat das Recht, den Mitbürger als lästigen Bittsteller zu behandeln.

Karl Carstens (1914 – 1992, Bundespräsident von 1979 – 1984)

sich bringt. Außerdem haben sie einen gesicherten Pensionsanspruch. Beamte haben keinen guten Ruf – oft leider zu Recht: Manchmal könnte man meinen, der eine oder andere Staatsdiener hielte vehement am traditionell preußischen Autoritätsgehabe fest. Um es klar zu sagen: Wir brauchen Beamte, und sie erfüllen enorm wichtige Funktionen. Häufig aber kann man den Eindruck gewinnen, dass der eine oder andere sich seiner wichtigen Funktionen allzu bewusst ist, dass mancher vergessen hat, was er eigentlich ist: ein Diener des Staates. Und der Staat sind wir alle, ist jeder einzelne Bürger.

✱ **Deshalb haben Sie** jedoch nicht die Berechtigung, Staatsdiener Ihrerseits als Bedienstete zu behandeln. Für jeden von uns sollte es selbstverständlich sein, anzuklopfen, wenn wir einen Raum betreten wollen, »Guten Tag« zu wünschen, ehe wir unsere Anliegen vortragen, und uns ganz allgemein so höflich zu verhalten, wie wir es umgekehrt ebenfalls erwarten. Gewiss sollen Beamte uns, die wir ein Teil des Staates sind, »dienen«. Da wir aber in der Regel etwas von ihnen wollen, sei es eine Meldebescheinigung, einen neuen Pass oder die Rückzahlung unserer Einkommenssteuer, sollten wir Beamte stets mit der gebührenden Höflichkeit behandeln. Auch wenn wir keine Bittsteller mehr sind wie in früheren, längst vergangenen Zeiten.

Korrektes Verhalten bei Gericht

Wir wollen nicht gleich das Schlimmste annehmen: dass Sie nämlich als Angeklagter oder Beschuldigter vor den Kadi zitiert werden. Aber Sie können durchaus als Schöffe benannt oder als Zeuge geladen werden. Vielleicht führen Sie auch einen Zivilprozess und müssen deshalb vor Gericht erscheinen. Hier gilt in verstärktem Maße, dass der erste Eindruck, den Sie durch Ihr Auftreten und Ihr Äußeres machen, entscheidend ist. Sicher sollte ein Richter nur Fakten und Indizien gelten lassen.

✱ **Aber klar ist**: Sie wirken nur dann glaubwürdig, wenn Sie sich entsprechend verhalten. Erscheinen Sie also im gepflegten Outfit, aber nicht »overdressed«. Ein dezentes Kostüm oder ein Hosenanzug ist hier für die Dame angemes-

sen, und als Herr erscheinen Sie im Straßenanzug oder wenigstens in einer stilvollen Kombination. Wahren Sie bitte die Würde des Gerichts: einerseits mit Ihrer Kleidung, andererseits durch Ihr Verhalten: Sie benehmen sich nicht auffällig, kauen auch nicht unbedingt Kaugummi. Seien Sie aufmerksam, und hören Sie genau zu, was gesprochen wird und was Sie gefragt werden. Sprechen Sie deutlich und klar – und nur, wenn der Richter Sie dazu auffordert.

Der gute Ton beim Arzt

Niemand geht gern zum Arzt, denn man kommt als Kranker und nicht als Gesunder in die Praxis. Ärzte sind sicher keine »Dienstleister« im üblichen Sinne; aber sie sind verpflichtet, sich um unsere Krankheiten bzw. um unsere Gesundheit zu kümmern. Lange Jahre galten Mediziner als »Halbgötter in Weiß«, vor allem im Krankenhaus (siehe auch Kapitel 8). Das ist heute nicht mehr so: Als Patient haben Sie Rechte, auf die Sie auch bestehen können – aber bitte in höflicher Form! Nicht der Arzt möchte etwas von Ihnen, sondern Sie von ihm. Gutes Benehmen beginnt schon im Vorfeld unseres Besuches.

✱ **Eine wichtige Regel** bei Arztbesuchen: Halten Sie vereinbarte Termine ein. Das gilt selbstverständlich nicht für Notfälle. In den meisten Praxen ist es jedoch üblich, den Patienten Termine zuzuteilen, und danach richtet sich der gesamte Tagesablauf. Können Sie aus irgendeinem Grund nicht rechtzeitig oder gar nicht erscheinen, so informieren Sie die Sprechstundenhilfe. Wer weiß, vielleicht wartet ja ein anderer Patient ebenfalls dringend auf einen Termin! Terminabsprachen sind übrigens auch für den Arzt verbindlich (zumindest so lange kein Notfall dazwischenkommt). Kein Patient muss heute Wartezeiten von mehreren Stunden in Kauf nehmen. Kommt dies öfter vor, so empfiehlt sich ein Arztwechsel. Unangemeldete Arztbesuche sollten die Ausnahme und wirklich nur plötzlichen Krankheiten oder einem Unfall vorbehalten sein. Sicher wird sich jeder Arzt bemühen,

Ehre den Arzt mit gebührender Verehrung, dass du ihn habest zur Not…

Aus der Bibel (Sirach 38, 1)

Es sollte selbstverständlich sein, ist aber oft nicht der Fall: Vor dem Arztbesuch ist gründliche Körperpflege angesagt!

auch Patienten nach vorherigem Telefonat »einzuschieben«, deren Erkrankung man nicht unbedingt als Notfall bezeichnen kann. Einfach unangemeldet in der Praxis aufzutauchen gehört sich nicht!

✱ Nachdem man sich bei der Sprechstundenhilfe angemeldet hat, betritt man das Wartezimmer. Auch hier gehört es sich – sofern die Türe geschlossen ist –, vor dem Eintreten anzuklopfen. Der Neuankömmling im Wartezimmer grüßt die bereits Anwesenden und fragt dann höflich, wer der Letzte vor ihm war. In der Regel wird die Sprechstundenhilfe die Patienten der Reihe ihres Erscheinens nach aufrufen. Befindet man sich im Behandlungs- oder Sprechzimmer, ist es oft nötig, sich »freizumachen«, also die Kleidung abzulegen. Als vorausschauender Patient wissen Sie dies und ziehen sich deshalb von vornherein etwas an, das Sie leicht öffnen und ausziehen können. Es sollte eine Selbstverständlichkeit sein (ist es aber leider nicht!), dass man frische Kleidung trägt und auch frisch gewaschen erscheint.

✱ Allzu aufdringliches Parfüm, Make-up und farbiger Nagellack können eine umfassende Untersuchung erschweren, wenn nicht gar unmöglich machen. Oft sind ja Merkmale wie Körpergeruch, Beschaffenheit der Fingernägel oder die Gesichtsfarbe für die Diagnose aufschlussreich.

✱ Werden Sie zu einem Spezialisten überwiesen, dann haben Sie bitte alle entsprechenden Unterlagen Ihres Hausarztes dabei (siehe auch Kapitel 8).

Einkaufen mit Rücksicht

Im Kaufhaus oder Supermarkt zeigt sich oft, wie unhöflich, ungehobelt und taktlos manche Zeitgenossen sind. Da wird in der Schlange der Supermarktkasse gedrängelt und gestoßen, da bekommt man den Einkaufswagen in die Kniekehlen gerammt, ohne dass sich jemand dafür entschuldigt. Selbst wenn der Stress noch so groß ist: Bedenken Sie bitte, dass auch Ihre Mitmenschen darunter leiden und gern wieder samt ihren Einkäufen zu Hause wären. Niemand schätzt es, in einer schier endlosen Schlange vor der Kasse zu stehen. Aber mit ein wenig Rücksichtnahme und Höflichkeit lässt sich die-

se Zeit des Wartens überbrücken. Und mal ehrlich: Was macht es schon, wenn man die junge Mutter mit dem quengelnden Kleinkind auf dem Arm vorlässt? Kommt es wirklich auf die halbe Minute an, wenn jemand nur eine Tüte Milch kaufen möchte und darum bittet, schnell mal vorzudürfen, weil sein Wagen im Halteverbot steht?

Verkäufer sind nicht immer höflich

Viele große Warenhäuser und Supermärkte haben Lehrgänge für ihr Personal eingerichtet, die »kundenfreundliches Verhalten« trainieren sollen. Eine gute Idee, denn manchmal scheint dies wirklich nötig zu sein, wenn man das Verhalten mancher Verkäufer und Verkäuferinnen genauer betrachtet. Trifft man als Kunde bei der üblichen Selbstbedienung überhaupt einmal auf jemanden vom Personal, so passiert es allzu oft, dass man als Kunde nicht beraten wird, sondern eher einen Störfaktor darstellt. Man scheint die Angestellten vom Einräumen der Regale, vom Etikettieren der Waren oder ganz einfach vom Schwatzen abzuhalten – wie lästig! Und von so manch verärgerter bis arrogant-gleichgültiger Miene erhält man auf eine Frage nur patzige Antworten. Ein wertvoller Tipp für Kunden, die für ihr Geld eine vernünftige Bedienung erwarten: Lassen Sie sich nicht abspeisen, sondern fragen Sie höflich, aber bestimmt, ob der- oder diejenige Ihnen zeigen könnte, wo Sie das Gewünschte finden. Schließlich hat der Geschäftsführer sein Personal nicht für Handlangerarbeiten eingestellt.

✱ **Eine Unhöflichkeit** seitens des Personals ist auch die bittersaure Miene, wenn Sie sich als Kunde das Angebot in Ruhe betrachten und dann ohne Einkauf das Geschäft wieder verlassen. Aber: Sie haben das Recht, eine Ware zu prüfen. Ebenso selbstverständlich dürfen Sie den Kauf ablehnen, ohne dass Sie ein böser Blick trifft.

✱ **Bei allem Ärger** über schlecht geschultes oder unhöfliches Verkaufspersonal sollten Sie eines nicht vergessen: Bei vielen Warenhäusern gehört es zur Geschäftspolitik, möglichst viel an Personal zu

Verkaufen heißt, dem Käufer behilflich sein, mit der Ware eine positive Vorstellung zu verbinden.

Helmar Nahr (1931)*

sparen, gerade bei der heute üblichen längeren Ladenöffnungszeit. Die Angestellten eines Einkaufscenters stehen daher unter enormem Stress und können nicht überall gleichzeitig sein. Das soll keine Entschuldigung für mangelnde Zuvorkommenheit sein, aber die Bitte um Verständnis.

Der Kunde ist König – und sollte sich so benehmen!

So mancher Kunde glaubt, er könne sich gegenüber Verkäufern besonders herablassend und arrogant benehmen. Sicher kennen Sie die alte Weisheit: Wie es in den Wald hineintönt, so schallt es heraus! Wer sich als Kunde weniger als König denn als Despot verhält, darf sich nicht wundern, wenn selbst die geduldigste Verkäuferin irgendwann einmal nicht mehr ganz so freundlich ist. Seien Sie also höflich, und zeigen Sie auch mal Gelassenheit: Die Angestellte an der Käsetheke muss nicht unbedingt wissen, wo es bestimmte Artikel in der Sportartikelabteilung gibt. Fragen Sie an der richtigen Stelle nach: In den meisten großen Kaufhäusern und Einkaufszentren gibt es spezielle Informationsschalter.

Wer im Theater oder im Kino zu spät kommt, geht immer mit dem Gesicht zu den Sitzenden durch die Reihe, der Rücken zeigt zur Kinoleinwand.

Und wenden Sie sich – auch bei Stress und Hektik – in ruhigem und höflichem Ton an den Verkäufer. Ein freundliches Bitte und Danke sollten Ihnen auch hier selbstverständlich sein!

Auch im Kino ist Takt gefragt

Nur weil‘s im Kino dunkel ist, dürfen Sie sich nicht daneben benehmen. Zwar müssen Sie hier keine Kleiderordnung beachten. Sie können sogar (im Gegensatz zu Theater und Oper – siehe unten) zu spät kommen – allerdings ist das auch hier nicht sehr rücksichtsvoll. Denn es stört den Filmgenuss erheblich, wenn ein Nachzügler sich lange nach Beginn der Vorstellung stolpernd im Dunkeln einen freien Platz sucht, anderen dabei auf die Füße tritt und als schwarzer Schatten auf der Leinwand vorbeihastet.
Bitte – und das macht fast jeder falsch: Wenn Sie durch die Sitzreihe gehen, tun Sie dies mit dem Rücken zur Leinwand. Es gibt wohl kaum etwas Unhöflicheres, als jedem den verlängerten Rücken zuzuwenden, der seinen Sitzplatz schon eingenommen hat!

✱ Im Kino darf – ebenfalls ein Unterschied zum Theater! – vielfach geknabbert und getrunken werden. Popcorn gehört für viele zu einem Filmbesuch einfach dazu, und natürlich dürfen Sie dies auch genießen. Ein weit verbreitetes Ärgernis sind all jene Kinobesucher, die allzu laut lachen, längere Gespräche führen oder gar die Pointe des Films verraten. Dazu wirkt ein ständiges Knistern und Rascheln mit Tüten auf jeden Sitznachbarn nervtötend, sei er auch noch so geduldig. Genießen Sie Ihre Knabbereien einigermaßen dezent und leise. Und: Wenn Sie unter einer heftigen Erkältung mit Husten, Niesen und Schnupfen leiden, verzichten Sie besser vollständig auf den Kinobesuch. Solche Körpergeräusche stören nämlich ganz erheblich. Kleidungsstücke, die Sie auf dem Neben- oder Vordersitz abgelegt haben, entfernen Sie selbstverständlich, wenn der Platz besetzt wird – ebenso Taschen, Flaschen und Chipstüten.

Für kulturelle Veranstaltungen gilt:

- **Sie entschuldigen sich, wenn Sie für Unruhe sorgen.**
- **Sie nicken Ihrem Sitznachbarn kurz zu, wenn Sie Platz genommen haben.**
- **Sie rangeln sich nicht mit Ihrem Nachbarn um eine Armlehne, sondern arrangieren sich mit einem freundlichen Lächeln.**

Benimmregeln für die Kirche

Als äußerst unhöflich gilt es, zu einer Messe oder einer Andacht zu spät zu kommen. Es ist außerdem eine Respektlosigkeit den anderen Gläubigen gegenüber, und der Geistliche fühlt sich gestört, weil in seiner Gemeinde Unruhe entsteht, wenn sich ein Nachzügler seinen Platz suchen muss.

Wenn Sie wirklich aus wichtigem Grund zu spät kommen, verhalten Sie sich besonders leise und unauffällig. Auch deshalb, weil in einer Kirche jedes Geräusch überlaut hallt. Wenn Sie Ihren Platz suchen, tun Sie dies in einer Kirche anders als im Kino: Sie wenden dem Altar stets Ihr Gesicht und damit Ihre Vorderseite zu. In einer Kirche gibt es zwar keine offiziellen Kleidervorschriften, aber dennoch gibt es Regeln, deren Einhaltung von Höflichkeit und Lebensart zeugt. Würdige und

In einer Kirche ist es normalerweise nicht üblich, Beifall zu spenden. Einzige Ausnahme: ein Kirchenkonzert, das nicht in eine Messe eingebunden ist, sondern »nur« dem Musikgenuss dient.

dem Anlass angemessene Kleidung ist empfehlenswert, als Dame sollten Sie weder in einem tief dekolletierten noch ärmellosen Kleid zur Messe kommen. Bei einer Trauung bleibt es allein der Braut vorbehalten, in Weiß zu erscheinen.

Etikette im Theater und in der Oper

Man spricht viel vom Theater, aber wer nicht selbst darauf war, kann sich keine Vorstellung davon machen.

Johann Wolfgang von Goethe (1749–1832)

Hier gilt die unumstößliche Regel: Zur Aufführung erscheint man absolut pünktlich, eher sogar ein wenig zu früh! In vielen Häusern ist es üblich, nach Beginn der Vorstellung niemanden mehr einzulassen – Sie haben die Chance dann erst wieder zum zweiten Akt oder nach der Pause. In Theater und Oper kennt der Besucher seinen Sitzplatz in der Regel schon vor Beginn der Vorstellung. Weiß man, dass man einen der Mittelplätze belegt, geht man schon ein paar Minuten vor Beginn bzw. dem letzten Aufruf an seinen Platz. So verhindert man, dass alle anderen Zuschauer in der Reihe aufstehen müssen. Ist es aber nun mal passiert, dass man doch zu spät kommt, so sollte man sich entschuldigend und mit dem Gesicht zu den bereits Anwesenden zu seinem Platz durchschlängeln. Diejenigen, die schon Platz genommen haben, bleiben in diesem Fall nicht sitzen. Besser und höflicher ist es, kurz aufzustehen, um den ohnehin schon sehr schmalen Durchgang zwischen den einzelnen Sitzreihen frei zu machen. Nach den Pausen gelten die gleichen Regeln wie zu Beginn des Stückes: unbedingt rechtzeitig den Platz einnehmen, damit andere nicht unnötig behelligt werden.

* **Zwar gibt es heute** für Theater, Oper und Operette keine strenge Kleiderordnung mehr. Ein Besuch dieser kulturellen Einrichtungen ist jedoch etwas Besonderes, und dem sollten Sie mit entsprechend festlicher Kleidung Rechnung tragen. Bei Opernpremieren schreibt die Etikette vor, dass Herren im Smoking oder dunklem Anzug, Damen in einem festlichen Cocktail- oder Abendkleid erscheinen.

* **Damit will man** auch dem Künstler gegenüber Respekt bezeugen – so entsteht nämlich im Zuschauerraum ein einheitlich festliches Bild. Etwas lockerer können Sie es im Theater angehen lassen, vor allem wenn Sie eine Vorstellung der Werkstattbühne oder ein Volkstheater besuchen.

✱ Ein Wort zum Thema »Applaus«: Jeder Künstler freut sich, wenn er für seine Darbietung Beifall bekommt. Im Theater wird üblicherweise nach jedem Akt applaudiert. Zwischendurch darf auch mal ruhig der so genannte »Szenenapplaus« erfolgen, wenn eine einzelne Szene dem Publikum besonders gefallen hat. Bei einem klassischen Konzert hingegen wartet man mit dem Applaus grundsätzlich bis zum Ende des ganzen Musikstücks und klatscht nicht zwischen den einzelnen Sätzen einer Sinfonie. Wer ein Musikstück nicht kennt, mag sich an diesen Hinweis halten: Bleibt der Dirigent mit dem Rücken zum Publikum stehen, ist das Stück noch nicht zu Ende. Am Ende der Vorführung dreht der Dirigent sich um und wendet sich dem Publikum zu – dann erst dürfen Sie Beifall spenden.

Rauchen in der Öffentlichkeit

Nur wenige andere Themen werden heute so heftig diskutiert wie der berühmte »blaue Dunst« (siehe auch Kapitel 1). Für die einen ist Pfeifen-, Zigarren- und Zigarettenqualm der Inbegriff von Gemütlichkeit und Entspannung, für die anderen hingegen eine nicht hinzunehmende Belästigung, ja sogar eine ernsthafte Gesundheitsgefährdung. Die wichtigste Grundregel für alle Raucher sollte schon deshalb lauten: Rücksichtnahme auf Nichtraucher auch da, wo kein offizielles Rauchverbot besteht! Ein höflicher Raucher wird gerade in der Öffentlichkeit immer erst seine Mitmenschen fragen, ob der Qualm sie stört. Ist dies der Fall, dann bleibt die Zigarette in der Schachtel! Aber auch wenn das Rauchen gestattet ist, bläst man seinen Qualm anderen nicht ins Gesicht. Im dichten Gedränge, etwa in der überfüllten Fußgängerzone, im Sportstadion oder auch im bunten Jahrmarktstreiben sollte der Raucher Vorsicht walten lassen: Wie schnell ist ein Loch in einen teuren und fremden Mantel gebrannt. Früher galt es für Frauen übrigens als unschicklich, zu rauchen. Inzwischen hat sich das gottlob geändert – nur sollten auch Raucherinnen die nötige Rücksicht nehmen.

Die Raucher verpesten die Luft weit und breit und ersticken jeden honetten Menschen, der nicht zu seiner Verteidigung zu rauchen vermag.

Johann Wolfgang von Goethe (1749–1832)

Auch das Feuergeben will gelernt sein

In früheren Zeiten zogen sich die Herren nach dem Essen ins Raucherzimmer zurück. Dort legten sie zum gemütlichen Paffen eine extra Raucherjacke an: daher das Wort »Smoking«. Heute rauchen Männer und Frauen gleichermaßen, aber immer noch ist es eine höfliche Sitte, dass der Herr der Dame Feuer gibt. Dabei sollte er darauf achten, dass er die Flamme in der richtigen Höhe zur Zigarette hält. Die Dame soll sich nicht erst tief bücken oder hoch recken müssen. Ähnliches gilt für die Entfernung und Größe der Flamme. Sie sollte weder winzig

Rauchen

Wo ein Aschenbecher steht, darf geraucht werden. Besonders im Restaurant gehört es aber zu den Grundregeln der Höflichkeit, so lange nicht zu rauchen, wie andere noch beim Essen sind. Nicht geraucht werden darf ...

- in den Nichtraucherabteilen im Zug und in der U- und S-Bahn
- in besonders gekennzeichneten Bereichen im Restaurant
- in Fahrstühlen
- in öffentlichen Gebäuden und Behörden
- in Großraumbüros
- in Verwaltungsgebäuden
- an Tankstellen
- in bestimmten Bereichen des Flughafens auf Beschilderungen achten
- in Parkhäusern
- in Kaufhäusern
- bei großer Trockenheit im Sommer in Waldgebieten und in öffentlichen Parks
- in Kirchen, Museen, Hallenbädern
- in Arztpraxen und Krankenhäusern

klein noch hoch auflodernd sein. Aller Höflichkeit zum Trotz ist es nicht en vogue, sich zum Feuergeben über den Tisch zu beugen. Wenn Sie, mein Herr, höflich Feuer geben wollen, müssen Sie also aufstehen.

Abfall – wohin damit?

Ein guter Wanderer hinterlässt keine Spuren, sagt der chinesische Weise Lao-Tse. Zu Höflichkeit und gutem Benehmen gehört es einfach, Ordnung und Sauberkeit auch in der Anonymität der Öffentlichkeit zu wahren. Man wirft das Bonbonpapier nicht einfach auf die Straße, lässt die ausgebrannte Zigarette nicht fallen und lässt den gebrauchten Fahrschein von Bus oder Bahn nicht auf den Bürgersteig flattern. In allen Gemeinden, in allen Bahnhöfen gibt es Abfallkörbe, oft auch Aschenbecher. Es macht wirklich keinerlei Mühe, seine Abfälle dorthin zu entsorgen. Sollte dann doch jemand mal »aus Versehen« ein Stück Papier nicht in die dafür aufgestellt Tonne werfen, so ist es nur höflich, ihm zu sagen: »Entschuldigen Sie, ich glaube, Sie haben etwas verloren!«

»Tretminen« müssen nicht sein!

Dass Hunde ihre Notdurft irgendwo verrichten müssen, versteht jeder. Aber sie müssen es ganz gewiss nicht in der Fußgängerzone oder auf dem Kinderspielplatz tun! Keinem Hundebesitzer schadet es, wenn ihn einer auf das Malheur seines geliebten Vierbeiners aufmerksam macht – vielleicht noch mit dem diskreten Hinweis auf spielende Kinder. Hundehalter, die auf gepflegte Formen im täglichen Miteinander bedacht sind, haben für solche Fälle sowieso stets ein »Notschäufelchen« bei sich. Viele Städte und Gemeinden haben mittlerweile »Hundeklos« in öffentlichen Anlagen eingerichtet oder Automaten aufgestellt, aus denen man sich Papiertüten ziehen kann.

✱ **Außerdem kann** man sich natürlich selbst mit einer Plastiktüte behelfen. Übrigens: Viele Hundetrainer bestätigen, dass man jeden Hund so erziehen kann, dass er sein »Geschäft« am dafür vorgesehenen Platz verrichtet. Die Ausrede »Mein Bello braucht eben den Auslauf auf der Wiese« gilt also nicht!

Hunde haben alle guten Eigenschaften des Menschen, ohne gleichzeitig ihre Fehler zu besitzen.

Friedrich der Große (1712–1786)

Richtig kommunizieren

Briefverkehr – die private Korrespondenz

Briefe gehören unter die wichtigsten Denkmäler, die der einzelne Mensch hinterlassen kann.

Johann Wolfgang von Goethe (1749 – 1832)

Es würde zu weit führen, hier sämtliche Regeln für geschäftliche Korrespondenz aufzuführen. Privat Briefe zu schreiben ist jedoch nicht aus der Mode gekommen. Moderne Kommunikationsmittel wie Telefon, Fax und E-Mail haben den privaten Brief nicht völlig verdrängt. Immer noch gelten bestimmte Regeln, wie man einen Brief abfasst, welche Anrede man verwendet, welche veralteten Floskeln nicht mehr gebraucht werden sollten. Manches ist übertragbar: auf die derzeit modernste Form des Briefes, die elektronische Post des Internets.

Der richtige Schreibstil

Bei Briefen an gute Freunde werden Sie ganz automatisch den »richtigen« Stil wählen: Vielleicht plaudern Sie einfach, nur eben schriftlich, und erzählen Begebenheiten, die Sie für interessant und wichtig halten. Da kann man durchaus etwas weitschweifig werden. Etwas anders sieht es aus, wenn Sie als Privatperson an eine Behörde, ein Unternehmen oder eine andere Institution schreiben. Dann kommt es nämlich durchaus auf eine bestimmte Form an. Die muss jedoch nicht so streng eingehalten werden wie bei Geschäftspost. Ein paar grundlegende Dinge sollten Sie aber in jedem Fall beherzigen:

➤ **SCHREIBEN SIE** an den richtigen Ansprechpartner und selbstverständlich an die richtige Adresse. Wenn Sie nicht genau wissen, wer Ihr Ansprechpartner ist, wählen Sie die Anrede »Sehr geehrte Damen und Herren«.

➤ **GEBEN SIE** als Absender Ihren Namen, Ihre Adresse und auch die Telefon- bzw. Faxnummer an.

➤ **WÄHLEN SIE** die korrekte Anrede. Am einfachsten ist das »Sehr geehrte/r Frau/Herr ...«. Weniger gebräuchlich ist das konservativ klingende »Sehr verehrte/r ...«. Aber selbst ein Briefbeginn mit »Guten Tag« oder »Guten

Morgen« und dem dann folgenden »Sehr geehrte/r ...« ist erlaubt und macht zudem den Briefeinstieg lockerer.

➤ **EINE SEHR MODERNE**, aber durchaus nicht ungewöhnliche Variante ist das »Liebe/r« in Verbindung mit dem Vor- und Familiennamen, dann aber bitte ohne den Zusatz von Frau bzw. Herr. Das »Liebe/r« mit dem Vornamen verwenden Sie nur, wenn Sie den Adressaten wirklich gut kennen bzw. mit ihm befreundet sind.

➤ **SUCHEN SIE** einen aussagekräftigen Begriff für die Betreffzeile. Bei Behörden und Versicherungen steht dort die

Die Anschrift

- **In der Anschrift bei Briefen an Eheleute oder zusammenlebende Paare wird korrekterweise zuerst der Name des Mannes genannt – ausnahmsweise kein »Ladies first!«**
- **In der Anrede auf dem Brief oder der Karte selbst ist es dann allerdings umgekehrt.**
- **Wenn Sie beide Vornamen kennen, ist es nur höflich, diese auch auf dem Umschlag niederzuschreiben (also: Herrn Andreas und Frau Margret Müller).**
- **Die international gebräuchliche Form der Anschrift sieht nur den Vornamen des Mannes vor, auch dann, wenn Sie in der Adresse die Frau miterwähnen (also: »Herrn und Frau Andreas Müller«).**
- **Früher gebräuchlich, heute jedoch überholt sind Formeln wie »Herrn Andreas Müller und (Frau) Gemahlin«, »Herrn Andreas Müller und Frau (Gattin)«, »Herrn Andreas Müller und Frau Margret«.**
- **Akademische Titel und Ehrentitel finden ausschließlich beim Titelträger selbst Verwendung. Also: »Herrn Doktor Andreas Müller und Frau Margret Müller«.**
- **Hat der Empfänger des Schreibens gleich mehrere Titel, so werden diese nur in der Adresse auf dem Briefumschlag vollständig genannt. In der Briefanrede selbst beschränkt man sich auf den höchsten Titel.**

Gerade bei Briefen an Behörden gilt: Reden Sie nicht »um den heißen Brei«, sondern kommen Sie schnell zur Sache!

entsprechende Vorgangs- bzw. Versicherungsnummer, bei Firmen die Kunden- bzw. Rechnungsnummer.

➤ **AM ENDE** des Briefes steht ganz gewiss nicht mehr »Hochachtungsvoll«, sondern eine Formulierung wie »mit besten Grüßen«, »mit freundlichem Gruß«, »mit guten Wünschen« oder sogar »bis dahin freundliche Grüße«.

➤ **KOMMEN SIE** mit Ihrem Anliegen schnell auf den Punkt. Vermeiden Sie allzu lange oder Schachtelsätze: Kurze Sätze lesen sich besser und machen Ihr Anliegen klarer. Auch so genanntes »Beamtendeutsch« ist schwer lesbar. Und schwer verständlich.

➤ **HABEN SIE** ein Anliegen, so formulieren Sie dieses klar und deutlich. Bei einer Bitte wählen Sie besser nicht die Frageform, sondern drücken sich klar und deutlich aus (nicht: »Dürfte ich Sie bitten, die Kopie weiterzureichen?«, sondern »Bitte reichen Sie die Kopie an ... weiter«.)

➤ **DANKEN SIE** »im Voraus« für eventuelle Bemühungen.

➤ **VERMEIDEN SIE** allzu devote Formulierungen und Steigerungsformen wie »höflichst«; »verbindlichst«, »freundlichst«.

➤ **HÜTEN SIE** sich vor Rechtschreib- und Grammatikfehlern. Wenn Sie nicht sattelfest sind, bitten Sie einen Freund, Ihren Brief zu überlesen.

➤ **ES IST MITTLERWEILE** durchaus erlaubt, einen privaten Brief mit »ich« anzufangen.

»Netikette« für E-Mails

Von Anfang an gab es auch im Internet das Bedürfnis, sich nach bestimmten Verhaltensregeln zu richten. Benimmregeln im WWW werden »Netikette« genannt – eine Kombination aus »net« (engl. für Netz) und »Etikette«. Die Netikette ist nicht streng fest gelegt, aber dennoch verbindlich. Wer nicht als Internet-Rüpel erscheinen möchte, sollte sich an ein paar kleine Regeln halten. Beim E-Mailing gelten all jene Grundsätze, die auch sonst im Briefwechsel zu beachten sind.

➤ **SCHREIBEN SIE** niemals im Affekt. Lesen Sie die Nachricht erst noch einmal durch, bevor Sie sie abschicken.

➤ **VERMEIDEN SIE** Ironie. Sie wird allzu leicht falsch verstanden.

➤ **SEIEN SIE** höflich. Die Leichtigkeit und Schnelligkeit von E-Mailing sind kein Freibrief für unfreundliche Umgangsformen.

➤ **FASSEN SIE** sich kurz. Formulieren Sie knapp und einprägsam.

➤ **IHRE NACHRICHT** ist Ihre Visitenkarte. Das sollten Sie niemals vergessen. Und weil Ihre Mail von viel mehr Leuten gelesen werden kann, als Sie auch nur ahnen, sollten Sie doppelt vorsichtig sein!

➤ **E-MAILS** sind daher auch nicht für vertrauliche Mitteilungen geeignet. Deshalb: Persönliche Informationen nur verschlüsselt schicken!

➤ **EINE E-MAIL** soll für schnelle und formlose Information sorgen. Deshalb: immer sachlich bleiben. Meinungsverschiedenheiten trägt man nicht übers Internet aus!

➤ **GENAU ADRESSIEREN** ist wichtig. Und außerdem ein Gebot der Höflichkeit! Vergewissern Sie sich vor der ersten Mail an einen neuen Partner

darüber, dass die E-Mail-Anschrift korrekt ist.

➤ **BERÜCKSICHTIGEN SIE** bei wichtigen Angelegenheiten, dass E-Mailing noch immer nicht zuverlässig funktioniert. Wenn Sie eine wichtige Nachricht versenden, kündigen Sie dies per Telefon an; wenn Sie eine erhalten, bestätigen Sie deren Empfang.

➤ **BETEILIGEN SIE** sich nicht an Serienbriefen! Und auch nicht an Rund-Mails, wie sie zum Beispiel an Weihnachten oft verschickt werden.

➤ **KONZENTRIEREN SIE** sich auf ein Thema pro Nachricht und fügen Sie eine aussagekräftige Betreffzeile (»subject«) hinzu, damit Ihre Nachricht leicht wieder gefunden werden kann.

➤ **ES GILT ALS UNHÖFLICH**, die ganze Nachricht zu wiederholen. Selbst wenns bequemer ist: Bei der Antwort auf eine E-Mail zitiert man nur die Stellen (»Quoten«), auf die sich die Antwort bezieht.

Ohne Internet und E-Mails geht heute nichts mehr. Aber auch im Internet und im World Wide Web gelten bestimmte Regeln der Höflichkeit.

Bedenken Sie immer: E-Mails sind keine »sichere« Post – viele können mitlesen. Deshalb muss man besonders sorgfältig formulieren und sollte keine vertraulichen Informationen verschicken.

- **SMILEYS** oder Emoticons (siehe unten) setzt man nur gezielt ein. Und nur wenn man sicher ist, dass der Empfänger sie versteht. Wer beides ständig gebraucht, nutzt die Wirkung schnell ab.

- **DIE DEUTSCHE** Rechtschreibung gilt natürlich auch im Internet. Das heißt: Bei E-Mails gibt es Groß- und Kleinschreibung.

- ***STERNE*** vor und nach einem Wort heben es hervor. Sie sollten wissen und beachten: WER IN GROSSBUCHSTABEN SCHREIBT, DER SCHREIT!

- **VERWENDEN SIE** keine Umlaute und kein »scharfes S«, wenn Sie nicht sicher sind, dass diese von der Software des Empfängers richtig gelesen werden können.

- **NUTZEN SIE** neueste PC-Techniken nur, wenn der Empfänger einer E-Mail damit klarkommt. Das gilt für das Einbeziehen von vorbereiteten Dateien, Verschlüsseln von Nachrichtenteilen, Senden von Sprachnachrichten oder generell Multimedia-Dokumenten.

- **SEIEN SIE** tolerant gegenüber Mängeln eines Korrespondenz-Partners.

- **WEISEN SIE** ihn nicht auf seine Fehler in Rechtschreibung, Grammatik oder Ausdruck hin.

- **HALTEN SIE** sich an Hierarchie-Ebenen. Schicken Sie eine E-Mail nicht direkt an die »oberste Stelle«, nur weil dies möglich ist.

- **GEBEN SIE** bei Zitaten und Referenzen fairerweise immer die Quelle an.

- **ÖFFNEN UND LEEREN SIE** Ihre Mailbox regelmäßig.

- **BEANTWORTEN SIE** Ihre E-Mails möglichst rasch, damit Sie nicht vergessen werden.

- **GEBEN SIE** sich mittels E-Mail-Adresse ausreichend zu erkennen. Nur dann kann der Empfänger mit Ihnen Kontakt aufnehmen.

- **VERBREITEN SIE** keine verbotenen Daten oder Bilder!

Akronyme und Emoticons

Nicht nur beim E-Mailing, sondern vor allem bei den Newsgroups und in Chatrooms sind Abkürzungen, Akronyme und

DIE GEBRÄUCHLICHSTEN ABKÜRZUNGEN

Abkürzung	Bedeutung	deutsche Übersetzung
ASAP	As Soon As Possible	So schnell wie möglich
BTW	By The Way	Übrigens
CU	See You	Tschüss
CU2	See You Too	Ebenfalls Tschüss
EOD	End Of Discussion	Ende der Diskussion
FAQs	Frequently Asked Questions	Häufig gestellte Fragen
IMHO	In My Humble/Honest Opinion	Nach meiner bescheidenen/ehrlichen Meinung
IOW	In Other Words	Mit anderen Worten
PMFJI	Pardon Me For Jumping In	Verzeihung wenn ich mich einmische
ROFL	Rolling On the Floor with Laughter	Ich brülle vor Lachen
TIA	Thanks In Advance	Danke im Voraus
TYVM	Thank You Very Much	Ich danke Ihnen vielmals
<···g···>	Grin	Grinsen
<···bg···>	big grin	Breites Grinsen
:-)	Standard-Smiley positiv	Bemerkung ist witzig/freundlich gemeint
:-(	Standard-Smiley negativ	Bemerkung zeigt Enttäuschung/Zorn/Ärger
;-)	Standard-Smiley Humor	Bemerkung ist nicht ganz ernst gemeint
:-o	Standard-Smiley Überraschung	Bemerkung zeigt Staunen/Überraschung
:-))	Standard-Smiley Lachen	Ich lache über beide Ohren!
:-*	Smiley Kuss	Ich gebe dir ein Bussi/einen Kuss
I-O	Smiley Langeweile	Ich bin gelangweilt …

natürlich Emoticons (»Smileys«) gang und gäbe. Dennoch: Sie können vor allem bei E-Mailing nicht immer sicher sein, dass Abkürzungen aus dem WWW allen Empfängern bekannt sind.

* **Deshalb lieber** darauf verzichten, als den anderen rätseln lassen! Grundsätzlich gilt: Verwenden Sie nach Möglichkeit keine Abkürzungen, wenn Sie nicht sicher sind, dass der Empfänger sie kennt und versteht.

Höflichkeit am Telefon

Nur wenn Sie eine Geheimnummer haben, dürfen Sie sich am Telefon mit »Hallo«, »Ja?« oder »Bitte?« melden.

Kann man überhaupt unhöflich telefonieren? Ja, man kann! Das fängt in manchen Fällen schon bei der Uhrzeit an, zu der manche Leute meinen, sie müssten unbedingt zum Hörer greifen. Früher galt zum Beispiel die Regel, man dürfe niemanden während der »Tagesschau« – also um 20 Uhr – anrufen. Das ist heute überholt: Wer sich informieren will, hat per Rundfunk und Fernsehen den ganzen Tag über die Möglichkeit, die neuesten Nachrichten zu erfahren. Die 20-Uhr-Regel hat insofern noch Gültigkeit, als man in fremden Privathaushalten nicht unbedingt später anrufen sollte. Das gilt selbstverständlich nicht unter guten Freunden, vor allem wenn Sie denen die »Erlaubnis eines späten Anrufs« erteilt haben. In allen anderen Fällen jedoch zeugt es von Höflichkeit, wenn Sie sich an diese Kernzeiten halten:

➤ **WERKTAGS** nicht vor 9.30 Uhr und nicht nach 20 Uhr.

➤ **DIE MITTAGSPAUSE** von 12.30 bis 14 Uhr sollten Sie beachten.

➤ **AN FEIERTAGEN** und am Wochenende rufen Sie nicht vor 11 Uhr vormittags an.

➤ **AUSNAHMEN** sind Notfälle und wenn andere Vereinbarungen getroffen wurden.

* **Am Telefon** meldet man sich – obwohl das eine unausrottbare Sitte zu sein scheint! – nicht nur mit »Ja« oder »Hallo«. Die meisten Anrufer empfinden dies als extrem unhöflich. Richtig ist es, sich mit Namen (unter Umständen auch dem Vornamen) sowie einem »Guten Tag«, »Guten Morgen« oder »Guten Abend« zu melden. In Familien oder Wohngemeinschaften sollte es selbstverständlich sein, sich mit Vor- und Zunamen zu mel-

den. Dann ist dem Anrufer völlig klar, ob er mit Vater oder Sohn, Mutter oder Tochter spricht. Und wenn Sie ein Gespräch annehmen, das nicht für Sie selbst ist, schreien Sie bitte nicht laut durchs ganze Haus, dass es dem Anrufer in den Ohren gellt, sondern legen Sie den Hörer beiseite, und rufen Sie die entsprechende Person. Ganz klar: Nachrichten, die für einen anderen bestimmt sind, schreiben Sie am besten auf. Zu leicht gerät ein Anruf in Vergessenheit, und Sie handeln sich unter Umständen Ärger ein.

* **Als Anrufer** ist es ein Gebot der Höflichkeit, dass Sie fragen, ob der Zeitpunkt gerade passend ist oder ob Sie stören. Geben Sie Ihrem Telefonpartner stets Gelegenheit, sich auf das von Ihnen gewünschte Thema einzustellen. Im Geschäftsleben ist es selbstverständlich, sich auf ein wichtiges Telefonat vorzubereiten – und auch privat kann dies manchmal nötig und hilfreich sein.

* **Ist das Telefongespräch** beendet, verabschiedet man sich höflich. Es gibt wohl kaum etwas Unbefriedigenderes oder Brüskierenderes, als wenn der Hörer einfach – vielleicht sogar noch mitten im Satz – aufgelegt wird. Selbst wenn Sie am Telefon eine Auseinandersetzung haben: So viel Zeit und Höflichkeit sollte sein, dass Sie sich verabschieden. Wenn Sie ein Gespräch abbrechen wollen (oder müssen), teilen Sie dies dem Anrufer mit, etwa mit den Worten »Tut mir wirklich leid, aber ich muss jetzt Schluss machen!«. Wenn möglich oder nötig, vereinbaren Sie einen anderen Zeitpunkt, an dem Sie das Telefonat in Ruhe fortsetzen können.

Der Anrufbeantworter

Heutzutage haben nicht nur Firmen und Geschäftsleute einen Anrufbeantworter eingeschaltet. Die elektronischen »Ersatzgesprächspartner« erfreuen sich auch unter Privatleuten immer größerer Beliebtheit. Achten Sie beim Ansagetext darauf, dass Sie nicht nur laut und deutlich sprechen, sondern sich außerdem kurz halten. Betont »originelle« Texte sind eher eine Qual

Falsch verbunden? Dann legen Sie nicht einfach auf, sondern entschuldigen Sie sich für die versehentliche Störung.

Bei Telekomunikationsmitteln, die unseren modernen Alltag wesentlich bestimmen, sind Höflichkeit und Takt unverzichtbar.

als eine Bereicherung. Immerhin zahlt der Anrufer die Gebühren. Als Ansagetext auf dem Anrufbeantworter genügen eigentlich der Name des Anschlussinhabers, ein kurzer Hinweis darauf, dass nicht er selbst, sondern eben der Apparat spricht, und unter Umständen die Telefonnummer. Selbst das übliche »Sprechen Sie bitte nach dem Piepton« muss heute nicht mehr zwingend mit aufs Band – jeder Fernsprechteilnehmer sollte eigentlich inzwischen wissen, wann er auf einem Anrufbeantworter seine Nachricht hinterlassen kann.

*** Leider kommt nicht jeder** Anrufer mit diesem Gerät zurecht. Viele Leute hören sich brav die Ansage an und legen dann einfach wieder auf. Zum Teil liegt das an einer gewissen Unsicherheit, etwas sagen zu müssen, ohne direkt eine Antwort zu bekommen. Zum Teil aber entspringt ein solches Verhalten schlichter Unhöflichkeit und Arroganz, nach dem Motto »Ich habe es doch nicht nötig, mit einer Maschine zu reden!«. Anrufer, die einen Telefonanrufbeantworter am anderen Ende der Leitung haben, sollten zumindest kurz ihren Namen aufs Band sprechen. Auch der Anrufer sollte laut, langsam und deutlich auf das Band sprechen. Die Angabe des Datums und der Zeit ist dabei besonders höflich – und unerlässlich, wenn Sie zurückgerufen werden wollen.

Mobil telefonieren

Was vor fünf Jahren noch eine Seltenheit und ein Statussymbol war, ist heute gang und gäbe geworden: Man kann dem Handy heute kaum mehr entkommen, denn fast jeder Bundesbürger hat zumindest statistisch gesehen ein Mobiltelefon. Der Trend ist nicht aufzuhalten, und natürlich sind diese kleinen Kommunikationsmittel einfach praktisch. Allerdings muss es ganz gewiss nicht sein, dass es immer und überall piepst und klingelt, dass es kaum noch einen Ort gibt, an dem man nicht auf mindestens ein Handy trifft. Diese Selbstverständlichkeit hat aber auch etwas Gutes: Niemand muss wie noch vor ein paar Jahren mit seinem Handy angeben und protzen (Schüler und Jugendliche vielleicht ausgenommen). Höflichkeit und Takt erstreckt sich natürlich auch auf den Umgang mit dem Mobiltelefon:

➤ **ERLAUBT** und unbedenklich ist die Benutzung auf der Straße und auf öffentlichen Plätzen sowie im Hotelzimmer.

➤ **IM ZUG**, auf dem Flugplatz, im Bahnhof und in der Hotelhalle können Sie Ihr Handy benutzen – wenn Sie niemanden stören. Im Auto ist das Telefonieren mit Handy nur mit einer Freisprecheinrichtung erlaubt.

➤ **NICHT ZU EMPFEHLEN** ist das Benutzen Ihres Mobiltelefons bei einem Empfang, im Restaurant, überhaupt bei allen gesellschaftlichen Anlässen. Wichtige Geschäftsbesprechungen und Konferenzen sollten Sie ebenfalls nicht durch das Klingeln des Handys stören.

➤ **EINE AUSNAHME** mache ich persönlich beim mittäglichen Essen mit Kollegen im Biergarten oder unserem Stammlokal, wo viele Geschäftsleute verkehren. Hier lasse ich das Handy zwar eingeschaltet, aber auf »leise« gestellt.

➤ **ES GIBT** sicher Berufe, bei deren Ausübung ein angeschaltetes Handy unerlässlich ist. Dazu rechne ich Ärzte und Börsenmakler. Aber auch in solchen Fällen muss man das Telefon nicht laut schrillen lassen.

➤ **MAN KANN** das Handy stets auf »leise« oder »stumm« schalten. Dann stört man sicher niemanden. Viele Geräte haben einen Vibrationsalarm, der für andere unhörbar anzeigt, wenn Sie einen Anruf erhalten.

➤ **STILLOS IST ES**, wenn Ihr Mobiltelefon im Theater, Konzert, Kino oder bei einem Vortrag klingelt.

➤ **ES GIBT** absolute Tabuzonen, in denen ein Handy nichts zu suchen hat: im Krankenzimmer, in Arztpraxen, bei Beerdigungen, in der Kirche. Auch beim Vorstellungsgespräch sollten Sie im eigenen Interesse darauf verzichten: Sie wirken nämlich gewiss nicht »wichtig«, sondern ungehobelt, wenn Ihr Handy währenddessen klingelt.

➤ **VERBOTEN** ist die Benutzung von Handys im Flugzeug, an Tankstellen und im Krankenhaus. Hier muss das Gerät aus- und nicht nur stumm geschaltet sein.

Es gibt mittlerweile unzählige Melodien fürs Mobiltelefon – aber bitte wählen Sie eine, die nicht besonders schrill ist. Und selbst Ihre Lieblingsmelodie klingt anderen leise angenehmer im Ohr.

Kapitel 7

Bei Krankheit und Tod

Auf einen Blick

Bei Krankheit und Tod

Auch wenn wohl jeder einmal vor die Situation gestellt wird: Niemand geht gern in ein Krankenhaus – weder als Patient noch als Besucher. Man ist befangen, fühlt sich unwohl, weiß nicht so recht, wie mit der Situation richtig umzugehen ist. Denn vieles von dem, was in einer Klinik vor sich geht, ist uns fremd und jagt uns vielleicht sogar Angst ein – vor allem, wenn wir selbst Patient sind.

Wie man sich als Patient im Krankenhaus verhält

Eine der schönsten Wendungen unserer Sprache lautet: »Werde mir nicht krank…« Egoismus und rührendste Fürsorge sind untrennbar darin verschmolzen.

Sigmund Graff (1898–1979)

Eigentlich sollte es selbstverständlich sein: Wer als Patient in ein Krankenhaus geht und sich den Zeitpunkt einteilen kann (also kein Notfall ist!), sollte sich vorbereiten. Das beginnt mit der persönlichen Hygiene. Gar nicht so wenige Schwestern und Pfleger, aber auch Hebammen klagen darüber, dass so mancher Patient es damit eben nicht so genau nimmt. Zur Vorbereitung gehört aber auch, dass Sie alles beisammen haben, was Sie in der Klinik brauchen: die entsprechenden Arztunterlagen und unter Umständen die Medikamente, die Sie ständig einnehmen müssen. Überlegen Sie sich schon vorher, welche Fragen Sie wegen Ihrer Erkrankung vielleicht beantworten müssen: Sie erleichtern Arzt und Pflegepersonal die Arbeit, wenn Sie Auskunft geben können.

*** Außerdem** benötigen Sie Ihr Waschzeug (eventuell eigene Waschlappen und Handtücher) sowie saubere Nacht- und Unterwäsche, Bademantel und rutschfeste Pantoffeln. Etwas leichte Lektüre gegen die Langeweile sollte ebenfalls nicht fehlen. Schmuck und Wertgegenstände dagegen sind in keiner Klinik gern gesehen: zum einen weil Schmuck bei Untersuchungen und Operationen stört und sowieso abgelegt werden muss, zum anderen weil im Krankenhausbetrieb niemand für die Sicherheit der Schmuckstücke und Wertgegenstände garantieren kann. Sie sollten übrigens auch davon Abstand nehmen, stark geschminkt oder mit lackierten Nägeln zu einem Klinikaufenthalt zu kommen: Vor einer Operation müssen Sie Make-up und Nagellack sowieso entfernen. Die Ärzte möchten Sie »in natura« sehen, um Veränderungen an Haut und Nägeln möglichst sofort feststellen zu können.

Wenn Sie nicht schwer krank sind und keine strenge Bettruhe einhalten müssen, dürfen Sie normalerweise Ihr Krankenzimmer verlassen und herumlaufen. Bei vielen Beschwerden, auch nach Operationen, wird es sogar von Seiten des Arztes gewünscht, dass Sie sich Bewegung verschaffen. Gerade dann sollten Sie sich an einige Regeln halten. Auf jeden Fall passen Sie sich dem normalen Klinikalltag an. Das heißt:

➤ **SIE STÖREN** nicht den Ablauf des Betriebes. Schwestern und Pfleger sind nicht zu Ihrer Bedienung da, sondern um bei Ihrer Gesundung zu helfen. Also werden Sie nicht nach der Klingel greifen, wenn Sie wissen möchten, wie spät es ist. Sie klingeln nicht nach Tee oder einem Getränk, wenn Sie keine Bettruhe einhalten müssen und der Teewagen direkt im Gang für die Patienten bereit steht.

➤ **DENKEN SIE** bitte daran, wie knapp das Pflegepersonal heute ist und wie viel es täglich zu erledigen hat. Das ist natürlich keine Entschuldigung, wenn Ihnen eine Oberschwester grantig oder missgelaunt erscheint oder Ihnen unhöflich begegnet – aber vielleicht eine Erklärung. Suchen Sie in einer ruhigen Minute das Gespräch, und weisen Sie höflich darauf hin, wenn Sie sich öfter schlecht behandelt fühlen.

➤ **ZUR ARZTVISITE** müssen Sie in Ihrem Zimmer sein – kein Patient kann verlangen, dass man ihn erst zu suchen hat, wenn der Arzt ihn sehen möchte. Das gilt auch, wenn Sie einen Termin mit bestimmten Therapeuten haben: etwa zur Krankengymnastik oder zu einem Beratungsgespräch.

➤ **TERMINE** (EKG, Röntgen, Labor) halten Sie bitte immer pünktlich ein: Diese werden in einer großen Klinik genauestens geplant, und jede Verzögerung Ihrerseits hält den ganzen Betrieb auf.

➤ **SIE RAUCHEN** nicht heimlich auf dem Zimmer oder in den Waschräumen und trinken auch nicht heimlich Alkohol. Sie wollten sich vielleicht sowieso überlegen, ob Sie vor allem den Nikotingenuss nicht ganz ablegen oder zumindest

Als Patient nehmen Sie Rücksicht auf den harten Arbeitsalltag der Krankenhausärzte und des Pflegepersonals. Passen Sie sich also dem Rhythmus im Klinikbetrieb an, und versäumen Sie keine Termine aus Nachlässigkeit!

stark einschränken sollten. Ein Krankenhausaufenthalt kann da ein guter Einstieg sein. Wenn Sie es denn wirklich nicht ohne Ihren Glimmstängel aushalten: Sicher gibt es Raucherzimmer – oder Sie müssen vors Haus ins Freie gehen.

➤ **FERNSEHAPPARAT** und Radiogerät schalten Sie wirklich nur dann ein, wenn es Ihren Zimmernachbarn nicht stört bzw. wenn keine Ruhezeiten herrschen.

➤ **RÜCKSICHTNAHME**, vor allem auch gegen Ihre Zimmernachbarn, sollte Ihnen selbstverständlich sein. Das gilt auch für das Öffnen und Schließen von Fenstern oder Balkontüren, für Besuche und Telefonate.

➤ **HANDYS** und andere elektronische Geräte (zum Beispiel ein Laptop mit Modemanschluss) haben im Krankenhaus nichts zu suchen. Sie können die empfindlichen

ZUMUTUNG FÜR KRANKE

Das müssen Sie sich im Krankenhaus nicht gefallen lassen:

- **Wenn Besucher Ihres Bettnachbarn während einer Untersuchung im Zimmer sind und sowohl freien Blick auf Ihren Körper haben als auch die Kommentare des Arztes oder des Pflegepersonals hören.**
- **Wenn das Pflegepersonal Sie schon zehn Minuten vor der Arztvisite aufdeckt, damit nachher auch alles schnell und reibungslos verläuft.**
- **Wenn die Visite wirklich nur einen »Augenblick« dauert, nämlich so lange, dass der Arzt gerade einen Blick auf Sie wirft und ein »Guten Morgen« herausquetscht.**
- **Wenn ein Unbekannter Sie untersucht. Falls Sie einen Arzt oder Therapeuten noch nicht kennen, sollte er sich mit Namen vorstellen.**
- **Besucher sollen Sie aufmuntern und so zu Ihrer Genesung beitragen. Es gibt aber Menschen, die einen regelrecht hinunterziehen und in allem nur das Schlimmste sehen. Haben Sie keine Scheu, so jemanden zu bitten, von weiteren Besuchen abzusehen. Sie tun sich damit selbst etwas Gutes und werden schneller gesund.**

Untersuchungsgeräte stören. In Reha-Kliniken mag das anders sein: Erkundigen Sie sich aber bitte vorher.

➤ **WENN SIE** viel Besuch bekommen und nicht im Bett bleiben müssen, gehen Sie am besten gemeinsam in die Cafeteria oder ins Besucherzimmer, das heute in vielen Kliniken vorhanden ist.

* **Sind Sie** wieder gesund und Ihre Entlassung steht bevor, so ist es ein Gebot der Höflichkeit, sich beim Pflegepersonal (und natürlich auch Ihrem behandelnden Arzt!) zu bedanken. Wenn Sie unsicher sind, wie Sie Ihr Dankeschön am besten ausdrücken, fragen Sie bei der Stationsschwester nach: Oft gibt es eine »Kaffeekasse« auf der Station, in die man sein Dankeschön in klingender Münze hinterlassen kann. Die Summe liegt in Ihrem eigenen Ermessen.

Der Besuch am Krankenbett

Viele Menschen haben einen regelrechten Horror vor Krankenhäusern. Sie fürchten sich vor dem Geruch, vor dem Leid, dem man dort ohne Zweifel begegnet, und wissen außerdem nicht so recht, mit welchen Worten sie einen Kranken aufmuntern könnten. Und so zögern sie den Besuch immer wieder hinaus – bis der Kranke, der vielleicht sehnsüchtig auf einen Besuch von Ihnen gewartet hat, wieder entlassen wird. Feines Benehmen ist das natürlich nicht – eher rücksichtsloses und egoistisches Verhalten. Man sollte sich besser überlegen, wie einsam man sich selbst vorkäme, wenn man über längere Zeit ohne Besuch in einer Klinik liegen müsste ...

* **Ihren Besuch** im Krankenhaus sollten Sie unbedingt anmelden und vorher abklären, ob er überhaupt erwünscht ist. Am besten geschieht dies telefonisch; bei Menschen, die Ihnen nicht familiär vertraut oder freundschaftlich verbunden sind (also Kollegen, entfernte Verwandte, Nachbarn, Geschäftspartner) können Sie auch in einem kurzen Schreiben – das Sie einem Blumengruß beilegen – Ihren Besuch ankündigen und sich darin die telefonische Nachfrage vorbehalten. Formulieren Sie Ihre Frage so, dass der Kranke ablehnen kann, ohne dass Sie deshalb schlecht auf ihn zu sprechen sind. Viele Menschen

Natürlich macht man sich Sorgen um einen Menschen, der krank oder verletzt ist. Das sollten wir aber gerade bei einem Krankenbesuch nicht allzu deutlich zeigen. Das heißt nicht, dass Sie betont fröhlich durch die Gänge eilen, immer einen Scherz auf den Lippen haben und mit dem Pflegepersonal schäkern. Lärm, laute Rufe und andere störende Geräusche gehören nicht ins Krankenzimmer – und auch nicht auf den Klinikflur.

wollen gerade im Krankheitsfall nicht besucht werden – das sollten Sie unter allen Umständen respektieren, ohne enttäuscht zu sein.

Der richtige Zeitpunkt für den Krankenbesuch

Im Klinikalltag ist Besuch für den Patienten eine erfreuliche Abwechslung. Zumindest dann, wenn dieser sich an ein paar Regeln hält: Ein Krankenbesuch soll Freude bereiten und Trost spenden. Auch deshalb sollten Sie ihn zeitlich richtig planen. Heute gibt es in den meisten Kliniken keine strengen Besuchszeiten mehr, sondern eher Richtwerte. Nur in äußersten Ausnahmefällen sollten Sie jedoch nach 20 Uhr abends und vor 9 Uhr morgens auftauchen: Ein Patient braucht seine Ruhe, selbst wenn er sich schon etwas wohler fühlt und allmählich wieder auf dem Weg der Besserung ist.

Es gibt tausend Krankheiten, aber nur eine Gesundheit.

Ludwig Börne (1786–1837)

Beachten Sie:
Hüten Sie sich als Besucher bitte davor, Speisen aus der Klinikküche zu beurteilen oder zu bewerten: Naturgemäß schmeckt es im Krankenhaus nicht so lecker wie zu Hause; vielleicht auch deshalb, weil der Kranke auf Schonkost gesetzt ist. Unterstützen Sie den Heilungsprozess, indem Sie dem Patienten gut zureden.

* **Besucher sind** für den Patienten und seine Genesung zwar wichtig, aber sie stören – kommen sie zur Unzeit – den Ablauf des Klinikbetriebes. Erkundigen Sie sich deshalb wenn möglich vorher, wann Ihr Besuch am besten passt. Dann platzen Sie nicht in die Arztvisite oder eine Behandlung, stören nicht während der Ruhezeiten und nicht beim Essen. Sicher wissen Sie, dass die Mahlzeiten in Krankenhäusern oft wesentlich früher als »draußen« serviert werden. Berücksichtigen Sie dies, denn sonst wird der Patient kaum Zeit haben, sich eingehend mit Ihnen zu beschäftigen – außer er lässt seine Mahlzeit kalt werden.

* **Sprechen Sie** sich mit der Familie und dem Freundeskreis ab, wer wann zu Besuch kommt: Dann häufen sich nicht an einem Nachmittag alle Besucher und ermüden den Kranken vielleicht über die Maßen, während er an anderen Tagen völlig allein bleibt

und Trübsal bläst oder sich langweilt. Ganz besonders gilt es, sich für den Besuch bei einer jungen Mutter abzustimmen: Nach der Geburt sollten Mutter und Kind nicht über Gebühr belastet werden, denn die beiden brauchen ja ihre Zeit, um sich erst einmal aneinander zu gewöhnen.

✱ **Die Dauer** eines Krankenbesuchs sollten Sie nicht in die Länge ziehen – selbst wenn er dem Patienten Freude zu machen scheint. Vergessen Sie bitte nicht: Sie besuchen einen Kranken oder Rekonvaleszenten, der noch Ruhe braucht, um wieder zu Kräften zu kommen. Eine halbe Stunde, längstens 60 Minuten sind für den Besuch am Krankenbett ausreichend – zumindest dann, wenn Sie mit dem Patienten nicht in besonderer Weise verbunden sind, sondern eher einen Höflichkeitsbesuch abstatten. Wer seinen Lebenspartner oder einen sehr guten Freund besucht, ist sicher länger »erwünscht«. Länger bleiben dürfen Sie auch, wenn Sie eine längere Anreise unternommen haben, um den Patienten zu sehen. Allerdings: Wenn Schwester oder Pfleger Sie bitten, zu gehen, sollten Sie dieser Aufforderung Folge leisten. Das Pflegepersonal weiß oft besser als der Kranke, wie es um seine Gesundheit und sein Durchhaltevermögen bestellt ist.

Rauchen ist tabu!

Für den Besucher gilt dasselbe wie für den Patienten selbst: Glimmstängel sind im Klinikzimmer absolut verboten! Wer von diesem Laster nicht lassen kann, für den sind in vielen Krankenhäusern besondere Raucherzimmer oder -ecken eingerichtet. Gerade als Besucher sollten Sie sich jedoch zurückhalten: Es ist nicht gerade rücksichtsvoll, einen Bettlägerigen mit den Worten »Ich geh nur mal schnell eine rauchen …« zurückzulassen. Es sollte jedem – auch einem starken Raucher – möglich sein, für ein Viertelstündchen oder länger auf den Glimmstängel zu verzichten. Oder wollen Sie etwa sagen, dass

Überraschungen – auch wenn Sie es gut meinen – sind im Krankenhaus nicht angebracht: Fragen Sie telefonisch bei der Stationsschwester oder dem behandelnden Arzt an, ob der Patient überhaupt Besuch empfangen darf.

Ihnen die Zigarette wichtiger ist als der Mensch, den Sie besuchen?

Worüber spricht man denn bloß?

Als Besucher im Krankenhaus müssen Sie sich meist wohl oder übel die gesamte Krankheits- und Leidensgeschichte des Patienten anhören – und nicht selten noch zwei oder drei weitere, wenn er in einem Mehrbettzimmer liegt. Als Besucher sollten Sie rücksichtsvoll auf die Erzählungen, Klagen und natürlich auch heitere Episoden aus dem Klinikleben eingehen. Selbst wenn es Ihnen manchmal auf die Nerven geht – für den Kranken ist das Gespräch über sein Leiden Balsam für die Seele. Keinesfalls aber sollte man den ohnehin labilen Gemütszustand des Kranken auch noch mit Erzählungen und Vergleichen eigener Leiden belasten. Auch nicht, wenn es sich um Vorkommnisse einer dritten, unbeteiligten Person handelt, deren Krankheit oder Leiden gar mit dem Tod endete.

Man soll sich mehr um die Seele als um den Körper kümmern; denn Vollkommenheit der Seele richtet die Schwächen des Körpers auf.

Demokrit (etwa 470–380 v. Chr.)

✱ **Halten Sie sich** als Besucher zurück – und hören Sie zu. Aber sitzen Sie nicht einfach nur still da wie ein Ölgötze! Gehen Sie behutsam auf den Kranken ein, stimmen Sie ihm zu, und beruhigen Sie ihn, ohne ihn zu langweilen. Aufregende Schauergeschichten vor dem Schlafengehen oder alltägliche Belanglosigkeiten sind kein geeigneter Gesprächsstoff am Krankenbett. Kleine Geschichten aus dem Familienleben oder witzige Begebenheiten aus dem Beruf können den Patienten dagegen aufmuntern. Hüten Sie sich aber davor, einen Kranken zu sehr zum Lachen zu bringen: Das kann vor allem nach bestimmten Operationen schmerzhaft sein und die Fieberkurve eventuell wieder in die Höhe treiben.

✱ **Schwierig ist** Ihre Lage, wenn Sie einen Todkranken besuchen. Hier verbietet es sich wohl von selbst, banale Floskeln von sich zu geben. Ihre Reaktion und Ihr Verhalten richten sich danach, wie weit der Patient über seine Krankheit Bescheid weiß und seine Situation akzeptiert. Wenn Sie selbst kein Betroffener aus dem engsten Familienkreis sind, erkundigen Sie sich am besten bei den nächsten Angehörigen nach der genauen Lage. Unter Umständen ist ein freundlicher, persönlicher

Brief (siehe unten) in einem solchen Fall die beste Art, Ihr Mitgefühl und Ihre Teilnahme auszudrücken, und höflicher als ein Besuch.

Was sich als Mitbringsel eignet

➤ **BLUMEN** sind nach wie vor das beliebteste Mitbringsel für einen Besuch am Krankenbett. Angebracht sind Schnittblumen, und zwar eher kleine Sträuße, vor allem aus Blumen, die nicht zu stark duften. Aber Vorsicht: Viel besuchte Patienten »ertrinken« leicht in einem Blumenmeer.

➤ **AUSSERDEM** werden schnell die Vasen knapp und die Schwestern wissen mit den vielen Sträußen nicht wohin. Vielleicht bringen Sie auch gleich eine Vase mit?

➤ **IN KRANKENHÄUSERN** wird es nicht gern gesehen, wenn Sie dem Kranken Topfpflanzen mitbringen. Denn in der Blumenerde können Ungeziefer und Krankheitserreger verborgen sein.

➤ **TROCKENSTRÄUSSE** sind nicht ideal für das Krankenzimmer. Erstens sind sie Staubfänger, und zweitens gibt es einen alten Aberglauben, der besagt: »Wer Blumen mit nach Hause nimmt, kommt bald wieder.« Und das wollen Sie dem Kranken doch gewiss nicht zumuten ...

➤ **MANCHE BLÜTEN** gelten als »Totenblumen«. Ein solcher Strauß wird deshalb als böses Omen gesehen. Verzichten Sie besser auf weiße Astern, Callas, Chrysanthemen, Hortensien, Lilien oder Nelken – außer Sie wissen, dass dies die Lieblingsblumen des Patienten sind.

➤ **LEBENSMITTEL** wie Pralinen, Obst oder Säfte sollten Sie vorher abklären. Möglicherweise ist der Kranke auf Schonkost gesetzt, und der Diätplan wird durch Ihre Mitbringsel durcheinander gebracht. Fragen Sie nicht nur den Patienten nach seinen Wünschen, sondern erkundigen Sie sich beim Pflegepersonal, was bekömmlich und erwünscht ist.

Ihr Handy hat am Krankenbett nichts zu suchen! Man sollte es in einer Klinik nicht nur auf »stumm«, sondern ganz ausschalten und am besten in der Tasche verschwinden lassen (oder gleich im Auto zurücklassen). Das offen mitgebrachte Handy – vielleicht noch »schick« am Gürtel getragen – signalisiert dem Kranken: »Ich habe eigentlich Wichtigeres zu tun!« Abgesehen davon: Im Krankenhaus sind Mobiltelefone ohnehin verboten – sie können empfindliche Geräte stören.

Lesen ist für den Geist das, was Gymnastik für den Körper ist.

Joseph Addison (1672–1719)

➤ **RADIO**, Kassettenrekorder, CD-Player und Fernsehapparat sind im Krankenzimmer nur dann angebracht, wenn dadurch andere Patienten im Zimmer nicht gestört werden.

➤ **MITTLERWEILE** gibt es für all diese Geräte Kopfhörer. Allerdings: Auch das Geräusch aus dem Kopfhörer kann auf Dauer lästig werden. Fühlen sich andere dadurch gestört, sind solche Geräte tabu.

➤ **WENN SIE WISSEN**, dass jemand seinen Walkman oder CD-Player dabei hat, können Sie eine Kassette oder CD mitbringen. Gut geeignet sind Hörspiele oder Hörbücher.

➤ **KREUZWORTRÄTSEL** und Lesestoff sind fast immer ein Volltreffer. Bringen Sie aber nicht unbedingt den neuesten dicken Wälzer mit, um dem Kranken die Zeit in der Klinik zu verkürzen. Zum einen sollte die Lektüre leicht zu halten sein: Im Liegen zu lesen ist nämlich nicht immer einfach. Zum anderen sollte der Inhalt nicht zu schwerwiegend sein – außer der Patient hat sich genau dieses Werk gewünscht. Für allzu schwierige, anstrengende Lektüre fehlen im Krankenhaus oft die Muße und die nötige Konzentration.

Schriftliche Wünsche zur Genesung

Manchmal ist ein persönlicher Besuch im Krankenhaus nicht erwünscht oder wegen einer besonders schweren Erkrankung nicht möglich. In solchen Fällen können Sie Blumen schicken. Auch hier bereiten nicht zu stark duftende Sträuße Freude. Noch besser ist ein kleines Gesteck, für das nicht eigens eine Vase besorgt werden muss. Vergessen Sie nicht, einen persönlich geschriebenen Genesungsgruß beizulegen.

✱ **Auch ein mit der Hand** geschriebener Brief, in dem Sie all das ausdrücken, was Sie auch bei einem persönlichen Besuch sagen würden, kann den Kranken aufrichten. Ein Brief an einen schwer oder unheilbar Kranken muss besonders vorsichtig und zurückhaltend geschrieben sein: Offensichtliche Unwahrheiten, wie etwa: »Du wirst es schon schaffen …«, sollten Sie vermeiden. Achten Sie in jedem Fall darauf: Schriftliche Wünsche wollen gut überlegt sein – sie hinterlassen einen bleibenden Eindruck. Viele Patienten heben sich solche »Mutmacher-Briefe« auf. Seien Sie deshalb in Ihren Formulierungen positiv, vermeiden Sie dennoch Unehrlichkeit und banale Floskeln.

* **Zeigen Sie** Ihr Mitgefühl, und fügen Sie – wenn es Ihnen angebracht erscheint – ein Hilfsangebot hinzu: Vielleicht bieten Sie einer schon älteren erkrankten Tante an, regelmäßig den Briefkasten zu leeren, ihr nach der Entlassung aus dem Krankenhaus im Haushalt zur Seite zu stehen, beim Einkaufen behilflich zu sein, oder Sie laden sie nach der Genesung zu einem Ausflug ein.

* **Tatkräftige Hilfestellung** kann manchem Rekonvaleszenten bei weitem nützlicher sein als eine kurze Plauderei beim Besuch in der Klinik. Vor allem nach einer Krankheit, bei der die körperliche Bewegungsfähigkeit eingeschränkt ist oder erst wieder mühsam erlernt werden muss. Und: Selbst Kinder können da Hilfe leisten – etwa durch Einkaufen, durch tatkräftige Mitarbeit im Haushalt. Jeder Patient wird sich wohl über einen Brief oder eine Karte freuen, dessen Inhalt ihm verrät, dass der Absender mitgedacht hat und ihm mehr anbietet als nur einen freundlichen Genesungswunsch.

* **Faxe mit** Genesungswünschen sind nicht ganz der richtige Stil. Ins Krankenhaus können Sie in keinem Fall faxen. Die Ausnahmen: Sie wissen, dass jemand zu Hause liegt und ein privates Faxgerät hat. Wenn Sie dem Patienten nahe stehen und wissen, dass er sich über einen schnellen Genesungsgruß zwischendurch freut, dürfen Sie ihm natürlich ein Fax schicken. Das kann auch eine witzige Zeichnung sein. Durchaus üblich sind Faxe mit Genesungswünschen im Kollegenkreis – etwa wenn Sie wissen, dass sich jemand mit einer Erkältung am Arbeitsplatz plagt und sich darüber freut, wenn Sie ihn wissen lassen, dass Sie und alle Kollegen ihm mit Unterschrift »Gute Besserung« wünschen. Eine E-Mail mit Genesungswünschen kann dann »das Richtige« sein, wenn Sie wissen, dass der Patient seinen Laptop immer dabei hat und selbst in der Kur oder in der Reha-Klinik regelmäßig seine Mailbox leert.

In sehr vertrauten Beziehungen – privat, aber auch im Job – kann man durchaus »Gute Besserung« per Fax wünschen.

Verhalten im Trauerfall

Höflichkeit im Trauerfall

Nichts ist gewisser als der Tod, nichts ungewisser als seine Stunde.

Anselm von Canterbury (1033–1109)

Der französische Philosoph Emile Ch. Alain (1868–1951) hat einmal gesagt: »Ein je ausgefüllteres Leben man führt, desto weniger fürchtet man, es zu verlieren.« Das mag zwar für den Einzelnen stimmen, dennoch ist der Tod vor allem für die Hinterbliebenen ein Schlag, der eine Art seelischen Ausnahmezustand mit sich bringt. Selbst wenn ein Kranker nach langem Leiden erlöst wird, ist dies für die Familie, die Freunde nur schwer zu begreifen.

Was gleich nach dem Todesfall zu tun ist

Es mag makaber klingen, aber: Höfliche Menschen ersparen ihren Hinterbliebenen schon vor dem Ableben viele Unannehmlichkeiten. Die wichtigen Papiere wie Versicherungsunterlagen, Finanzangelegenheiten oder Testament sollte man während seines ganzen Lebens so geordnet halten, dass die Angehörigen im Falle eines plötzlichen Todes von umständlichem Suchen und langem Schriftverkehr verschont bleiben. Gewiss sind viele Formalitäten nötig, und sicher erleichtern sie manchmal das erste Gefühl des tiefen Verlustes. Dennoch sollte man Vorsorge getroffen haben, um den Hinterbliebenen die Chance zu geben, still zu trauern und sich nicht mit Unannehmlichkeiten herumschlagen zu müssen.

* **Viele Punkte** der Checkliste müssen nicht von den direkt Betroffenen des Trauerfalls erledigt werden. Man kann sie delegieren – an einen Freund der Familie oder einen entfernteren Verwandten. Professionelle Institute organisieren darüber hinaus alles, was mit der Beerdigung und der Trauerfeier zusammenhängt. Viele Beerdigungsinstitute nutzen jedoch die Trauer der Angehörigen aus, um möglichst viel Profit zu machen. Gerade deshalb ist es oft von Vorteil, einen engen Vertrauten aus Verwandtschaft oder Freundeskreis – durchaus nach Absprache mit der Familie – mit der Ausrichtung der Beerdigung zu beauftragen.

Rituale erleichtern den Schmerz

Für die trauernden Hinterbliebenen gewinnen Dinge an Bedeutung, die in den Augen Außenstehender eher belanglos sind. Darauf sollten Sie Rücksicht nehmen: Denn sicher wollen Sie niemanden bewusst verletzen. Deshalb halten Sie sich am besten an die folgenden Regeln:

➤ **SCHICKEN SIE** Ihren Kondolenzbrief nach dem Erhalt der Todesnachricht so schnell wie möglich. Mehr als eine Woche sollten Sie auf keinen Fall verstreichen lassen. Einzig erlaubte Ausnahme: Sie waren auf Reisen und haben deshalb erst später vom Todesfall er-

De mortuis nihil nisi bene – »über Tote soll man nur Gutes reden«: Das besagt schon eine Weisheit aus dem alten Rom. Man muss Verstorbene in Trauerreden und Anzeigen aber nicht zu Heiligen und Samaritern verklären.

Checkliste im Todesfall

Was man sofort/so schnell wie möglich erledigen muss:

- **Totenschein vom Unfallarzt, Krankenhaus oder Hausarzt**
- **Bestattungsunternehmen beauftragen**
- **Beerdigungstermin festlegen**
- **Trauerfeier planen**
- **Trauerkarten bestellen, Zeitungsinserate schalten**
- **Standesamt: Sterbeurkunde (mehrere Exemplare!) abholen**
- **Krankenkasse benachrichtigen**
- **Arbeitgeber/Auftraggeber anrufen**
- **Kirchengemeinde, Freunde, Vereine informieren**
- **Sonderurlaub beantragen**
- **Testament an Notar oder Nachlassgericht übergeben**
- **Lebensversicherung/Sterbekasse informieren**
- **Rentenversicherungsträger informieren**
- **Finanzangelegenheiten überprüfen**
- **Versicherungen/Abonnements/Mitgliedschaften kündigen bzw. umschreiben lassen**

Die Menschen fürchten den Tod, so wie die Kinder das Dunkel fürchten.

Francis Bacon (1561–1626)

fahren. Dann sollten Sie diesen Umstand in Ihrem Kondolenzbrief auch ausdrücklich erwähnen.

➤ **EIN KONDOLENZBRIEF** sollte immer handschriftlich verfasst werden. Nur dann ist eine Ausnahme erlaubt, wenn Ihre Handschrift wirklich völlig unleserlich ist. Aber auch dann sollten Sie die Anrede und die Grußformel mit der Hand schreiben. Absolut tabu sind Kondolenzschreiben per Fax oder E-Mail.

➤ **WENN SIE** vom Ableben eines Freundes, Familienmitgliedes oder Geschäftspartners schriftlich informiert werden, müssen Sie auch schriftlich kondolieren. Eine Beileidsbezeugung am Telefon reicht dann nicht aus.

Die Beschäftigung mit dem Tod ist die Wurzel der Kultur.

Friedrich Dürrenmatt (1921–1990)

➤ **VERSUCHEN SIE** – ob bei mündlicher oder schriftlicher Kondolenz – allgemeine Floskeln wie »mein Beileid« zu vermeiden. Bringen Sie Ihr Mitgefühl in Ihren eigenen Worten zum Ausdruck, etwa mit den Worten »ich fühle mit Ihnen«, »ich werde sehr an Sie denken« oder »ich wünsche Ihnen die Kraft, diese schwere Zeit zu überstehen«.

➤ **ALS NAHE ANGEHÖRIGE** tragen Sie bei Beerdigung und Trauerfeier möglichst die Farbe Schwarz, sonst wenigstens Dunkelblau oder Dunkelgrau.

➤ **WÜRDIGEN SIE** die Wünsche der Hinterbliebenen bei Trauerfeier und Beerdigung: Wenn Kondolenzbesuche und Beileidsbezeugungen ausdrücklich nicht gewünscht werden, halten Sie sich auch daran. Wenn die Familie statt Blumen oder Kränzen lieber eine Spende – zum Beispiel auf das Konto einer wohltätigen Institution – möchte, geben Sie dem nach.

➤ **PÜNKTLICHKEIT** ist gerade bei einer Trauerfeier und einer Beerdigung unbedingt Pflicht. Das heißt: Die Trauergäste versammeln sich rechtzeitig vor dem angegebenen Zeitpunkt vor der Kirche oder Trauerhalle.

➤ **EIN HANDY** hat – das sollte selbstverständlich sein! – bei einer Trauerfeier und bei der Beerdigung absolut nichts zu suchen, man trägt es auch abgeschaltet nicht sichtbar herum. Lassen Sie das Mobiltelefon in dieser Zeit im Auto oder zu Hause.

➤ **WENN EINE** Kondolenzliste (manchmal auch ein Kondolenzbuch) ausliegt, tragen Sie sich darin ein – bitte mit leserlicher Handschrift. Vielen Trauernden hilft es ein wenig über die schwere Zeit hinweg, wenn sie nachlesen können, wer dem Toten auf seinem letzten Gang die Ehre gegeben hat.

Die mündliche Kondolation

Es ist ganz sicher nicht leicht, einem Trauerndem, dem man nach dem Todesfall zum ersten Mal begegnet, in passenden Worten das eigene Mitgefühl auszudrücken. Hüten Sie sich dabei vor platten Sprüchen wie »Das Leben geht weiter« oder »Die Zeit heilt alle Wunden«. Auch religiöse Äußerungen (etwa: »Es war Gottes Wille«) sollten Sie vermeiden, vor allem wenn Sie nicht wissen, wie der Trauernde zu Religion im Allgemeinen steht. Trauen Sie sich dagegen durchaus zu, etwas mehr zu sagen als nur das übliche »Mein Beileid«. Diese beiden Worte sind wirklich nur eine leere Formel. Geben Sie lieber offen und ehrlich zu, dass Ihnen momentan die Worte fehlen, sagen Sie ruhig »mir fehlen die Worte, um dich/Sie zu trösten«. Das wirkt anteilnehmender und mitfühlender als leere und starre Floskeln. Bieten Sie beispielsweise Ihre Hilfe an, etwa wenn ein Kollege einen Trauerfall in der Familie hat: Vielleicht können Sie ihm Arbeit abnehmen und so die schwere Zeit erleichtern. Übrigens: Telefonische Beileidsbekundungen sind nur im engsten Familien- und Freundeskreis üblich. Und auch dann bleibt Ihnen ein Kondolenzbrief nicht erspart. Allerdings steht in einem solchen Fall ein spontanes Hilfsangebot im Vordergrund.

Aller Tod in der Natur ist Geburt, und gerade im Sterben erscheint sichtbar die Erhöhung des Lebens.

Johann Gottlieb Fichte (1762–1814)

Mitteilung an die Öffentlichkeit

Viele Familien möchten die Todesanzeige selbst formulieren und dies nicht dem Beerdigungsinstitut überlassen. Sie wollen damit die Ehre des Toten in der Öffentlichkeit selbst bewahren und Freunde des Verstorbenen in persönlicher Form über den Fortgang des lieben Menschen in Kenntnis setzen. Ist es der Wunsch der Hinterbliebenen, die Beerdigung im engsten Kreis zu vollziehen, kann eine Todesanzeige erst nach der Beisetzung veröffentlicht werden.

Ein ewig Rätsel ist das Leben, und ein Geheimnis bleibt der Tod.

Emanuel Geibel (1815–1884)

Trauertelegramme sollte man nur verschicken, wenn es gar keine andere Form der Mitteilung gibt. Zwar gibt es vielfältige Motive auf Beileidstelegrammen, dennoch wirken sie immer eher unpersönlich.

Todesanzeige oder Trauerbrief?

Wer eine Todesanzeige formulieren muss, sollte vorher ein paar Überlegungen anstellen.

➤ **EINE TRAUERANZEIGE** lediglich in der örtlichen Presse erreicht nur die am Ort wohnenden Familienmitglieder und Freunde. Wenn Ihr Familien- und Freundeskreis über die Gemeinde hinaus verstreut ist, müssen Sie möglicherweise mehrere Anzeigen in mehreren Zeitungen aufgeben. In solchen Fällen kann es ratsam sein, nicht nur eine Traueranzeige zu gestalten, sondern eher Trauerbriefe zu verschicken.

➤ **EIN TRAUERBRIEF** muss sich an alle Personen richten, die von dem Todesfall betroffen sind. Überlegen Sie genau, ob Sie alle Anschriften vorliegen haben. Ist dies der Fall, kann ein Trauerbrief nicht nur persönlicher und intimer sein als eine Anzeige, sondern auch erheblich preiswerter.

➤ **MÖGLICHERWEISE** wollen auch die (ehemalige) Firma des Verstorbenen, Vereine oder Organisationen wie Parteien und Verbände Anzeigen schalten lassen. Klären Sie dies vorher rechtzeitig ab. In solch einem Fall kann die Kombination aus Todesanzeige und Trauerbrief die beste sein: Sie erreichen so einerseits die am Ort wohnenden Familienangehörigen und Freunde, andererseits auch Auswärtige, denen Sie die Möglichkeit geben wollen, an der Trauerfeier teilzunehmen.

➤ **DIE TODESANZEIGE** in der Zeitung sollte am selben Tag veröffentlicht werden, an dem die Trauerbriefe zugestellt werden. Normalerweise ist der Text von Todesanzeige und Trauerbrief derselbe.

Was steht in der Todesanzeige?

Wenn Sie sich Todesanzeigen ansehen, werden Sie erkennen, dass man über Ungereimtheiten stolpert, dass manche Formulierung arg blumig erscheint, andere dagegen fast kalt wirken. Bedenken Sie bitte: Anzeige und Trauerbrief sind nicht mit einem Kondolenzschreiben zu vergleichen – sie sollen nicht das tief empfundene Leid ausdrücken. Diese Angaben sind wichtig:

➤ **DAS TODESDATUM**

➤ **DER NAME** des Verstorbenen; bei Frauen kann zusätzlich der Mädchen- oder Witwenname genannt werden.

➤ **AKADEMISCHE GRADE** und Auszeichnungen des oder der Verstorbenen.

➤ **DER BERUF** – vor allem dann, wenn der Verstorbene sehr stolz auf seinen Beruf oder sein Amt war oder dieser eng mit seiner Persönlichkeit verknüpft war.

➤ **DIE NAMEN** der Angehörigen, wobei Sie natürlich frei entscheiden können, ob Sie nur die Namen der engsten Familienmitglieder oder aber mehrere nennen wollen. Durchaus üblich ist in Todesanzeigen die Formulierung: »Im Namen aller Angehörigen« oder »Im Namen der Familie«.

Sieben Tabus für den Beileidsbrief

1. **Beileidsbriefe werden niemals offen oder als Postkarte verschickt.**
2. **Beileidsbriefe sollten nicht durch eine Stempelmaschine laufen, sondern werden mit Briefmarken frankiert.**
3. **Verwenden Sie kein schwarz umrandetes Papier – es ist den Angehörigen vorbehalten. Lediglich der Briefumschlag kann einen schwarzen Rand tragen.**
4. **Verwenden Sie kein Geschäftspapier, sondern einen normalen weißen Briefbogen. Oder aber einen geschäftlichen Briefbogen, der für repräsentative Zwecke vorgesehen ist: Er trägt dann niemals den Hinweis auf eine Bankverbindung oder Ähnliches.**
5. **Wer als Privatperson kondoliert, benutzt kein buntes oder verziertes Papier, sondern ebenfalls weißes Briefpapier.**
6. **Die Anschrift »An das Trauerhaus« ist nicht mehr üblich. Schreiben Sie einfach an »Familie ...« oder »Frau/Herrn ...«.**
7. **Beileidsbriefe stehen für sich allein. Sie werden nicht mit Anlagen oder anderen Nachrichten zusammen verschickt.**

Mich lässt der Gedanke an den Tod in völliger Ruhe, denn ich habe die feste Überzeugung, dass der Geist ein Wesen ist ganz unzerstörbarer Natur.

Johann Wolfgang von Goethe (1749–1832)

➤ **DIE REIHENFOLGE** der Namen ist wichtig: An erster Stelle steht üblicherweise der Ehepartner, dann folgen die Kinder (dem Alter nach) mit Ehepartnern und Enkeln (bzw. Urenkeln), dann die eventuell noch lebenden Eltern und Schwiegereltern, danach die Geschwister (ebenfalls nach dem Alter) mit Ehepartnern.

➤ **LEBENSGEFÄHRTEN** werden in der Regel nicht anders platziert als Verheiratete. Eine Ausnahme wäre es allerdings, wenn die Eltern des/der Verstorbenen noch lebten. Dann können sie in der Anzeige vor der/dem Lebensgefährten genannt werden.

Niemand, den man liebt, ist jemals tot.

Ernest Hemingway (1899–1961)

➤ **DIE ANSCHRIFT** des Trauerhauses, damit die Kondolenzschreiben an eine bestimmte Adresse gerichtet werden können.

➤ **DATUM, ZEIT UND ORT** der Bestattung, Trauerfeier oder Totenmesse. Wenn Sie dies nicht wünschen, genügt ein Hinweis: »Die Beerdigung findet im engsten Familienkreis statt«. Geben Sie jedoch genaue Daten bekannt, gilt dies als allgemeine Einladung.

➤ **DIES GILT** auch für den so genannten Leichenschmaus: Wird der Zeitpunkt in der Anzeige genannt, ist die Einladung allgemein gültig. Dies ist vor allem noch auf dem Land üblich.

➤ **ZUSÄTZE** über die Todesursache, eine schlichte Mitteilung (etwa ein Bibelspruch) oder die Bitte um eine Spende für eine karitative Organisation bleiben Ihnen überlassen. Ebenso der Hinweis, ob Sie bei der Trauerfeier oder am Grab Kondolenzbekundungen wünschen. Bleiben Sie hier bei einer einfachen und klaren Ausdrucksweise, etwa: »Wir bitten Sie, am Grab nicht zu kondolieren«. Die heute noch oft lesbare Formulierung »Von Beileidsbezeugungen am Grab bitten wir abzusehen« klingt steif und unzeitgemäß. Für christliche Symbole und Sprüche sollten Sie sich nur dann entscheiden, wenn der Verstorbene und Sie selbst wirklich mit religiöser Überzeugung dahinter stehen. Hüten Sie sich vor allzu pathetischen Formulierungen, bleiben Sie bei einer klaren und einfachen Ausdrucksweise. Das wirkt schlicht, aber dennoch beeindruckend.

Veraltete Formulierungen

➤ **ABSOLUT** unüblich ist es, vor den Namen des/der Verstorbenen den Zusatz »Frau« oder »Herr« zu setzen. Hier gilt dasselbe wie bei der Vorstellung: Man würde seinen Ehepartner auch nicht als »Herrn ....« vorstellen, sondern immer sagen: »Dies ist mein Mann, Herbert ...«.

➤ **DIE FORMEL** »in memoriam« – »zum Andenken an« gehört nicht in die Todesanzeige, sondern in die Jahres-Gedenk-Anzeige, die in katholischen Regionen üblich ist.

➤ **MAN GEBRAUCHT** heute durchaus eine klare Sprache. Bezeichnungen wie »unser lieber Heimgegangener« sind dagegen nicht mehr üblich. Das Gleiche gilt für Ausdrücke wie »das Zeitliche segnen«, »den Weg allen Fleisches gehen«, »von hinnen geschieden«.

Der persönliche Beileidsbrief

Der Beileidsbrief (Kondolenzbrief) ist der schriftliche Ausdruck Ihrer Trauer, die Sie zusammen mit den Hinterbliebenen empfinden. Er wird sofort nach Erhalt einer Todesanzeige – ob persönlich oder öffentlich aus der Zeitung – verfasst, und es sollte etwas mehr darin stehen als nur »herzliches Beileid« oder gar nur Ihre Unterschrift unter einem vorgedruckten Beileidstext. Der Kondolenzbrief sollte eher eine Art Rückschau halten. Vielleicht gelingt es Ihnen, in schlichten Worten die Momente noch einmal aufzuzeigen, die man mit dem/der Verstorbenen erleben durfte.

Die richtige Trauerkleidung

In unserem Kulturkreis gilt Schwarz als Trauerfarbe. Deshalb gibt es die Faustregel: Je näher verwandt Sie mit dem Verstorbenen sind, desto mehr Schwarz wird in Ihrer Kleidung eine Rolle spielen. Für entfernte Verwandte und Bekannte sind auch Farben wie Dunkelblau oder -grau angebracht.

Stilbruch bei Beerdigungen und Trauerfeiern ist der helle Trenchcoat über dunkler Trauerkleidung. Wählen Sie besser einen dunklen Mantel. Auch die Accessoires wie Schirm und Handtasche sollten dunkel sein.

✱ **Als Frau** wählen Sie am besten ein Kostüm oder langärmeliges Kleid. Wer nicht zum engsten Familienkreis gehört, kann unter dem Kostüm eine helle, auch weiße Bluse tra-

Wurden in der öffentlichen Traueranzeige Ort und Zeit der Beerdigung angegeben, darf jeder zur Beisetzung erscheinen, der dem Verstorbenen, in welcher Form auch immer, nahe stand.

gen. Ein Kleid können Sie in diesem Fall mit einem Tuch auflockern – bitte nicht in hellen bunten Farben, sondern in Schwarz-weiß oder Grau. Im Herbst und Winter können Sie auch im dunklen Hosenanzug erscheinen. Dunkle (schwarze) Strümpfe und Schuhe machen die Trauerkleidung komplett. Hut und Witwenschleier sind heute kein Muss mehr. Mit Schmuck gehen Sie bitte nur sehr dezent und sparsam um.

* **Als Mann** tragen Sie einen schwarzen oder sehr dunklen Anzug mit der passenden Krawatte und ein weißes Hemd. Wenn Sie dem Toten nahe standen, wählen Sie eine schlichte schwarze Krawatte, für entferntere Verwandte und Bekannte sind auch dunkel unifarbene oder schwarzgrundige Binder möglich. Auch beim Herrn gehören schwarze Strümpfe und Schuhe zur Trauerkleidung. In manchen Gegenden ist das Tragen eines Trauerflors im Knopfloch des Jacketts üblich. Es gilt als Ausdruck der Ehrerbietung gegenüber dem Verstorbenen.

Die Beisetzung – Feuer oder Erde

Man unterscheidet zwei Arten der Beisetzung:

* **Die Feuerbestattung**: Bei ihr wird der Verstorbene verbrannt und seine Asche in einer Urne beigesetzt. Das Urnenbegräbnis kann unter Umständen zweigeteilt sein: nämlich dann, wenn der Verstorbene an dem Ort, wo er zuletzt gelebt hat, verbrannt wird, die Urne jedoch z. B. in seinem Geburtsort ihre Ruhestätte finden soll. Trauergäste werden in diesem Fall zur Feuerbestattung geladen, nicht zum Urnenbegräbnis.

* **Die Beerdigung**: Bei ihr nehmen Angehörige, Freunde, Bekannte und Kollegen Abschied vom Verstorbenen, der in einem Sarg unter der Erde seine letzte Ruhe findet. Dabei versammeln sich die Trauergäste vor der eigentlichen Grabbeisetzung im Vorraum der Friedhofskapelle. Hier sollte ein Kondolenzbuch ausliegen,

in das sich jeder Gast mit Namen und vielleicht einem kurzen Sinnspruch, der Ausdruck seiner Trauer sein soll, eintragen kann. So können die Angehörigen später sehen, wer an der Beerdigung teilgenommen hat und wem sie für seine Anteilnahme danken müssen.

Blumen und Kränze

Kränze und Blumen sollten Sie immer mit einer Trauerkarte versehen, auf der Sie handschriftlich in knapper Form Ihrem Mitgefühl noch einmal Ausdruck verleihen. In der Regel dienen dazu vorgedruckte Karten, die nur noch mit dem Namen des Absenders versehen werden. Bitte achten Sie darauf: Kränze werden niemals an die Adresse des Trauerhauses geschickt (allerdings weiß man das meist auch in den Gärtnereien). Als Adresse gilt die Friedhofskapelle, in der die Trauerfeier stattfindet. Auf dem Umschlag mit der Karte müssen der Name des/der Verstorbenen sowie die Uhrzeit der Beisetzung angegeben werden. Es ist durchaus üblich, dass auch Blumengebinde und -gestecke direkt von der Gärtnerei in den Friedhof geschickt werden. Das hat seinen guten Grund: Alle Sträuße, Gestecke und Kränze können zusammen arrangiert werden. Geben Sie Ihr Gesteck persönlich ab, sollten Sie etwa 20 Minuten vor der Trauerfeier da sein – dann kann Ihr letzter Blumengruß noch entsprechend dazugestellt werden.

Wenn die Hinterbliebenen statt Blumen lieber Spenden möchten, sollten Sie diesen Wunsch respektieren. Überweisen Sie dann bitte die Summe, die in etwa dem Betrag gleichkommt, den ein Blumengesteck oder Kranz gekostet hätte.

* **Den kleinen Handstrauß**, der ins Grab mitgegeben wird, trägt man bei sich. Er enthält übrigens nicht mehr als fünf Blüten, auch eine einzelne Blüte ist durchaus üblich.

Von der Kirche zum Grab – der Trauerzug

Trauerfeiern sind je nach Region und natürlich Glaubensbekenntnis unterschiedlich. Bei den meisten christlichen Beerdigungen wird der Sarg heute auf einem Blumenwagen, flankiert von Sargträgern, von der Kirche oder Kapelle zum Grab transportiert. Die Reihenfolge im Trauerzug ist meist gleich: Als Erste folgen dem Sarg der Geistliche oder Pfarrer und dann die engsten Angehörigen des Verstorbenen, danach schließen sich die weiteren Verwandten und Freunde an.

Wenn ein Freund oder Geschäftspartner die Trauerrede hält, geht er auch im Trauerzug zum Grab weiter vorn, also durchaus im Kreis der Verwandten.

Ursprünglich galt der Leichenschmaus dem Angedenken des Toten. Die Hinterbliebenen wollten feiern, dass er die Mühen des Lebens überstanden und nun das Tor zu einer besseren Welt durchschritten hatte.

✱ **Nach der** vom Pfarrer gesprochenen Aussegnungsformel treten als Erstes die Hinterbliebenen ans Grab, um Abschied zu nehmen. Die Reihenfolge richtet sich nach der familieninternen Rangfolge und dem Verwandtschaftsgrad. Die anderen Trauergäste schließen sich so an, wie sie im Trauerzug gegangen sind. Ehe- und Lebenspartner treten gemeinsam ans Grab, ebenso Geschwister oder Mutter und Tochter, Vater und Sohn; Einzelpersonen gehen allein. Nach christlicher Tradition wirft man Erde auf den Sarg – als Zeichen der Vergänglichkeit. Sie müssen diesem Brauch nicht unbedingt folgen: Es reicht, wenn Sie nur den Handstrauß werfen oder einen Moment still im Angedenken an den Toten verharren. Denken Sie daran, dass Sie als Mann den Hut abnehmen, wenn der Sarg heruntergelassen wird.

✱ **Nach der Beerdigung** gehört es sich, dass alle Trauergäste den direkten Angehörigen (Witwe/Witwer, Kinder, Eltern) ihr Beileid noch am Grab mit einem Händedruck und ein paar aufrichtigen Worten bekräftigen – es sei denn, dies wird in der Traueranzeige ausdrücklich nicht gewünscht.

Der Leichenschmaus

Es ist noch nicht lange her, da war es üblich, alle Trauergäste nach der Beisetzung zum so genannten Leichenschmaus zu laden. Dieser fand entweder in einem Gasthaus oder bei den Angehörigen zu Hause statt. Dabei galt es als Pflicht, das Essen möglichst aufwändig zu gestalten. Heute muss der Leichenschmaus allerdings nicht mehr so üppig ausfallen. Ein Imbiss genügt vollkommen.

✱ **Zum Leichenschmaus**, der nicht mehr unbedingt so genannt wird, wird direkt eingeladen. Nur auf dem Land mag es noch hin und wieder üblich sein, dass die gesamte Gemeinde nach der Beerdigung zusammentrifft. Wenn die Traueranzeige verschickt wird, liegt ihr eine Einladung bei, falls Sie zum »Kaffeetrinken«, das durchaus ein »richtiges Essen« sein kann, gebeten werden. Sie sollten dieser Einladung Folge leisten: Die Hinterbliebenen wollen damit das Andenken des Toten ehren, und da sollten Sie sich nicht ausschließen. Oft ist es üblich, dass die Familienmitglieder ganz spontan noch zu einem Imbiss laden. Dann ist

Ihre Teilnahme zwar kein zwingendes Muss – vielleicht haben Sie aus beruflichen Gründen wenig Zeit. Sie sollten sich jedoch hüten, die Trauernden durch eine Absage vor den Kopf zu stoßen.

Trauerjahr und »Trauerarbeit«

Aus früheren Zeiten stammt der Brauch, dass Witwen und Witwer mindestens ein halbes, mancherorts sogar ein ganzes Jahr lang Volltrauer trugen. Volltrauer – das hieß: komplett schwarze Kleidung. Erst nach dem offiziellen Trauerjahr durfte man die schwarze Kleidung mit hellen Kragen oder Ähnlichem auflockern. Während des Trauerjahres galt es auch als unmoralisch, sich neu zu binden oder sich nach einem neuen Partner umzusehen. Diese alten Sitten gelten heute kaum noch: Inzwischen kann jeder selbst entscheiden, ob er seine Trauer sichtbar – in Form entsprechender Kleidung – mit sich herumträgt oder es vorzieht, seine Gefühle auf ganz persönliche Art zu verarbeiten. Tiefschwarze Kleidung ehrt den Verstorbenen nicht stärker als Alltagskleidung, kann aber wiederum für den Trauernden äußeres Zeichen seiner Ausnahmesituation und Traurigkeit sein.

Die Danksagung der Hinterbliebenen

Ob ein Dank persönlich ausgesprochen wird oder ob gedruckte Dankeskarten verschickt werden, bleibt jedem selbst überlassen. Kein Trauergast sollte sich herabgesetzt fühlen, sondern vielmehr Verständnis auch für gedruckte Karten zeigen: Die Hinterbliebenen haben vieles zu regeln und finden deshalb kaum Zeit, einzelne Briefe zu beantworten. Eine Danksagung muss deshalb nicht unmittelbar nach der Trauerfreier verschickt werden. Allzu viel Zeit sollte man jedoch nicht verstreichen lassen, wenn man sich persönlich in einem Schreiben für die Anteilnahme bedanken möchte, und vergessen sollte man es keinesfalls. Eine Geste der Höflichkeit ist es, besonders persönliche und herzliche Beileidsbriefe auch selbst handschriftlich zu beantworten. Angehörige dagegen können durchaus eine allgemeine Dankesanzeige in der Zeitung drucken lassen.

Wo der Tod uns erwartet, ist ungewiss; erwarten wir ihn daher überall. An den Tod zu denken, heißt sich die Freiheit bewahren.

Michel Eyquem de Montaigne (1533–1592)

Kapitel 8

Sicher auftreten im Beruf

Auf einen Blick

Sicher auftreten im Beruf

Ihr Bewerbungsschreiben muss so abgefasst und gestaltet sein, dass man Interesse an Ihnen findet, damit Sie sich in einem Vorstellungsgespräch präsentieren können. Dieser Brief ist der erste Eindruck, den ein Personalchef von Ihnen bekommt. Gerade deshalb sollten Sie beim Verfassen des Schreibens besondere Sorgfalt walten lassen. Die richtige Balance zwischen Seriosität und Originalität zu finden ist nicht leicht.

Das Bewerbungsschreiben – Start in den Erfolg

Ein handschriftlicher Lebenslauf ist nur dann nötig, wenn er ausdrücklich gefordert wurde. Kommen Sie dieser Bitte nach, sollten Sie sich bewusst sein, dass man zum einen Ihre Fähigkeit zum Formulieren, zum anderen Ihre Handschrift analysieren will. Vorsicht: Schreiben Sie nicht verkrampft »schön«, verstellen Sie sich nicht. Achten Sie besonders auf Ihre Formulierungen, unterscheiden Sie Wichtiges und Unwichtiges.

Ob Sie sich auf eine Stellenanzeige in der Tageszeitung bewerben oder eine so genannte »Initiativbewerbung« abschicken: Sie sollten sich im Klaren darüber sein, dass Sie gewiss nicht der Einzige sind, der sich um eine Stelle bewirbt. Deshalb sollte sich Ihr Brief aus der Masse hervorheben: Sie wollen einen persönlichen Vorstellungstermin bekommen, und das klappt nur, wenn der Personalchef sich auf den ersten Blick von Ihnen angesprochen fühlt. Das heißt nun gewiss nicht, dass Sie etwa buntes Briefpapier benutzen oder ein Foto beilegen, das Sie in einer Pose zeigt, die mit dem Beruf und vor allem Ihrem neuen Job gar nichts zu tun hat. Sie wahren selbstverständlich die Form und legen Ihrem Anschreiben alles bei, was zu einer vollständigen Bewerbung gehört:

- **DER TABELLARISCHE** Lebenslauf mit Foto, am besten einem Lichtbild neueren Datums. Bitte kein Ganzkörper-Foto, sondern ein normales, sympathisches Passbild. Vermeiden Sie aber die Fotoautomaten im Bahnhof, an denen Sie Ihr Geld nur vergeuden. Gehen Sie unbedingt zu einem Profifotografen.

- **DAS ANSCHREIBEN**

- **EINE DOKUMENTATION** Ihrer Ausbildung und der Berufstätigkeit, also diverse Schul- und Arbeitszeugnisse, die Sie einzeln in Klarsichthüllen stecken.

- **EVENTUELL REFERENZEN** und Arbeitsproben: Referenzen früherer Arbeitgeber legen Sie auf jeden Fall bei. Arbeitsproben jedoch nur dann, wenn sie ausdrücklich gefordert wurden.

- **ZERTIFIKATE**, soweit sie vorhanden sind.

So gehen Sie richtig vor

- Reagieren Sie innerhalb von höchstens zehn Tagen auf eine Anzeige für ein Stellenangebot.
- Informieren Sie sich über die Firma, bei der Sie sich bewerben wollen.
- Wenn in der Anzeige eine Telefonnummer angegeben ist, rufen Sie an, und klären Sie eventuell offene Fragen schon vorab. Unter Umständen erfahren Sie mehr über den angebotenen Job und wissen so gleich, ob er überhaupt für Sie in Frage kommt.
- Vorsicht: Dieses Telefonat kann schon so gut wie eine erstes kurzes Bewerbungsgespräch sein. Bereiten Sie sich also gut vor: auf das erste Telefongespräch ebenso wie auf die schriftliche Bewerbung. Und natürlich auf das Vorstellungsgespräch.
- Wenn ein Dokument in Ihren Bewerbungsunterlagen fehlt, sollten Sie darauf hinweisen und mitteilen, dass Sie es möglichst schnell nachreichen.
- Selbstverständlich reichen Sie von Zeugnissen, Zertifikaten etc. niemals Originale, sondern Kopien ein.
- Initiativbewerbungen bieten sich an, wenn Sie an einer Firma interessiert sind und sich ohne Stellenausschreibung bewerben möchten.
- Initiativbewerbungen dürfen nicht »blind« sein: Gerade dann sollten Sie sich über das Unternehmen bestens informieren. Sie schreiben in diesem Fall nicht unbedingt an die Personalabteilung, sondern an die entsprechende Fachabteilung. Weil Sie nicht genau wissen, welche Stelle eventuell zu besetzen ist, ist Ihre Bewerbung eher allgemein gehalten, sollte aber dennoch genau auf Ihre Qualifikationen und Fähigkeiten hinweisen.
- Einen Zwischenbescheid oder eine einfache Bestätigung dafür, dass Ihre Bewerbung eingegangen ist, können Sie nach etwa ein bis zwei Wochen erwarten.
- Haben Sie nach sechs Wochen noch keine Reaktion – und auch Ihre Unterlagen nicht zurück – sollten Sie in jedem Fall telefonisch nachfassen. Aus rechtlicher Sicht sind Bewerbungsunterlagen Ihr Eigentum – der Empfänger muss sie nach Prüfung zurückgeben.

Oft ist die schnelle Entscheidung für einen bestimmten Bewerber nicht möglich. Dann sollten Sie wenigstens einen Zwischenbescheid geben. Und natürlich sollte man die Bewerbungsunterlagen immer zurückschicken!

✱ Als Arbeitgeber sollten Sie einem Bewerber Ihre Entscheidung möglichst rasch mitteilen. Ist dies nicht möglich, ist es nur höflich, nach etwa zehn Tagen einen Zwischenbescheid zu geben, dass seine Unterlagen eingegangen sind. Lassen Sie sich mit der Prüfung bzw. der Mitteilung Ihrer Entscheidung sowie der Rücksendung der Bewerbungsunterlagen nicht allzu lange Zeit. Die Anfertigung von Bewerbungsmappen ist nicht billig; abgesehen vom rechtlichen Anspruch des Bewerbers darauf sollte die Rückgabe deshalb eine Selbstverständlichkeit sein.

Form und Inhalt einer Bewerbung

Das Bewerbungsschreiben sollte nie länger als eine Seite sein, allenfalls anderthalb Seiten. Denn: In der Kürze liegt die Würze!

➤ **DER ÄUSSERE** Rahmen muss stimmen: Das Papier im DIN-A4-Format sollte von guter Qualität sein, reinweiß, ungelocht und unliniert.

➤ **IHR BEWERBUNGSSCHREIBEN** darf selbstverständlich nicht handschriftlich verfasst sein. Benutzen Sie dafür eine elektrische Schreibmaschine oder – noch weit besser! – den PC.

➤ **SCHREIBEN** Sie im Abstand von 1,5 Zeilen.

➤ **RECHTSCHREIBUNG** und Zeichensetzung müssen unbedingt perfekt sein. Wenn Sie darin nicht sicher sind, lassen Sie den Brief lieber in einem Schreibbüro tippen, oder bitten Sie einen Freund oder Verwandten, der sich auskennt, um Hilfe.

➤ **VERGESSEN SIE NIE:** Ein Personalchef liest tagtäglich vielleicht Hunderte von Bewerbungsschreiben – die meisten davon sicherlich im 08/15-Stil verfasst. Heben Sie sich positiv davon ab.

➤ **GEHEN SIE** im Stil Ihres Briefes auf die neue Firma ein: Seien Sie sachlich im Ton, wenn es erforderlich ist, werben Sie hingegen eher plakativ und originell für Ihre Person, wenn es zum Stil des Unternehmens passt.

➤ **LASSEN SIE** Fakten für sich sprechen: Wiederholen Sie also nicht den Betreff oder den Inhalt Ihres Lebenslaufes. Sprechen Sie lieber Ihre Ziele an und gehen Sie auf die gewünschten Anforderungen ein – und dies mit Formulierungen, die ungewöhnlich sind, ohne aus dem Rahmen zu fallen.

➤ **NENNEN SIE** Ihre Gehaltsvorstellungen im Bewerbungsschreiben nur, wenn in der Ausschreibung danach gefragt wird.

➤ **VERGESSEN SIE** nicht mitzuteilen, wann Sie Ihren neuen Job antreten können – vor allem, wenn Sie noch längerfristig anderweitig vertraglich gebunden sind.

NICHT IN DEN LEBENSLAUF GEHÖREN …

- **Angaben zu Ihrer Kirchen-, Partei- oder Gewerkschaftszugehörigkeit (es sei denn, Sie bewerben sich bei einer dieser Institutionen)**
- **Angaben zu Ihrer Gesundheit**
- **Angaben zu Ihren finanziellen Verhältnissen**
- **Angaben zu familiären Umständen**

Das Vorstellungsgespräch

Beim Vorstellungsgespräch wird Ihr erster persönlicher Eindruck auf die Probe gestellt. Sie werden vom Personalchef und Ihren künftigen Vorgesetzten begutachtet. Jetzt kommt es darauf an, wie Sie auftreten, wie viel Selbstbewusstsein Sie ausstrahlen, wie Sie sich und Ihre Arbeit »verkaufen« und welchen äußeren Eindruck Sie hinterlassen. Gerade für den äußeren Eindruck ist Ihre Kleidung wichtig. Sie wirkt wie ein Signal – und da wollen Sie doch gewiss die richtigen Zeichen setzen.

✱ **Sicher gibt es** heute noch eine ganze Reihe von Berufen, die in gewisser Weise eine Berufskleidung haben: Einen Banker werden Sie wohl kaum im lässigen Freizeitlook hinter dem Bankschalter sehen, und in einem kreativen Job wird man weniger Wert auf formelle Kleidung legen. Die Bewerberin für eine Modeboutique wird auf dem neuesten modischen Stand sein müssen, der Rezeptionschef in einem Hotel achtet sicherlich auf klassisches Outfit. Fragen Sie sich also, was Sie mit Ihrer Klei-

Wer sich vor einer Bewerbung über den neuen, potenziellen Arbeitgeber informiert, hat im Vorstellungsgespräch einen deutlichen Vorsprung. Denn viele Personalchefs klagen darüber, dass viele Bewerber nichts oder nur sehr wenig über die Firma wissen, in der sie sich vorstellen.

dung erreichen und welchen Eindruck Sie bei einem Bewerbungsgespräch hinterlassen wollen.

Die richtige Kleidung

Eine Frau, die in der Wirtschaft ernst genommen werden will, wird auf Miniröcke und grelle Schminke verzichten. Am besten trägt sie ein dezentes Kostüm …

*Heinz Weinmann (*1933), ehem. Personalchef der 1999 aufgelösten Hoechst AG*

Als Frau sind Sie mit einem Kostüm oder einem eleganten Hosenanzug auf der sicheren Seite. Wählen Sie einen gut sitzenden Blazer in einem neutralen Farbton. Der passende Rock sollte beim Sitzen nicht bis zur Mitte der Oberschenkel rutschen, sondern höchstens bis 2,5 cm über die Knie (probieren Sie das vorher aus!). Nackte Beine sind tabu! Aber Vorsicht: Ihre Strumpfhose sollte durchsichtig und nicht unbedingt blickdicht sein. Laufmaschen oder Löcher sind einfach verboten: Nehmen Sie sicherheitshalber stets ein zweites Paar mit! Auch die Schuhe müssen gepflegt sein. Pumps mit mittelhohem Absatz sind perfekt. Bei den Accessoires heißt die Devise: »Schlicht ist mehr!« Einzig kleine Ohrringe, eine schlichte Armbanduhr und zarte Kettchen sind erlaubt. Ihre Frisur ist ebenfalls natürlich, aber selbstverständlich frisch frisiert. Langes Haar sollten Sie mit einer Spange im Nacken zusammenfassen oder hochstecken. Beim Make-up verwenden Sie am besten Rouge, Mascara und Lippenstift – auch dann, wenn Sie sonst gern auf Make-up verzichten. Wählen Sie helle Farben, die zu Ihrem Typ passen. Übertreiben Sie es gerade beim Make-up nicht: Sonst wirken Sie eher »angemalt«. Bleiben Sie beim natürlichen Look.

➤ **VERMEIDEN SIE** kurze Miniröcke, wallende Gewänder, Leggings, Rüschenblusen, Lederkleidung oder wilde Muster wie Leopard-, Schlangen- oder Tigerdrucke.

➤ **TRAGEN SIE KEINE** tief ausgeschnittenen Dekolletees, Blusen ohne Ärmel, Oberteile mit Spagettiträgern, Sonnentops und Korsagen ohne Träger, durchsichtige Blusen oder Glitzerstoffe.

➤ **FREIZEITKLEIDUNG** – also Jogginganzug, Radlerhosen, Shorts – ist absolut unpassend.

➤ **ZIEHEN SIE** immer Strümpfe bzw. Strumpfhosen an – aber bitte auch hier keine wilden Muster. Schwarze Strümpfe zu andersfarbiger Kleidung sind ebenfalls unpassend.

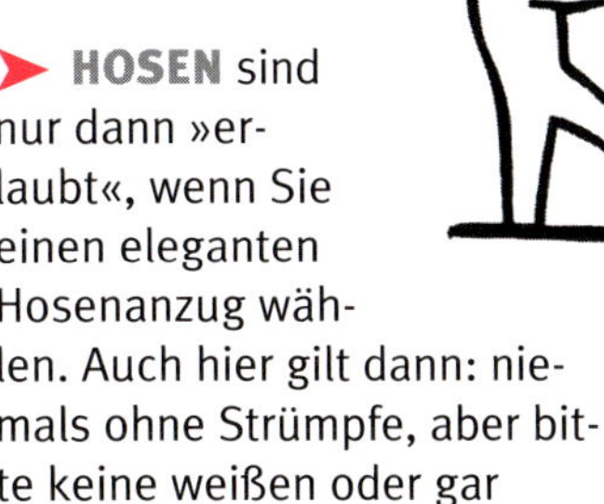

➤ **HOSEN** sind nur dann »erlaubt«, wenn Sie einen eleganten Hosenanzug wählen. Auch hier gilt dann: niemals ohne Strümpfe, aber bitte keine weißen oder gar bunten Socken.

➤ **VERZICHTEN SIE** auf hochhackige Pumps, auf flache Treter oder gar Gesundheitslatschen. Auch Plateauschuhe oder Pantoletten, Turnschuhe oder Stiefel sind nicht passend.

➤ **LASSEN SIE** sich nicht dazu verführen, besonders viel Make-up aufzulegen. Auch lange, knallrot lackierte Fingernägel (oder mit Strasssteinchen verzierte Nägel) sind für ein seriöses Vorstellungsgespräch nicht geeignet.

➤ **VORSICHT** mit Piercings und Tätowierungen. Es kommt natürlich auf den Job an, um den Sie sich bewerben. Sie sollten aber bedenken: Beides ist gesellschaftlich nicht unbedingt etabliert.

➤ **SAUBERE** Kleidung dürfte selbstverständlich sein. Keine Naht ist aufgegangen, und es hängt auch nirgends der Saum oder das Futter herunter.

Als Mann sollten Sie klassisch, aber nicht zu elegant erscheinen. Sie können einen Anzug wählen, am besten in einem neutralen Ton wie Grau oder Dunkelblau. Vermeiden Sie Schwarz und alle Modefarben. Auch eine Kombination ist bei einem Vorstellungsgespräch gern gesehen. Jacke und Hose müssen natürlich im Ton miteinander korrespondieren. Das Hemd ist am besten rein Weiß, dazu die zum Anzug farblich passende Krawatte: Sie ist ein Muss! Die Farbe Ihrer Strümpfe richtet sich nach der Farbe der Hose. Perfekt sollte auch Ihr Schuhwerk sein: am besten klassische Lederschuhe zum Binden. Achten Sie darauf, dass Ihre Schuhe gut geputzt sind und in der Farbe zum Anzug passen! Falls Sie unsicher sind: Mit ebenso schlichten wie edlen schwarzen Schuhen liegen Sie immer richtig. Natürlich gehen Sie niemals unrasiert zum Vorstellungsgespräch. Auch ein modischer Drei-Tage-Bart ist nicht immer gern gesehen. Ihre Frisur sollte modisch sein, aber bitte nicht raspelkurz oder mit langem Nacken. Der bei Herren immer beliebtere Mozartzopf ist nur in bestimmten Bran-

Ihr Auftritt und Ihre Kleidung beim Vorstellungsgespräch müssen klarmachen: Ich möchte hier arbeiten – und ich passe in Ihre Firma! Verzichten Sie deshalb auf allzu modischen Schnickschnack.

Pünktlichkeit ist Trumpf! Kommen Sie lieber etwas früher in die Gegend, in der sich der neue Arbeitsplatz befindet. Planen Sie auch eventuelle Verspätungen ein: einen Stau, eine ausgefallene Straßenbahn, die Suche nach einem Parkplatz. Bevor Sie zu spät kommen, setzen Sie sich lieber in ein Café in der Nähe und überbrücken so die Zeit bis zum Termin.

chen – vor allem bei kreativen Berufen – gern gesehen.

➤ **VERMEIDEN SIE** Hosen mit Gürtelschlaufen, aber ohne Gürtel!

➤ **LASSEN SIE** die Finger von Leder- oder Strickkrawatten oder gar witzigen Bindern aus Holz. Auch wenn Ihnen noch so warm ist: Eine gelockerte Krawatte oder ein offener Hemdkragen wirken nicht gepflegt.

➤ **ZUM OFFIZIELLEN** Geschäftsanzug gehört niemals eine Fliege – selbst wenn das Ihre persönliche Note ist.

➤ **WEISSE SOCKEN** sind absolut out – und waren beim eleganten Herrn auch noch niemals in! Auch bunte oder witzige Socken sind beim Vorstellungsgespräch tabu! Zu kurze Socken lassen die nackte Wade blitzen – das sollten Sie vermeiden.

➤ **BRAUNE SCHUHE** passen in keinem Fall zu einem grauen oder blauen Anzug.

➤ **ZWEIFARBIGES** Schuhwerk, Sandalen, Turnschuhe, Slipper oder gar Stiefeletten sind unpassend. Ebenso wie schief getretene Absätze.

➤ **VORSICHT** mit Piercings und Tätowierungen. Vergessen Sie nicht: Beides ist allgemein nicht unbedingt akzeptiert. Kleiden Sie sich so, dass Tätowierungen nicht sichtbar sind, und entfernen Sie Piercings im Gesicht.

➤ **SCHMUCK** wie ein dezenter Ohrstecker dagegen ist heute auch bei Herren durchaus üblich und »erlaubt« – zumindest in den meisten Berufen. Meiden Sie jedoch zu viele, protzige oder gar imitierte Schmuckstücke (wie die falsche Rolex aus Hongkong).

So verläuft Ihr Gespräch positiv

Wenn Sie auf den Termin gut vorbereitet sind, kann eigentlich gar nicht so viel schief gehen. Zur Vorbereitung gehört, dass Sie möglichst viele Informationen über die Firma sammeln. So mancher Personalchef beklagt sich darüber, dass viele Bewerber allzu wenig über das Unternehmen wissen, bei dem sie vorstellig werden. Das heißt nun aber nicht, dass Sie gleich mit all Ihrem Wissen herausplatzen: Geben Sie aber durchaus im Verlauf des Gesprächs zu erkennen, dass Sie sich vorbereitet haben. Haben Sie aber auch andererseits keine Scheu, Fragen zu stellen. Es sollte Ihnen selbstverständlich sein, dass Sie …

- **PÜNKTLICH** sind. Pünktlich heißt bei einem Bewerbungsgespräch: Sie sind ein paar Minuten vor dem eigentlichen Termin da. Und zwar nicht beim Pförtner, sondern im Vorzimmer des Personalchefs oder desjenigen, mit dem Sie Ihr Gespräch führen.

- **SO LANGE** mit dem Eintreten warten, bis der oder die Vorgesetzte Sie bittet, einzutreten.

- **WARTEN**, bis man Ihnen die Hand zur Begrüßung reicht. Das ist im Geschäftsleben anders als im Privatbereich: Im Job hat stets der in der Hierarchie höher Stehende das Recht zu entscheiden, ob er Sie per Handschlag begrüßt oder nicht.

- **ZUR BEGRÜSSUNG** noch einmal laut und deutlich Ihren Namen nennen. Darauf können Sie verzichten, wenn Ihr Gegenüber schon mit einer Begrüßung und Ihrem Namen auf Sie zukommt.

- **ERST DANN** Platz nehmen, wenn man es Ihnen ausdrücklich angeboten hat. Sitzen Sie dann aufrecht, lümmeln Sie auf keinen Fall.

- **NICHT RAUCHEN**, auch wenn es erlaubt wird.

- **AUF KEINEN FALL** Alkohol trinken – auch wenn er Ihnen vom Gesprächspartner angeboten wird. Das kann – ebenso wie die angebotene Zigarette – eine »Falle« sein.

- **IM GESPRÄCH** den Namen des Gesprächspartners möglichst oft verwenden.

- **KEINE ÜBERTRIEBENEN** Gehaltsforderungen stellen. Ihr neuer Chef kennt sich bei Gehältern sicher gut aus und weiß, wann Sie pokern.

- **NOTIZBLOCK** und Kuli dabei haben, um Notizen zu machen, die Ihnen nützen können.

- **ZWAR** erklären, warum Sie Ihren Job wechseln wollen, aber nicht über Ihre alte Firma »herziehen«.

- **SICH NACH** dem Gespräch bedanken und höflich verabschieden.

Versuchen Sie, nicht aufgeregt zu wirken. Und wenn Sie es nicht verbergen können: Geben Sie ruhig zu, dass Sie nervös sind. Das wirkt sympathischer als allzu »cooles« Auftreten.

Nach dem Vorstellungsgespräch beginnt meist die nervenaufreibende Wartezeit. Bekommen Sie den Job – oder haben Sie Pech? Ein Nachfassbrief nach dem Gespräch kann dazu beitragen. Er sollte nicht länger als eine Seite sein. Bedanken Sie sich darin nochmals für das Gespräch, entkräften Sie eventuell aufgetretene Einwände. Vermeiden Sie jedoch den Eindruck, Sie wollten Druck machen oder um einen positiven Entscheid betteln.

Der erste Tag im neuen Job

Es gibt wohl kaum etwas Stressigeres als den ersten Arbeitstag in einer neuen Firma: Man kennt meist noch niemanden, muss sich auf neue Kollegen, neue Vorgesetzte, eine neue Umgebung und vielleicht auch völlig neue Aufgaben einstellen. Meist wird man als »Neuer« von einem älteren, erfahreneren Kollegen oder dem Vorgesetzten selbst eingewiesen. Halten Sie sich beim Rundgang durch den Betrieb auf jeden Fall zurück – auch wenn Sie schon jetzt viele »Verbesserungen« vorschlagen möchten. Zurückhaltung ist gerade an den ersten Tagen wichtig. Sie möchten sicher nicht als Besserwisser dastehen. Und Sie müssen auch erst einmal abchecken, wer wofür zuständig ist, wer welche Rechte hat, welche Cliquen es gibt. Seien Sie auf der Hut, und stellen Sie sich nicht auf eine bestimmte Seite – das tut dem Betriebsklima (siehe unten) bestimmt nicht gut. Höflichkeit jedoch ist immer und überall gefragt – damit können Sie die schlimmsten Fettnäpfchen umgehen:

Der Einstand

In vielen Firmen ist es üblich, als neuer Mitarbeiter »Einstand« zu feiern. Am besten fragen Sie bei Ihren Kollegen nach, wie es im Unternehmen gehandhabt wird. Hüten Sie sich aber unbedingt davor, gleich am ersten Tag zum Umtrunk einzuladen – das könnte den Eindruck erwecken, Sie wollten sich anbiedern.

➤ **DEN VORGESETZEN** behandelt man innerhalb der Firma immer als Respektsperson. Selbst wenn Sie sich privat gut kennen und seit Jahren miteinander Fußball spielen.

➤ **DIE FRAGE** »Wer grüßt wen zuerst?« taucht wohl früher oder später in jeder Firma auf. Dazu gibt es prinzipiell zwei Regeln. Die erste sagt: »Wer einen Raum betritt, grüßt zuerst.« Die andere Regel lautet: »Der Chef wird immer zuerst begrüßt.« Beides ist möglich – und Sie werden sicher am besten fahren, wenn Sie sich so verhalten, wie es die Mehrheit der Mitarbeiter tut.

➤ **ES HAT** durchaus nichts mit Anbiederei zu tun, wenn ein jüngerer Mitarbeiter dem

Chef zuvorkommend die Tür aufhält, vor allem dann nicht, wenn es sich um einen vielleicht schon etwas älteren Kollegen handelt.

➤ **VERHALTEN SIE** sich stets so, wie Sie es überall sonst tun: mit Respekt gegen andere. Takt und Höflichkeit (siehe auch Kapitel 1) haben in der Arbeitswelt mindestens genauso viel Gültigkeit wie im Privatleben.

➤ **KOMMT** ein Vorgesetzter zu Ihrem Arbeitsplatz, wird er nicht unbedingt ein Schwätzchen halten wollen, sondern eher nachsehen, was und wie Sie gerade arbeiten. Selbstverständlich ist dies sein gutes Recht – und nicht etwa, wie Sie vielleicht meinen, unnötige Kontrolle.

Für Chefs gelten selbstverständlich die gleichen Regeln. Als Mitarbeiter werden Sie einem Vorgesetzten gegenüber, der Ihnen freundlich und höflich begegnet, stets mehr Respekt entgegenbringen als einem Boss, der seine Machtposition ausspielt und Sie ständig zu tadeln und schikanieren sucht. Halten Sie sich also auch dann an diese Regeln, wenn Sie die Karriereleiter nach oben gestiegen sind:

➤ **ÜBERTREIBEN SIE** Ihr Chefverhalten nicht!

➤ **KOMMANDOTON** und Befehlsstimme gehören nicht ins Büro. Sie sollten mit Ihren Untergebenen kommunizieren, nicht sie kommandieren.

➤ **BEHANDELN SIE** Ihre Mitarbeiter nicht wie Leibeigene.

➤ **MIT LAUTEM BRÜLLEN** erzeugen Sie kein Respektverhalten bei Ihren Mitarbeitern. Das Ergebnis wäre, dass man Sie einfach nicht leiden kann!

➤ **EIGENE** Fehlentscheidungen sollten Sie nie Mitarbeitern in die Schuhe schieben.

➤ **BILDEN SIE** sich in Ihrem Fachgebiet weiter, bleiben Sie nicht stehen. Ansonsten verlieren Sie an Autorität – wenn Ihnen der Azubi vormachen kann, wie es besser und einfacher geht.

Ein Begrüßungsritual gibt es glücklicherweise heute nicht mehr: dass alle aufstehen, wenn der Chef den Raum betritt. Bleiben Sie sitzen, grüßen Sie und arbeiten Sie weiter.

Wichtig – das Betriebsklima

»Wir haben so ein schlechtes Betriebsklima, da kann man nichts machen!« – diese Ausrede zieht nicht. Denn die Atmosphäre in einer Firma

Zwanghaftes Arbeiten allein würde die Menschen ebenso verrückt machen wie absolutes Nichtstun. Erst durch die Kombination beider wird das Leben erträglich.

Erich Fromm (1900–1980)

wird von den Mitarbeitern und Vorgesetzten gemeinsam »gemacht« – also nicht zuletzt auch von Ihnen selbst. Ein gutes Miteinander ist von vielen Faktoren abhängig, nicht zuletzt von ganz normalen und natürlichen Sympathien und Antipathien. Die Arbeit, auch wenn sie viel und schwierig sein sollte, ist nur in den seltensten Fällen der Anlass für ein »schlechtes Klima».

* **Etwa die Hälfte** unseres Lebens verbringen wir damit, Geld zu verdienen, also arbeiten zu gehen. Folglich haben wir die Hälfte unseres Lebens mit Menschen zu tun, von denen wir manche ganz gut leiden können, mit denen wir manchmal sogar Freundschaft schließen – und von denen wir einen Teil einfach nicht ausstehen können. Aber wir müssen uns mit ihnen arrangieren, denn wir können nicht jeden mögen. Auch am Arbeitsplatz hat jeder das Recht auf freie Entfaltung seiner Persönlichkeit, auf schlechte Laune und darauf, während seiner beruflichen Tätigkeit zu pfeifen oder ganz einfach nur eine Zeit lang vor sich hin zu träumen.

* **Im Privatleben** können wir uns aussuchen, mit wem wir Umgang pflegen und mit wem wir unsere Zeit verbringen. Bei der Arbeit geht das leider Gottes nun einmal nicht. Umso mehr ist gegenseitige Rücksichtnahme nötig. Gutes Benehmen macht nicht am Werkstor oder vor der Bürotür Halt. Jeder unserer Kollegen darf erwarten, mit dem gleichen Respekt und der gleichen Achtung behandelt zu werden wie wir selbst. Dabei ist es ganz egal, ob es sich um den Auszubildenden, die Sekretärin, den Sachbearbeiter oder den Abteilungsleiter handelt.

* **Es gibt viele Beispiele** dafür, wie ein Betriebsklima vergiftet werden kann: Das Tuscheln über Kollegen hinter vorgehaltener Hand, das heimliche Gekichere über die Krawatte des Büroboten, das gezielte Schlechtmachen einer Kollegin können ein Anfang sein. Ein solches Verhalten geht weit über alltägliche Unhöflichkeit hinaus: Es sind Frechheiten und Beleidigungen, die letztlich dazu führen, dass die betriebliche Atmosphäre gestört ist. Und darunter müssen dann alle leiden.

Intrigenspiel für die Karriere?

Sie sollten sich eines immer vor Augen halten: Der Kollege, mit dem Sie sich blendend verstehen, mit dem Sie sich abends auf ein kühles Bierchen treffen und der Ihnen auch schon mal einen Teil der Arbeit abnimmt, könnte irgendwann zum schärfsten Konkurrenten werden. Spätestens dann, wenn es um Beförderung oder Gehaltszulagen geht! Tatsächlich passiert es durchaus, dass man von eben jenem guten Kollegen plötzlich als charakterschwacher Alkoholiker angeschwärzt wird, der nicht mal in der Lage ist, die eigene Arbeit vernünftig zu erledigen. Das soll nicht unbedingt heißen, dass Sie am Arbeitsplatz grundsätzlich misstrauisch sein sollten.

* **Die Erfahrung** jedoch zeigt: Um der Karriere willen werden viele Kollegen schnell zu Intriganten. Man sieht sich hilflos üblen Nachreden ausgesetzt und fragt sich, was

Ehrerbietung ohne Einhaltung der Form wird Kriecherei. Vorsicht ohne Einhaltung der Form wird Feigheit. Mut ohne Einhaltung der Form wird Auflehnung. Aufrichtigkeit ohne Einhaltung der Form wird Grobheit.

Kung-fu-tse

10 Gründe für Ärger im Büro

1. **Lästiger Schweiß-, Parfüm- und Essensgeruch sowie Zigarettenrauch.**
2. **Schmutzige Kaffeetassen und Gläser, für deren Abspülen sich niemand zuständig fühlt.**
3. **Kollegen, die ihr Telefon ununterbrochen läuten lassen und auch den Apparat des Büronachbarn in dessen Abwesenheit nie abnehmen.**
4. **Ständige Privatgespräche.**
5. **Ewiges Zuspätkommen einiger Kollegen.**
6. **Schreibtische, die aussehen, als hätte eine Bombe eingeschlagen.**
7. **Kollegen, die sich nicht an die allgemein gültigen Pausen halten.**
8. **»Radfahrer«, die nach oben buckeln und nach unten treten.**
9. **Angeber und Schleimer, die ständig freiwillig Überstunden auf sich nehmen, um sich beliebt zu machen.**
10. **Übereifrige Kollegen, die aus Ehrgeiz niemals eine Pause machen.**

Unter Mobbing versteht man nicht die kleinen alltäglichen Konflikte und Streitereien am Arbeitsplatz, sondern das bewusste Schikanieren und Ausgrenzen eines Kollegen mit dem Ziel, dass er aus der Gruppe der Mitarbeiter ausgestoßen wird – und letztendlich kündigt oder gekündigt wird.

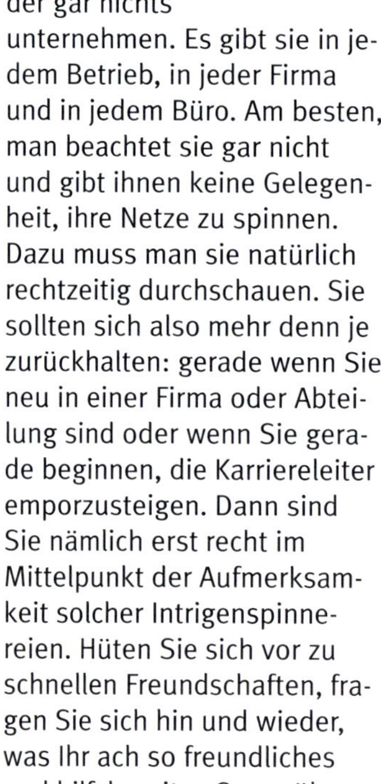

man eigentlich falsch gemacht hat. Gegen solche Menschen lässt sich leider gar nichts unternehmen. Es gibt sie in jedem Betrieb, in jeder Firma und in jedem Büro. Am besten, man beachtet sie gar nicht und gibt ihnen keine Gelegenheit, ihre Netze zu spinnen. Dazu muss man sie natürlich rechtzeitig durchschauen. Sie sollten sich also mehr denn je zurückhalten: gerade wenn Sie neu in einer Firma oder Abteilung sind oder wenn Sie gerade beginnen, die Karriereleiter emporzusteigen. Dann sind Sie nämlich erst recht im Mittelpunkt der Aufmerksamkeit solcher Intrigenspinnereien. Hüten Sie sich vor zu schnellen Freundschaften, fragen Sie sich hin und wieder, was Ihr ach so freundliches und hilfsbereites Gegenüber eigentlich erreichen will.

Mobbing – ein Übel unserer Zeit

Intrigen zu spinnen ist schon eine äußerst unhöfliche Manier. Noch schlimmer aber – weil es wirklich krank macht und Menschen bis zum Selbstmord treiben kann – ist Mobbing. Tag für Tag sind davon 1,5 Millionen Arbeitnehmer betroffen: Diese Zahl hat der Deutsche Gewerkschaftsbund veröffentlicht. Jeden Tag werden also weit mehr als eine Million Mitbürger an ihrem Arbeitsplatz einem mehr oder weniger starken Psychoterror seitens ihrer Kollegen ausgesetzt. Mobbing ist zu einer Seuche geworden, die niemanden auslässt: Nicht nur kleine Angestellte sind davon betroffen, auch Abteilungsleiter und Vorgesetzte kennen das Problem aus eigener Erfahrung.

✱ Der Begriff Mobbing kommt aus dem Englischen (to mob = anpöbeln). Es ist das gezielte Hinausekeln eines Kollegen oder einer Kollegin. Nicht unbedingt von »oben«, aus der Chefetage. Mobbing wird sehr oft im Kollegenkreis praktiziert. Gewerkschaften, Betriebsräte und Arbeitsgerichte haben sich inzwischen mit diesem Phänomen auseinander setzen müssen. Es beginnt ganz harmlos: Da wird hinter dem Rücken einer Kollegin so gezielt geklatscht und hergezogen, dass sie es ganz sicher mitbekommt; andere finden allmorgendlich ein unschönes Postscript auf ihrem Computerbildschirm vor, in dem sie von einem – natürlich unbekannten – Absender mit unschönen Schimpfworten belegt werden; wieder andere werden gar vom Rest der so genannten Bürogemeinschaft mit Missachtung und eisigem Schweigen bestraft, ohne zu wissen, wofür eigentlich. Mittlerweile haben sich auch Mediziner dieses Problems angenommen, denn die Folgen von Mobbing sind gravierend: Herz- und Kreislaufbeschwerden, Atembeklemmungen, Kopfschmerzen, Schlafstörungen, Depressionen, Magengeschwüre, Angstzustände. Schlimmstenfalls wird ein »Gemobbter« sogar bis zum Selbstmord getrieben.

Sieben Tipps für ein besseres Betriebsklima

➤ **RESPEKTIEREN SIE** die Privatsphäre Ihrer Kollegen und Mitarbeiter: Dokumente, Schreibtische und Computer der Kollegen sind tabu. Hier hat niemand unerlaubt herumzuschnüffeln.

Was hilft gegen Mobbing?

Wenn Sie das Gefühl haben, Opfer zu sein, sollten Sie versuchen …

- **möglichst früh das Gespräch zu suchen. Wenn Sie den Eindruck haben, jemand hat was gegen Sie – sprechen Sie denjenigen an. Am Ende basiert alles nur auf einem Missverständnis …**
- **eine Vertrauensperson zu suchen, die Ihnen hilft, wenn die Fronten bereits verhärtet sind. Mit einem Schlichter oder Vermittler ist vielleicht noch etwas zum Positiven hin zu verändern.**
- **nicht stur auf Ihrer Position zu beharren. Bestehen Sie nicht auf einer Entschuldigung durch den Kollegen, auch wenn Sie sich schuldlos fühlen. Zeigen Sie sich großzügig – man wird Ihnen dann auch so entgegenkommen.**

Das Gesetz der Arbeit scheint äußerst ungerecht, aber es ist da, und niemand kann es ändern: Je mehr Vergnügen du an deiner Arbeit hast, desto besser wird sie bezahlt.

Mark Twain (1835–1910)

➤ **NEHMEN SIE RÜCKSICHT**: Haben Sie einen ganzen Ordner zu kopieren, so ist es nur höflich, den Kollegen vorzulassen, der nur ein einziges Dokument kopieren muss.

➤ **LASSEN SIE** privaten Ärger zu Hause: Ihre Kollegen können schließlich nichts dafür, dass Sie gestern Abend Krach mit Ihrer/m Liebsten hatten oder Ihre Tochter wieder mal eine Sechs in Mathe geschrieben hat.

➤ **VERSUCHEN SIE,** soweit es geht, gut gelaunt zu sein. Nicht zwanghaft, aber denken Sie an den Spruch von Goethe: »Was man nicht liebt, kann man nicht machen.«

➤ **ZEIGEN SIE** aber auch, wenn es Ihnen einmal schlecht geht – nicht mit schlechter Laune. Aber weisen Sie darauf hin, dass es Ihnen heute mal nicht so gut geht. Wenn das nicht zum Dauerzustand wird, sollten Ihre Kollegen Verständnis haben.

➤ **SCHLIESSEN SIE** sich nicht grundsätzlich von kollegialen Geselligkeiten aus. Natürlich müssen Sie nicht jeden Abend mit Ihren Kollegen auf die Piste, aber ein gelegentlicher gemütlicher Schluck in der Kneipe nebenan fördert den Zusammenhalt.

➤ **TRENNEN SIE** Privatleben und Job: Achten Sie darauf, dass Sie nicht zu oft von Ihren Lieben daheim angerufen werden, und blockieren Sie selbst nicht ständig das Telefon mit Privatgesprächen. Zum einen geht das von Ihrer Arbeitszeit ab, zum anderen kann sich so mancher Kollege durch die fernmündlich gegebenen Beteuerungen oder Küsschen belästigt fühlen.

Arbeitsflirt und Büroerotik

Unweigerlich treffen im Beruf Männer und Frauen aufeinander, und immerhin haben fast 30 Prozent aller Ehen im Büro ihren Anfang genommen, von den zahllosen Flirts, Techtelmechteln und Verhältnissen ganz zu schweigen, die in keiner Statistik erfasst werden. Fast könnte man den Eindruck gewinnen, Büro, Werkstatt und Aufenthaltsraum seien ein wahrer Heiratsmarkt. Ganz so ist es sicher nicht, aber ganz von der Hand weisen kann man es auch nicht: Im Betrieb entstehen in der Tat viele Liebes- und Lebensgemeinschaften. Aber gerade deshalb gilt: Seien Sie vorsichtig! Ein kleiner Flirt kann sich belebend und anregend aufs Arbeitsklima auswirken, er kann aber auch zu schier unlösbaren Problemen führen.

Warnendes Beispiel – Firmenflirts im Film

Der Flirt am Arbeitsplatz, und sei er auch noch so harmlos gemeint, kann ungeahnte (und nicht selten auch fatale) Folgen haben. Der amerikanische Schauspieler Michael Douglas hat dieses Thema gleich in

Romanzen im Büro

Damit die Wahl des Herzens nicht zur Qual wird:

- **Bedenken Sie bei aller Verliebtheit mögliche Konsequenzen. Was geschieht, wenn die Liebe am Ende doch nicht hält? Zwei Verliebte gehen auseinander, womöglich im Streit. Aber dennoch müssen sie beide in Zukunft zusammenarbeiten.**
- **Um nicht am Beginn einer Beziehung übler Nachrede ausgesetzt zu sein, müssen Sie anfangs vielleicht regelrecht Versteck spielen. Hält Ihre Liebe dieser Belastung stand? Wenn nicht: Spielen Sie am besten gleich mit offenen Karten.**
- **Mit wem immer Sie sich im Büro auf eine intime Beziehung einlassen: Checken Sie vorher ab, ob der/die Betreffende nicht bereits gebunden ist, um nicht in die demütigende Rolle der/des »heimlichen Geliebten« hineinzurutschen.**
- **In manchen Betrieben spricht man über die so genannten Betthasen des weiblichen Kollegenkreises und die »Grapscher« bei den Kollegen. Meiden Sie Ihrerseits solche Typen!**
- **Der Vorgesetzte ist absolut tabu! Wer sich auf eine intime Beziehung mit seinem Chef einlässt, zieht alle »normalen« Gefahren eines Verhältnisses am Arbeitsplatz plus eine Fülle anderer mehr auf sich.**

Nicht die Enthüllung hat geschadet, die Tatsachen haben geschadet.

Kurt Tucholsky (1890–1935)

Sechs Stunden sind genug für die Arbeit: die andern sagen zum Menschen: Lebe!

Lukian von Samosata (um 120 – Ende des 2. Jh.)*

zwei Filmen aufgegriffen: Im Streifen »Eine verhängnisvolle Affäre« spielt Douglas einen Geschäftsmann, der so ganz nebenbei eine heiße Beziehung mit einer Kollegin (Glenn Close) anfängt – und die endet in einem nervenzerüttenden Psychokrieg. Im zweiten Film, »Enthüllung«, spielt Demi Moore seine Partnerin, die ihn zur Liebe am Arbeitsplatz zwingt, sexuell belästigt und erpresst. Wobei dieser Film – nach Aussage des Autors Michael Crichton – die Realität bewusst auf den Kopf stellt: Im »normalen« Leben ist es nämlich genau umgekehrt. Meist werden die Frauen von männlichen Kollegen belästigt. Beide Filme zeigen ganz klar: Der Flirt am Arbeitsplatz kann gefährlich sein. Er muss aber natürlich nicht gleich tragisch enden. Selbstverständlich kann aus dem Funken der Verliebtheit, der bisweilen über Schreibtische und Hochraumregale springt, eine Liebe und eine Beziehung werden, die sich nicht auf einen »Quicky« am Arbeitsplatz beschränkt, sondern auch die private häusliche Atmosphäre umfasst. Dennoch: Affären am Arbeitsplatz sind mit Vorsicht zu genießen – kann man sich doch nach der Trennung schlecht aus dem Weg gehen!

Firmenfest oder Betriebsausflug

Einmal im Jahr zeigt sich, wie die lieben Kollegen wirklich sind. Da ist die »graue Maus« aus der Buchhaltung plötzlich für alle »die Gisela«. Der eine Kollege wird spätestens nach dem dritten Schoppen auf dem Rheindampfer extrem anlehnungsbedürftig, und sogar der Chef, sonst eher griesgrämig und sehr auf Abstand bedacht, wird redselig und fröhlich und behandelt jeden so, als sei er ihm gleich gestellt. Fallen Sie nicht auf die Maskerade herein: Betriebsausflüge haben ihre eigenen Gesetze und Spielregeln, die nur an diesem einen Tag Gültigkeit besitzen! Am nächsten Tag gilt wieder das normale Geschäftsgebaren, selbst wenn es noch so familiär zuging.

*** Kommunikationstrainer** raten sowieso, sich auf Firmenfesten zurückhaltend zu benehmen. Keinesfalls sollten Sie sich jedoch drücken und auf der Feier gar nicht erst erscheinen. Wer fernbleibt, wird schnell zum Außenseiter – und hat dann durchaus auch Probleme mit der beruflichen Zukunft. Befolgen Sie lieber folgende Hinweise:

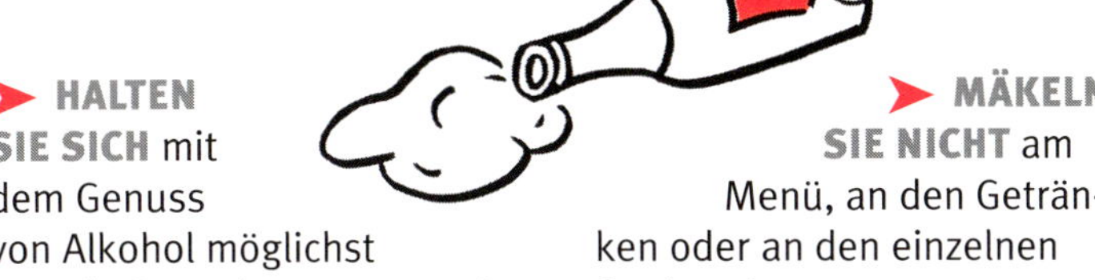

➤ **HALTEN SIE SICH** mit dem Genuss von Alkohol möglichst zurück. Sonst kann es zu peinlichen Folgen kommen, an die Vorgesetzte und auch Kollegen sich immer wieder gern erinnern …

➤ **STÜRMEN SIE NICHT** als Erster ans Büfett, sondern warten Sie geduldig so lange, bis der Chef die Belegschaft darum bittet.

➤ **HALTEN SIE** sich an Getränkeregeln und ordern Sie keine Sonderwünsche: Wenn neben nicht alkoholischen Getränken lediglich Wein und Bier ausgeschenkt werden, sollten Sie sich damit zufrieden geben und nicht Sekt oder Schnaps bestellen (selbst wenn es auf eigene Rechnung geschieht).

➤ **DASSELBE** gilt für Speisen: Sie müssen sich an das Menü oder Büfett halten, das von der Geschäftsleitung ausgegeben wird. Es gibt nur eine einzige Ausnahme: Sie reagieren auf eine Speise allergisch. Selbst Vegetarier werden heute normalerweise ein Gericht oder zumindest eine Beilage finden, die ohne Fleisch zubereitet wurde.

➤ **MÄKELN SIE NICHT** am Menü, an den Getränken oder an den einzelnen Speisen herum.

➤ **NUTZEN SIE** eine Betriebsfeier, um mit Kollegen aus anderen Abteilungen in Kontakt zu kommen. Und versuchen Sie ruhig auch einmal, mit Kollegen zu sprechen, mit denen Sie normalerweise nicht so gut klarkommen: So mancher Konflikt löste sich nach einem Firmenfest einfach in Luft auf.

Vergessen Sie nie: Betriebsfeste und -ausflüge sind Ausnahmesituationen. Sie setzen für einen Tag oder Abend firmeninterne Hierarchien außer Kraft – aber eben nur bis zum nächsten Arbeitstag!

Und am Tag danach ist alles beim Alten

All die vielen »Du«, die in bester Weinlaune angeboten wurden, die Küsschen im Halbrausch, die Lacher und die ausgelassene Stimmung sollten niemals in den folgenden Arbeitstag mitgenommen werden. So mancher Betriebsausflug geriet schon zum »schwarzen Tag«, weil die Sekretärin ihren Chef auch am folgenden Montag noch duzte oder weil Gehaltserhöhungen und Beförderungen in Aussicht gestellt worden waren, von denen im nüchternen Zustand plötzlich keine Rede

Der Vorgesetzte ist innerhalb der Firma immer als Respektsperson zu behandeln, selbst wenn man ihn seit langem privat kennt. So kommen andere Mitarbeiter gar nicht erst auf die Idee, ihm gegenüber ebenfalls einen vertraulichen Ton anzuwenden.

mehr war. Wem dieses oder Ähnliches widerfährt, für den gibt es eigentlich nur eines: Schwamm drüber! Wer sich auf dem Betriebsfest danebenbenommen hat, sollte sich nicht scheuen und die Größe zur Entschuldigung zeigen. Damit beugt man auch von vornherein möglichem Klatsch und Tratsch vor!

Der beste Umgang mit Vorgesetzten

Es kommt gar nicht so selten vor, dass ein Arbeitnehmer mit seinem Chef gut befreundet ist. Wenn beide Glück haben, arbeiten sie in einer Firma, in der das Betriebsklima allgemein eher freundschaftlich ist, ein »Du« also weiter kaum auffällt. Sie können aber auch Pech haben: Es gibt noch immer Unternehmen, in denen es gar nicht gern gesehen wird, wenn zwei Mitarbeiter miteinander befreundet sind, in denen selbst Eheleute einander in der Firma siezen. Was dann? Halten Sie sich an diese goldene Regel: Vorgesetzte (Abteilungsleiter, Vorarbeiter, Betriebsleiter) sind während der Arbeit mit dem Respekt zu behandeln, der ihnen von ihrer betrieblichen Stellung her zusteht. Auch dann, wenn man am Abend zuvor noch gemütlich zusammensaß und an der Theke noch das eine oder andere Bierchen zischte.

*** In manchen Betrieben** liegt die »Chefetage« getrennt von den eigentlichen Arbeitsräumen. Wenn Sie zu Ihrem Vorgesetzten ins Büro müssen, ist es dann sicher kein Fehler, sich von der Sekretärin telefonisch anmelden zu lassen. Ganz wichtig: Vor dem Eintreten klopfen Sie an und warten auf ein »Herein«. Das gilt natürlich dann nicht, wenn die Vorzimmerdame Ihnen schon die Türe zum Chefbüro geöffnet hat. Selbstverständlich sollte es Ihnen sein, Ihrem Vorgesetzten weder mit der Zigarette in der Hand noch mit einem Kaugummi im Mund gegenüberzutreten.

Das Gespräch mit dem Chef

Wer wegen eines bestimmten Anliegens einen Gesprächstermin beim Vorgesetzten hat, sollte zweierlei beachten: Zum einen müssen Sie eine gewisse innere Ruhe bewahren, zum anderen sollten Sie ein ansprechendes Äußeres aufweisen. Im Klartext heißt das: Ihr Jackett ist nicht offen, Ihr Kostüm oder Kleid ebenso geordnet wie Ihr Haar (und unter Umständen am Abend vorher oder morgens frisch gewaschen). Fallen Sie nicht gleich mit der »Tür ins Haus«: Warten Sie nach der Begrüßung ab, bis Ihr Chef das Gespräch beginnt. Der höhere Rang des Vorgesetzten gibt ihm das Recht, Sie so lange vor seinem Schreibtisch stehen zu lassen, wie es ihm gefällt. In diesem Fall ist »stehen« durchaus wörtlich gemeint – Platz nehmen dürfen Sie nämlich erst, wenn der Boss es anbietet.

Der gute Vorgesetzte

Es gibt Chefs, die sind beliebt und werden allein wegen ihrer Kompetenz geachtet. Umgekehrt gibt es auch Vorgesetzte, die deshalb beliebt sind, weil sie keine Ahnung haben und schon deshalb nie in den Arbeitsablauf eingreifen. Und es gibt Vorgesetzte, die heimlich – manchmal sogar offen – gehasst werden, denen sämtliche Angestellte nur zu gern aus dem Weg gehen und die das schlechte Betriebsklima geradezu herausfordern. Was aber unterscheidet den guten vom schlechten Vorgesetzten?

* **Grundsätzlich** sollte sich jeder Mensch, dem andere zuarbeiten und denen er in leitender Funktion vorsteht, vor Augen halten, dass seine Mitarbeiter (der Begriff »Untergebene« ist heute zum Glück kaum mehr üblich!) das Recht auf anständige Behandlung und höflichen Umgang haben:

➤ **SEIEN SIE** immer fair zu Ihren Mitarbeitern.

➤ **PACKEN SIE** auch mal selbst mit an, wenn Not am Mann ist.

➤ **STELLEN SIE** Untergebene niemals im Kreis der Kollegen zur Rede.

➤ **SEIEN SIE** Ihren Mitarbeitern stets ein Vorbild.

➤ **HALTEN SIE** Überstunden so gering wie möglich.

➤ **VERSUCHEN SIE**, ein gutes Betriebsklima zu schaffen.

➤ **SEHEN SIE** Ihre Angestellten als gleichberechtigte Partner an.

➤ **ZEIGEN SIE** Ihre Autorität nur da, wo es nötig ist.

Wer mit seinem Anliegen gleich an den Schreibtisch vorstürmt, sich erbost auf die Tischplatte stützt und sich, ohne Atem zu holen, sofort alles von der Seele redet, hat schon verloren.

Reine Schikane wäre es etwa, einen Angestellten zu sich zu bestellen, ihn erst einmal eine halbe Stunde warten zu lassen, ihn dann mit irgendwelchen Kleinigkeiten von der Arbeit abzuhalten und hinterher zu behaupten, er könne sein Soll nicht erfüllen.

Je höher man in der Hierarchie der Arbeitswelt steigt, um so eher werden einem »Radfahrer« begegnen. Vorgesetzte, die solche Menschen um sich scharen, zeigen nur, wie schwach ihr Charakter ist. Chefs mit echtem Format brauchen keine »Bücklinge«, sondern lassen sie links liegen.

➤ **BIEDERN SIE SICH** aber auch nicht an.

➤ **LASSEN SIE SICH** nicht auf Tratschereien ein.

➤ **KLEIDEN SIE** auch strikte Anordnungen in eine höfliche Form: Als Bitte »getarnt«, werden sie sicher lieber befolgt.

➤ **KLÄREN SIE** Unstimmigkeiten sofort in einem sachlichen Gespräch.

Lob und Tadel klug verteilt

Ein guter Rat für alle, die in einer leitenden Position arbeiten: Bedenken Sie, dass Ihre Mitarbeiter nicht Ihre Sklaven sind. Gestehen Sie auch ihnen die Freiräume während der Arbeit zu, die Sie sich selbst gönnen. So manchem Angestellten, dem bis dahin der Ruf vorauseilte, eine echte Niete zu sein, sollen schon Flügel gewachsen sein, nachdem er zum ersten Mal von seinem Chef gelobt wurde. Lob ist überhaupt ein Kunstgriff, der heute leider viel zu selten angewandt wird. Viele Vorgesetzte meinen, dass sie ihre Mitarbeiter nur dann zu Höchstleistungen anspornen können, wenn sie die Zügel fest in der Hand halten und möglichst barsch und laut Kritik anbringen. Dabei ist längst erwiesen, dass genau der umgekehrte Weg allen Beteiligten echten Gewinn bringt.

✱ **Aber Lob sollte** ehrlich gemeint sein und im rechten Augenblick ausgesprochen werden – ebenso wie Tadel, den ein guter Chef grundsätzlich niemals vor versammelter Mannschaft in einem Ton verteilt, der bestenfalls dem »Spieß« bei der Bundeswehr zustünde. Aus solchen psychologischen Überlegungen heraus propagiert das moderne Management heute einen eher liberalen Führungsstil. Denn es ist nachgewiesen, dass Angestellte, die sich wirklich akzeptiert und in Entscheidungen der Firmenleitung eingebunden fühlen, einfach bessere Arbeit leisten.

✱ **Kritik sollte man** immer so anbringen, dass der andere nicht verletzt wird. Ein ganz einfacher »Trick« dafür ist die so genannte »Ich-Botschaft«. Das heißt: Sie werden einem Mitarbeiter nicht sagen »Sie haben da aber geschlampt« – selbst wenn Sie in der Sache Recht haben. Sondern Sie formulieren Ihren Tadel zum Bei-

spiel so: »Ich bin sehr verärgert, dass Sie da geschlampt haben.« Merken Sie den Unterschied? Sie weisen keine Schuld zu – zumindest nicht »offiziell«, sondern klären Ihren Mitarbeiter über Ihre Gefühlslage auf. Das wird weniger als Tadel empfunden als die »Sie-Botschaft«, die nach psychologischen Untersuchungen eher Widerstand hervorruft. Natürlich können Sie auch in der »Ich-Botschaft« Konsequenzen ansprechen. Etwa mit den Worten: »Selbst wenn Sie Gründe für die Schlamperei hatten – an meinem Ärger ändert das wenig. Ich erwarte von Ihnen, dass Sie pünktlich und ordentlich arbeiten.«

Begegnung auf der Toilette

Man machts gewiss nicht so wie in dieser Geschichte, die mir Bekannte einmal erzählten: Ein Mitarbeiter suchte während seiner Arbeitszeit einmal jenes gewisse Örtchen auf, auf welches bekanntlich selbst der König allein geht. Als er nun am dafür vorgesehenen Platz Erleichterung fand, wollte es der Zufall, dass just in diesem Augenblick seinen Chef ein ähnliches Bedürfnis überkam. Der Betriebsleiter betrat eiligst die Toilette. Der Mitarbeiter sah und erkannte ihn, begann, ohne in seinem Geschäft innezuhalten, zu grinsen und meinte, weil er doch glaubte, gewisse Regeln hätten an diesem Ort keine Gültigkeit: »Na, Boss, mal sehen, wer den Kürzeren zieht?!« Der Chef war so perplex, dass er auf dem Absatz kehrt machte und seine Verrichtung auf einen späteren, ungestörten Zeitpunkt verschob.

✱ Zu diesem Thema gibt es natürlich keine Anstandsregeln – außer der einen: Peinlichkeiten sind zu vermeiden. Nicht nur das Zusammentreffen mit Vorgesetzten, auch jenes mit Kollegen erfordert Taktgefühl. Eines jedoch dürfte jeder verstehen: Der Handschlag findet hier aus rein praktischen Erwägungen keine Anwendung. Ein diskreter Gruß sollte aber trotzdem ausgetauscht werden. Ein »Guten

Vorsicht, wenn Sie als Frau einen männlichen Mitarbeiter mit der »Ich-Botschaft« tadeln: Linguisten haben festgestellt, dass der Hinweis auf eigene Empfindungen bei weiblichen Vorgesetzten oft als Schwäche ausgelegt wird.

Morgen« oder ein »Hallo« genügt völlig. Schließlich kann auch Ihrem Vorgesetzten die Situation unangenehm oder peinlich sein: Das hierarchische Gefüge ist auf dem stillen Örtchen nämlich gewissermaßen außer Kontrolle. Meint aber nun jemand, trotz allem ein paar Worte wechseln zu müssen, so sollte er damit auf alle Fälle bis zum Händewaschen warten. Beim Waschbecken kann auch ohne »Gesichtsverlust« wieder miteinander geredet werden.

Wenn die Firma Gäste hat

Zwei Ereignisse gehören nicht unbedingt in das alltägliche Firmenleben, und beides sind Situationen, in denen Sie souverän handeln müssen: wenn Firmengäste kommen und wenn eine Konferenz anberaumt wird. Gerade hier können Sie beweisen, dass Ihnen Höflichkeit und Takt nicht fremd sind.

Wenn Sie einen Gast der Firma erwarten, mit dem Sie berufliche Beziehungen pflegen, so ist es nur höflich, diesen nicht durch das Haus irren zu lassen. Gerade in großen Firmen wird die Empfangsdame oder der Pförtner Ihnen Bescheid geben, wenn der Besuch »vor dem Tor« steht.

✱ **Höflich ist es** in jedem Fall, wenn Sie Ihren Gast persönlich abholen, nachdem er sich beim Empfang angemeldet hat. Machen Sie nicht den Fehler, ihm den Weg zu Ihrem Schreibtisch telefonisch erklären zu wollen. Das wäre schlechter Stil und hieße: »Sieh doch zu, wie du zu mir kommst!« Sind Sie in einer Position, in der Sie ein eigenes Vorzimmer haben, können Sie natürlich auch einen Mitarbeiter bitten, Ihren Gast abzuholen. Ist Ihr Besuch in Ihrem Büro angekommen, bieten Sie ihm eine Erfrischung an – eine Tasse Kaffee oder Tee, ein Glas Mineralwasser vielleicht. Stellen Sie aber bitte vorher sicher, dass so etwas im Haus vorrätig ist!

✱ **Etwas sorgfältiger** müssen Sie planen, wenn Sie mehrere Gäste auf einmal erwarten, etwa zu einer Firmenbesichtigung. Die Besucher sollen sich wohl fühlen und sollten umsorgt werden, schon damit die Firma, in der Sie arbeiten, sich im besten Licht zeigt. Werden Sie mit dieser Aufgabe betreut, sollten Sie ein paar wichtige Dinge nicht vergessen:

➤ **INFORMIEREN SIE** Ihre Mitarbeiter rechtzeitig. Der normale Arbeitsablauf sollte durch die Besucher nicht mehr als nötig gestört werden.

➤ **IN EINEM** Produktionsbetrieb herrscht oft ein etwas rauerer Ton. Bitten Sie die Kollegen, sich für ein paar Minuten zusammenzureißen...

➤ **OFT REIST** eine Gruppe im Bus an, der Weg war vielleicht beschwerlich. Organisieren Sie, dass in der Kantine ein Imbiss und Getränke bereitstehen.

➤ **WENN DIE** Betriebsbesichtigung beginnt, achten Sie darauf, dass ein kompetenter Kollege dabei ist, der etwaige Fragen sachlich und ausreichend beantworten kann, denn Sie wollen und sollen ja sicherlich Informationen vermitteln.

➤ **AM SCHLUSS** der Veranstaltung begleiten Sie Ihre Gäste bis an den Bus. Sie warten, bis alle eingestiegen sind. Verlässt der Bus den Hof, schadet auch ein freundliches Winken nichts...

Wenn eine Konferenz stattfindet

Wenn Sie nicht gerade einen Beruf ausüben, in denen Seminare und Konferenzen zum Alltag gehören, wird solch eine offizielle Besprechung zwischen Vorgesetzten und Mitarbeitern etwas für Sie nicht Übliches sein. Ihr normaler Arbeitsablauf wird unterbrochen, und Sie müssen sich auf neue Situationen einstellen. So benehmen Sie sich perfekt:

➤ **WERFEN SIE** einen Blick in den Spiegel: Sie sollten trotz aller Arbeitshektik sauber und gepflegt aussehen.

➤ **AUCH WENN** in Ihrem Büro Rauchen erlaubt ist – im Konferenzzimmer muss das nicht unbedingt der Fall sein. Gerade bei längeren Besprechungen heißt es auch hier: Rücksicht nehmen! Ist der Chef selbst Raucher, wird er auf nicht rauchende Kollegen ebenfalls Rücksicht nehmen: Regelmäßige Rauchpausen sind vernünftiger als blauer Dunst während der Sitzung.

➤ **SPIELEN SIE** bei den Gesprächen nicht über Gebühr den großen Macher, nur weil Sie ausnahmsweise Ihr Jackett anhaben. Probleme müssen gemeinsam gelöst werden und nicht indem einer den anderen niederbrüllt.

➤ **AN KONFERENZEN** nehmen meist höher gestellte Mitarbeiter teil. Der lockere Umgangston, den Sie in Ihrem eigenen Büro pflegen, muss hier nicht unbedingt angebracht sein.

Die Größe eines Berufes besteht vielleicht vor allem darin, dass er Menschen zusammenbringt.

Antoine de Saint-Exupéry (1900 – 1944)

Kapitel 9

Im Straßenverkehr

Auf einen Blick

Im Straßenverkehr

Freiherr Knigge hatte es einfacher als wir: Er musste sich nicht über Staus und verstopfte Autobahnen ärgern, mit Parkplatznot kämpfen, mit überfüllten Bussen und Bahnen plagen. Er reiste zu Fuß oder per Pferd bzw. Kutsche – langsam und gemächlich. Trotzdem kannte er so manches Ärgernis auf der Straße; natürlich nicht vergleichbar mit dem, was wir heute tagtäglich im Verkehr erleben.

Rücksichtnahme ist die Regel Nummer eins

Die erotische Bedeutsamkeit des Automobils wird offenbar, wenn man darauf achtet, wie viele große und elegante Wagen von hässlichen Leuten gefahren werden.

Sigmund Graff (1898 – 1979)

Jeder von uns ist wohl schon einmal einem Straßenrowdy begegnet. Und rüpelhaftes Verhalten zeigen längst nicht nur Autofahrer, sondern auch Radler und Fußgänger. Selbst in den öffentlichen Verkehrsmitteln scheint Rücksichtnahme längst ausgestorben zu sein oder als Zeichen von Schwäche zu gelten. Jeder glaubt, sein vermeintliches Recht mit Klauen und Zähnen verteidigen zu müssen.

* **Dabei kann man** in der Straßenverkehrsordnung genau nachlesen, wie sich jeder verhalten sollte. In § 1 steht nämlich ganz klar und eindeutig: »Die Teilnahme am Straßenverkehr erfordert ständige Vorsicht und gegenseitige Rücksicht. Jeder Verkehrsteilnehmer hat sich so zu verhalten, dass kein anderer geschädigt, gefährdet oder mehr als nach den Umständen unvermeidbar behindert oder belästigt wird.« Wenn sich nur alle Verkehrsteilnehmer daran halten würden...

* **Das Auto** – so sagt man – ist des Deutschen liebstes Kind. Es wird gehegt und gepflegt, man investiert viel Geld, um jenes Modell zu erstehen, das anscheinend genau das richtige Image verleiht. Denn längst ist ein Auto nicht mehr einfach nur ein beliebiges Mittel zur Fortbewegung. Es ist in gewisser Weise zum Ausdruck unseres Lebensstils (zumindest wenn wir uns das leisten können) und damit unserer Individualität geworden. Ein Fahrzeug zu kaufen ist nicht besonders schwer. Es zu fahren will jedoch gelernt sein: Dafür gibt es die Fahrschule, dafür müssen Sie eine Führerscheinprüfung ablegen. Wobei in einem Bereich Ihre Tauglichkeit leider nicht überprüft wird – beim Benehmen im Auto.

Das Gesetz des Stärkeren?

Bei kaum einer anderen Gelegenheit wird man mit so unhöflichem, rücksichtslosen und ungehobelten Verhalten konfrontiert wie im Straßenverkehr. Da wird gedrängelt und geschnitten, gehupt und gerast, als wären Gesundheit und Leben der anderen keinen Pfifferling wert. Dabei spricht die Zahl der Verkehrsunfälle und – noch erschütternder – die der vielen Verkehrstoten eine geradezu schockierend eindeutige Sprache.

* **Mit ein wenig** Rücksichtnahme und Toleranz wäre alles so einfach. Wie viel Zeit kostet es denn wirklich, wenn man vor der Ampel anhält, die schon Gelb zeigt, statt noch einmal so richtig Gas zu geben und durchzurasen?

* **Viele Fußgänger** müssen oft lange am Zebrastreifen stehen, ehe sich endlich einmal ein Autofahrer »erbarmt« und tatsächlich anhält. Und dann muss man sich als Fußgänger noch sputen, weil der Motor des ungeduldigen Fahrzeuglenkers schon wieder bedrohlich aufheult. Wie einfach wäre es mit einem freundlichen Handzeichen seitens des Autofahrers, einer kleinen höflichen Geste, bis der Fußgänger sicher die andere Straßenseite erreicht hat …

Straßenrowdys – Rüpel unter sich

Wäre es nicht so traurig, könnte man sich als Fußgänger durchaus damit amüsieren, an einer für den Autoverkehr auf Rot geschalteten Ampel zu stehen und die verbissenen Gesichter hinter den Windschutzscheiben zu betrachten. Da schielt der eine neidisch zum Nebenmann, weil unter dessen Motorhaube mehr PS arbeiten; da hält der andere krampfhaft die Ampel im Auge, um beim ersten Anzeichen des Farbwechsels garantiert den Fuß auf dem Gaspedal zu haben; da wird angeberisch mit dem Gas gespielt, bis Auspuffgase die Straße vernebeln und der Kavalierstart die Pneus kreischen lässt.

Das Auto ist erfunden worden, um den Freiheitsspielraum des Menschen zu erweitern, nicht aber um den Menschen zum Wahnsinn zu treiben.

Enzo Ferrari (1898–1988)

»Autorambos« sind nicht nur lästig, sondern oft lebensgefährlich. Neben den Fußgängern sind die Radfahrer die schwächsten Verkehrsteilnehmer.

Als höflicher Mensch werden Sie sich mit Beleidigungen im Straßenverkehr zurückhalten. Und dies nicht allein der drohenden Strafe wegen, sondern weil Beschimpfungen einfach ungehörig sind.

✱ **Wobei sich wohl jeder** an die eigene Nase fassen muss! Oder haben Sie noch nie mit dem Gas gespielt, sind Sie noch nie bei »dunkelgelb« über die Kreuzung gerauscht, wurden Sie nicht auch schon mal sauer, weil ein Radfahrer gar zu langsam auf der engen Straße fuhr und Sie nicht vorbeiziehen konnten? In jedem von uns steckt ein Verkehrsrowdy – es gilt nur, dies zu erkennen und sich bewusst anders zu verhalten!

✱ **Viele Mitmenschen** scheinen sich plötzlich zu verwandeln, wenn sie erst einmal hinterm Steuer sitzen: Wer eben noch als fürsorglicher Zeitgenosse ein paar Abc-Schützen über die Straße half, wird auf der Autobahn plötzlich zum Amateur-Rennfahrer. Die Aggressionsschwelle sinkt stark nach unten, die Bereitschaft zu Kampfhandlungen steigt dagegen an: Da schimpft einer plötzlich wie ein Rohrspatz, der normalerweise als ausgeglichen gilt. Verbale Beleidigungen sind da ebenso an der Tagesordnung wie Beschimpfungen durch Mimik und Gebärden. Manch einer führt sich auf, als sei er innerhalb der Schutzhülle seines Blechkastens so sicher wie in einer Ritterrüstung.

Das kosten Sie Beleidigungen

Es muss gar nicht die direkte Konfrontation »Auge in Auge« sein, die zu einer Beleidigungsklage führt. Auch der berüchtigte »Stinkefinger« gegen eine Videokamera der Polizei gilt bereits als Beleidigung und wird als solche drakonisch geahndet. Das musste ein Autofahrer vor dem Bayerischen Obersten Landesgericht erfahren: Immerhin 600 Euro Strafe waren fällig, weil er einer Kamera auf einer Autobahnbrücke aus dem fahrenden Fahrzeug und ohne irgendeine Verfehlung im Straßenverkehr den »bösen Finger« zeigte. Auch der Einwand des Verurteilten, er habe geglaubt, die Kamera sei nicht in Betrieb, wurde von den Richtern abgewiesen. Sie sehen: Gerade im Umgang mit den Ordnungshütern sollte man von beleidigenden Gesten und erst recht von verbalen Beleidigungen absehen. Der ADAC hat in einer Liste veröffentlicht, wie vor Gericht Beschimpfungen »bewertet« werden:

➤ **MIT STRAFEN** zwischen 475 und 1.000 Euro muss rechnen, wer einen Polizisten

mit Ausdrücken wie »Holzkopf«, »Wichtelmann« oder »blödes Schwein« tituliert.

➤ **WER DEN VOGEL** oder den so genannten Scheibenwischer zeigt, ist mit 375 bis 1.000 Euro dabei.

➤ **SCHON DAS ZEIGEN** der Zunge kann 150 Euro kosten.

➤ **STINKEFINGER** schlagen mit bis zu 4.000 Euro zu Buche.

➤ **WER EINE POLITESSE** als »blöde Kuh«, »Wegelagerer« oder »blödes Weib« beschimpft, muss mit einer Strafe von 300 bis 1.800 Euro rechnen.

➤ **EIN WÜTENDES** »Sie Trottel in Uniform« oder »Sie dreckiger Bauer« kann bis zu 1.800 Euro kosten. Auch deshalb, weil die Gerichte dazu neigen, solche Beschimpfungen nicht nur auf den Beamten persönlich zu beziehen, sondern als Beleidigung des Dienstherrn, auf den Staat.

➤ **DER AUS DAUMEN** und Zeigefinger gebildete Ring bedeutet ausschließlich bei Tauchern das Zeichen für »Okay« – und diese Erklärung wird Ihnen vor Gericht bestimmt nicht anerkannt: Mit einer Geldstrafe von mindestens 675 Euro müssen Sie rechnen, wenn Sie einen Ordnungshüter mit dieser Geste beleidigen.

✱ **DIE STRAFE** richtet sich übrigens nach Ihrem Einkommen. Das heißt, das Gericht legt je nach Umständen der Tat und Ihren wirtschaftlichen Verhältnissen zehn bis 30 Tagessätze zugrunde – wobei ein Tagessatz der 30. Teil Ihres Nettoeinkommens ist.

✱ **SICHER WOLLEN SIE**, liebe Leser, kein solch ungehobeltes Benehmen zeigen. Dennoch sollten Sie sich bemühen, bei aller Hektik nicht so auszurasten, dass Sie zum einen eine Anzeige wegen Beleidigung riskieren und zum anderen sich selbst als Menschen entlarven, der die Kinderstube anscheinend sofort vergisst, wenn er hinter dem Steuer eines Autos sitzt. Rücksichtnahme auf andere Verkehrsteilnehmer und – wie es in der Straßenverkehrsordnung heißt »defensives Fahren« – sind Grundregeln, die Sie als motorisierter Mitmensch verinnerlicht haben sollten.

Wer sein Leben lang Auto fuhr, muss zwar viele Kilometer zurückgelegt, aber nicht unbedingt viel erfahren haben.

*** Vergessen Sie niemals**: Als Autofahrer sind Sie in Ihrem Fahrzeug meistens der Stärkere. Gerade deshalb nehmen Sie auf die »Schwächeren« – Fußgänger, Fahrrad- oder Motorradfahrer – in jeder Verkehrssituation Rücksicht. Denn Sie sind meist auf der sicheren Seite: Bei einem kleinen Unfall kommen Sie vermutlich ohne Blessuren davon, den anderen jedoch fehlt die schützende Blechhülle.

Höflichkeit – nicht nur während der Fahrt

Die größte Gefahr im Straßenverkehr sind Autos, die schneller fahren, als ihr Fahrer denken kann.

Robert Lembke (1913 – 1989)

Selbst wenn Ihr Auto gar nicht in Bewegung ist, sondern auf der Straße oder im Parkhaus steht, sind Sie Verkehrsteilnehmer – und sollten sich an bestimmte Höflichkeitsregeln halten. Eine ganz besondere Unsitte ist es (und die wird mittlerweile mit empfindlichem Bußgeld geahndet!), sein Auto aus Bequemlichkeit so abzustellen, dass es zwei Parkplätze einnimmt. Selbst wenn Sie beim Einparken etwas rangieren müssen (was besonders bei Fahrzeugen ohne Servolenkung Mühe macht) – die paar Sekunden mehr Zeit sollten Sie wirklich opfern.

*** Eine weitere**, teure Unhöflichkeit: Das Zuparken von Radwegen und Gehsteigen. Selbst wenn Sie es noch so eilig haben und Ihr Auto »nur auf einen Sprung« schnell verlassen: Die Behinderung anderer Verkehrsteilnehmer sollten Sie nicht verursachen. Wobei das sogar zu einer Gefährdung führen kann: Oder wie sonst würden Sie es nennen, wenn das Schulkind auf dem Fahrrad oder die junge Mutter mit dem Kinderwagen auf die Straße ausweichen müssen, weil Sie falsch parken?!

*** Wenn es sich gar nicht** vermeiden lässt, dass Sie unter Zeitdruck Ihr Fahrzeug kurz an einer ungünstigen Stelle abstellen, um etwas abzuholen oder zu bringen, legen Sie wenigstens einen Zettel gut lesbar an die Windschutzscheibe, auf dem »Bin gleich zurück« oder »Bin bei Meier, Hausnummer 6« zu lesen steht. Auch ein solcher Hinweis berechtigt Sie natürlich nicht zum Parken oder Halten, wo es verboten ist. Und wenn eine Politesse in Ihrer Abwesenheit vorbeikommt, werden Sie das schnell merken. Schauen Sie sich um, bevor Sie die Autotür öffnen, um ein- oder auszusteigen. Das ist nicht nur rücksichtsvoll, sondern dient Ihrer und der Sicherheit anderer Verkehrsteilnehmer. Wie schnell hat man einen Radfahrer übersehen …

Wenn Sie Fahrgäste haben

➤ **SIE HOLEN** jemanden ab? Dann ist es kein Zeichen von Höflichkeit, vor dem Haus stehen zu bleiben und ein paarmal zu hupen, bis Ihr Fahrgast sich zu Ihrem Auto begibt. Von gutem Benehmen zeugt es dagegen, wenn Sie Ihr Auto parken und an der Wohnungsklingel desjenigen läuten, den Sie abholen wollen.

➤ **EINE AUSNAHME** könnte allenfalls sein, wenn Sie gute Freunde abholen, die auch noch in einer Gegend wohnen, in der Parkplätze knapp sind. Aber selbst in diesem Fall ist das Hupen eine Lärmbelästigung. Laut Gesetz ist Hupen innerhalb geschlossener Ortschaften ohnehin verboten.

➤ **WENN SIE** als Herr eine Dame abholen, ist es immer noch Sitte, dass Sie ihr die

Ein vernünftiges Auto soll seinen Besitzer überallhin transportieren – außer auf den Jahrmarkt der Eitelkeit.

Henry Ford (1863–1947)

Regeln für Autofahrer

- **Defensive Fahrweise ist nicht nur ein Ausdruck von Höflichkeit, sondern dient außerdem der Sicherheit. Rücksichtnahme hilft jedem Verkehrsteilnehmer.**
- **Beleidigende Gesten und Worte sind nicht nur eine grobe Unhöflichkeit, sondern strafbare Handlungen.**
- **Drängler und Raser gefährden nicht nur sich, sondern auch andere.**
- **Selbstverständlich halten Sie sich an das Alkoholverbot. Selbst wenn zur Zeit der Alkoholgenuss bis 0,5 Promille erlaubt ist: Kaum jemand kann einschätzen, wann diese Grenze erreicht bzw. überschritten ist. Mit Nullkommanull Promille sind Sie auf der sicheren Seite!**
- **Sie telefonieren nur mit Freisprecheinrichtung: nicht aus Höflichkeit Ihren Fahrgästen gegenüber, sondern weil Sie damit andere Verkehrsteilnehmer und sich selbst gefährden.**

Autotür öffnen. Hat die Dame dann schließlich Platz genommen, schließen Sie die Autotüre. Bitte beachten Sie dabei: Schließen heißt nicht zuknallen!

Ein guter Beifahrer ist immer präsent, aber er lenkt den Autofahrer weder ab, noch stört er ihn in seiner Konzentration.

➤ **NACH ALTER SCHULE** ist der Herr seiner Dame beim Aussteigen behilflich: Ist das Fahrziel erreicht und der Wagen geparkt, steigt er aus, geht um das Fahrzeug herum, öffnet die Beifahrertür und lässt die Dame aussteigen. Allerdings: Die meisten Damen sind durchaus fähig, den Waten aus eigener Kraft zu verlassen. Eine höfliche Geste bleibt das Türöffnen aber in jedem Fall. Es ist nur in manchen Situationen vielleicht wenig praktikabel.

➤ **UNTER HERREN** ist das gegenseitige Öffnen der Autotüre nicht üblich. Aber auch hier gibt es eine zu beachtende Ausnahme: wenn Sie als junger Mann einen wesentlich älteren und vielleicht nicht mehr so agilen Herrn abholen und chauffieren.

➤ **ES ZEUGT VON** Ihrer Zuvorkommenheit, wenn Sie nicht gleich losstarten, wenn Sie jemanden am Ende der Fahrt zu Hause vor der Türe absetzen. Warten Sie besser ein paar Sekunden ab – auch nicht zuletzt deswegen, weil Ihr Fahrgast möglicherweise den Schlüssel im Wagen gelassen hat und dann vor verschlossener Tür steht ...

Sehr gefragt – der gute Beifahrer

Als Lenker eines Autos müssen Sie sich automatisch an Regeln halten: zumindest an eine ganze Menge Regeln der Straßenverkehrsordnung und an all jene, die der Sicherheit dienen und die man einem so genannten defensiven, sprich: vernünftigen Fahrstil zuordnet. Als Fahrer wissen Sie aber auch: Es gibt wenig Schlimmeres als einen »schlechten« Beifahrer. Selbst wenn Sie sich im Fahrzeug eines anderen unsicher fühlen, selbst wenn Sie vermeintlich alles besser könnten – zeigen Sie es nicht. Versuchen Sie lieber ...

➤ **DEN FAHRER** nicht von seiner Aufgabe, das Fahrzeug sicher zum Ziel zu bringen, abzulenken.

DEM FAHRER niemals ins Lenkrad zu greifen, um ihm auf diese Weise zu »helfen«, einem größeren Hindernis auszuweichen.

DEM FAHRER nicht durch permanentes Dreinreden auf die Nerven zu gehen. Selbst wenn es Sie völlig verrückt macht, welche Umwege plötzlich zu Ihrem gemeinsamen Ziel führen: Bitten Sie lieber in ruhigem Ton darum, anzuhalten und gemeinsam die Straßenkarte einzusehen.

DEN FAHRER nicht anzuschnauzen, weil der schon wieder eine freie Parklücke übersehen hat.

DEN FAHRER nicht auf Dinge hinzuweisen, die dieser garantiert auch ohne Ihren Einwurf bemerkt hätte. Sie unterstellen ihm/ihr mit ihrer Kritik, dass er/sie ohne Ihre »Sehhilfe« vom Beifahrersitz dem Straßenverkehr nicht gewachsen wäre.

NICHT »MITZUFAHREN« und vor jeder Kreuzung eine imaginäre Bremse zu treten oder überhaupt den Fahrer irgendwie erkennen zu lassen, dass Sie seinem Fahrstil und seiner Erfahrung überhaupt nicht vertrauen.

AUCH ALS BEIFAHRER nicht völlig alkoholisiert ins Auto zu steigen. Denn ein Schwips macht Sie zum unsicheren Gefährten – möglicherweise vergessen Sie all Ihre guten Vorsätze und stören den Fahrer enorm.

Mit dem Fahrrad durch die Stadt

Ich habe es schon eingangs erwähnt: Kaum sitzt ein Autofahrer auf dem Drahtesel, wird er zum wütenden Autogegner und umgekehrt. Es scheint in unserer Natur zu liegen, dass wir dem jeweils Stärkeren (also in diesem Fall dem Auto) mit Missgunst und dem jeweils Schwächeren (als Radler also dem Fußgänger) mit Missachtung begegnen. Dementsprechend zeigt sich unser Verhalten dann ganz und gar nicht rücksichtsvoll. Wenn Sie Folgendes beachten, verhalten Sie sich höflich:

SIE VERMEIDEN ES, millimeterknapp und klingelnd an Fußgängern vorbeizuradeln. Überhaupt: Auf dem Gehweg haben Sie als Radfahrer überhaupt nichts verloren, und auch in Fußgängerzonen ist Radeln meist verboten.

Das Auto ist jene technische Erfindung, welche die Anforderungen an die Reaktionsgeschwindigkeit der Fußgänger beträchtlich gesteigert hat.

Lothar Schmidt (1922)*

Verzeiht mir, es wird dem Fußgänger schwindlig, der einen Mann mit rasselnder Eile daher fahren sieht. (Egmont)

Johann Wolfgang von Goethe (1749 – 1832)

➤ **ROTE VERKEHRSAMPELN** und Einbahnstraßen sind für Radfahrer gültig, selbst wenn es viele Radfahrer, vor allem in der Stadt, anders handhaben. Es ist auch nicht richtig (und strafbar), wenn Sie geschickt das »Grün« der Fußgängerampel nutzen und Ihre Fahrtroute kurzfristig von der Fahrbahn auf den Gehweg verlegen.

➤ **SIE FAHREN** auf einer normalen Straße ohne extra ausgewiesenen Radweg möglichst weit rechts. Schlangenlinien sollten Sie vermeiden: Deshalb ist Ihre Lenkstange nicht mit schweren Einkaufstüten behängt, und der Korb auf dem Gepäckträger über dem Vorder- oder Hinterrad ist nicht überladen.

➤ **IST IHNEN** als Radfahrer die Straße zu verkehrsreich, steht Ihnen der Bürgersteig durchaus zur Verfügung. Allerdings müssen Sie absteigen und Ihr Rad schieben.

➤ **NACH NEUESTER** Gesetzgebung dürfen Sie auf dem Fahrrad kein Handy benutzen – es lenkt zu sehr von der Aufmerksamkeit auf den Straßenverkehr ab. Deshalb sollten Sie auch auf laute Musik per Kopfhörer durch Walkman oder CD-Player verzichten.

➤ **BEFINDET SICH** an Ihrer Fahrtroute ein Radweg, so benutzen Sie ihn bitte. Das ist leider keineswegs eine Selbstverständlichkeit! Dabei dient der Radweg Ihrem Schutz.

Als Fußgänger unterwegs

Kennen Sie diese Situation? Zwei Menschen begegnen sich auf der Straße. Schon etliche Meter vor dem eigentlichen Zusammentreffen merkt man als Zuschauer, dass keiner der beiden so recht weiß, an welcher Seite man aneinander vorbeigeht. Letzten Endes stehen sich die beiden frontal gegenüber – und müssen sich dann »ganz offiziell« einigen, wer wem ausweicht. Meist kommt es natürlich nicht so weit – und wenn, kann man diese Situation mit einem freundlichen Lächeln lösen. Früher jedoch war in den Vorschriften der Etikette genau festgelegt, wer wem auszuweichen hatte: Derjenige mit dem niedrigeren Rang musste den höher Stehenden vorbeilassen. Und kam jemand diesen Vorschriften nicht nach, gab er durchaus Anlass für ein Duell. Glücklicherweise leben wir in modernen Zeiten und können solche Situationen ohne Blutvergießen überstehen:

➤ **NEHMEN SIE** sich ein Beispiel am Straßenverkehr und halten Sie sich an die Regel: rechts vor links!

➤ **TREFFEN SIE** einen Bekannten, mit dem Sie mehr als nur einen Gruß austauschen wollen, so tun Sie das bitte nicht mitten auf dem Gehsteig. Treten Sie an den Rand oder – wenn das nicht möglich ist – gehen Sie ein paar Schritte.

➤ **WENN SIE** es eilig haben, bahnen Sie sich Ihren Weg auch durch eine überfüllte Fußgängerzone nicht wie ein Eisbrecher. Schlagen Sie lieber geschickt ein paar Haken mehr. So vermeiden Sie es, andere anzurempeln.

➤ **WENN SIE ZU ZWEIT** gehen, achten Sie darauf, dass Sie wirklich beide Platz haben. Notfalls lassen Sie Ihrem Begleiter den Vortritt. Natürlich erst wenn Sie überblickt haben, dass der Weg frei ist.

DIE EHRENSEITE

Aus alter Zeit hat sich eine Sitte bis heute erhalten: Man lässt Damen und höherrangige Personen auf seiner rechten Seite gehen, der so genannten Ehrenseite. Als Beschützer stellt man sich so vor eventuelle Gefahren, die von der Straße ausgehen. Eltern halten ihre Kinder mit diesem Prinzip vom Straßenrand fern.

Links gehen, rechts stehen: die Rolltreppe

In Einkaufszentren, Kaufhäusern, aber auch auf Flughäfen sind Rolltreppen oder Laufbänder ein praktisches Transportmittel für Fußgänger – und bitte nur für Fußgänger! Weder Inlineskater noch Skateboarder haben darauf etwas zu suchen. Auch hier gibt es »Verkehrsregeln«: vor allem für ältere Menschen und Gehbehinderte sind Beginn und Ende einer Rolltreppe gefährlich.

➤ **LASSEN SIE** denen, die weniger gut zu Fuß sind als Sie, ausreichend Zeit zum vorsichtigen »Start« auf der Rolltreppe und zur sicheren »Landung«. Bitte nicht drängeln!

➤ **AUF DER ROLLTREPPE** und auf dem Laufband gilt die Regel: links gehen, rechts stehen! Wenn Sie also zu zweit nebeneinander auf einer Rolltreppe stehen und sich gemütlich unterhalten, behindern Sie

Selbst auf der Rolltreppe gilt: Rücksicht üben! Deshalb achten Sie auf die Regel: links gehen, rechts stehen!

den Verkehr – und das ist nun wirklich nicht höflich und rücksichtsvoll …

Rolltreppen sind nicht für sportliche Betätigung gedacht! Also bitte nicht entgegen der Fahrtrichtung laufen oder hüpfen!

➤ **WENN SIE** nicht »mitlaufen« wollen und lieber bequem stehen, etwa weil Sie schwer zu tragen haben, stellen Sie sich und Ihr Gepäck bitte so, dass andere noch vorbeikommen. Halten Sie Einkaufstüten oder Reisetasche am besten vor sich, um Eiligeren den Weg freizumachen.

Mit Bus und Bahn – die öffentlichen Verkehrsmittel

Selbst wenn's schwer fällt: Mit Gelassenheit kommen Sie im dichtesten Gedränge weiter!

Selbst wenn es Ihnen anders vorkommt: Unsere überfüllten Busse und Bahnen in der Rushhour morgens und abends sind harmlos gegen die U-Bahn in Tokio. Denn dort gibt es offiziell Angestellte der U-Bahn-Betreiber, die mit großen Schranken die Menschen regelrecht in die einzelnen Waggons pressen. Jeder Platz muss ausgenutzt werden, um einen reibungslosen Ablauf und den engen Zeitplan Hunderttausender von Pendlern zu gewährleisten. Bei uns ist das kaum vorstellbar, selbst wenn wir uns manchmal wie in der Sardinenbüchse vorkommen. Nun zählt Japan zu den Ländern, denen man besonders viel Höflichkeit und vor allem strengste Benimmregeln nachsagt: Kein Japaner wird sich deshalb beschweren und so unhöflich sein, wie man es in unseren öffentlichen Verkehrsmitteln leider erleben kann.

✱ **Enge und Rempeleien** machen niemandem Freude. Aber ganz gewiss machen Sie die Situation nicht besser, wenn Sie ebenfalls unhöflich reagieren und vielleicht sogar »ausrasten«. Bewahren Sie Ruhe, selbst wenn es Ihnen schwer fällt. Reagieren Sie nicht aggressiv, wenn Sie mal einen kleinen Rempler bekommen; und versuchen Sie bitte nicht, den Stoß nach dem Motto »Auge um Auge« zurückzugeben. Bleiben Sie trotz allem entspannt, und lassen Sie sich die Laune nicht verderben. Durch Ihr Verhalten – vor allem wenn Sie sich von der Hektik nicht anstecken lassen – erziehen Sie Ihre Mitmenschen vielleicht zu mehr Zuvorkommenheit und Rücksichtnahme. Zeigen Sie ein gutes Beispiel:

➤ **BEIM EINSTEIGEN** geht die Dame voran.

➤ **BEIM AUSSTEIGEN** ist der Herr der Erste, und danach ist er der Dame behilflich.

➤ **SEHEN SIE** neben jemandem einen freien Platz, fragen Sie freundlich, ob er noch frei ist. Gehen Sie dabei mit ausgesuchter Höflichkeit vor, werden Sie auch zu schwer erreichbaren Sitzplätzen kommen. Dann werden die von Ihnen Angesprochenen bestimmt schnell die Beine einziehen und Zeitungen oder Aktentaschen wegräumen.

➤ **WENN SIE** einen Sitzplatz ergattert haben: Überlassen Sie ihn höflicherweise älteren gebrechlichen oder behinderten Personen, wenn diese zusteigen.

➤ **FALLS SIE** bei der Bahn einen Platz reserviert haben, dieser jedoch von einer Person besetzt ist: Bestehen Sie vor allem dann nicht steif und fest auf Ihrem Platz, wenn nebenan noch andere Sitzplätze frei sind.

➤ **IST ALLERDINGS** wirklich nichts anderes mehr frei oder haben Sie einen Platz aus bestimmten Gründen (Raucher bzw. Nichtraucher, mit Tisch oder in Fahrtrichtung, Abteil oder Großraumwagen, Fenster oder Gang) bestellt, bitten Sie mit aller Höflichkeit darum, dass Ihr reservierter Platz geräumt wird.

➤ **DRÄNGEN SIE** Ihrem eventuellen Sitznachbarn kein Gespräch auf. Sie können natürlich versuchen, eine unverbindliche Konversation zu beginnen. An der Reaktion des Mitreisenden sollten Sie aber sofort erkennen, ob dies seinerseits auch gewünscht ist.

➤ **UMGEKEHRT** reagieren Sie nicht unhöflich abweisend, wenn jemand mit Ihnen ins Gespräch kommen möchte. Wenn Sie keine Lust auf eine Unterhaltung haben, nehmen Sie sich Lektüre mit und weisen Sie freundlich darauf hin, dass Sie jetzt lieber lesen wollen (oder müssen).

➤ **WENN SIE** an der Haltestelle stehen und mit Ihnen eine Mutter mit Kinderwagen wartet, so helfen Sie ihr beim Einsteigen in Bahn oder Bus. Wenn Sie beide an derselben Haltestelle aussteigen, sind Sie auch dabei behilflich. Das Gleiche gilt, wenn Sie sehen, dass sich jemand mit schwerem Gepäck abmüht.

➤ **IM ZUGABTEIL** sind Sie behilflich, wenn Sie sehen, dass etwa eine ältere Dame

Versuchen Sie Abstand zu halten und Ihre Mitreisenden nicht durch zu nahes Aufrücken zu bedrängen. Wenn es gar nicht anders geht: Zeigen Sie sich höflich, und entschuldigen Sie sich dafür, wenn Sie jemandem zu nahe kommen.

oder ein nicht mehr ganz junger Herr ihr Gepäck nach oben wuchten müssen.

Für schnelles Reisen – das Flugzeug

Es gibt wohl kaum einen Menschen, welcher sich nicht hin und wieder über das Fliegen seine Gedanken macht.

Otto Lilienthal (1848–1896)

Urlaubsreisen sind zwar das Thema im folgenden Kapitel, aber ich möchte hier schon auf ein mittlerweile durchaus übliches Verkehrsmittel eingehen: Das Flugzeug wird immer mehr zu einem »normalen« Transportmittel innerhalb Deutschlands und natürlich Europas, vor allem auf größere Entfernungen. Zumindest in der Touristenklasse sitzt man hier auf noch engerem Raum zusammen als in Bus oder Bahn.
Im Flugzeug ist die Gefahr noch größer, in »fremdes Territorium« einzudringen und dem Sitznachbarn, aber auch den Passagieren hinter und vor dem eigenen Platz zu nahe zu kommen. Rücksichtnahme und eigene Zurückhaltung sind also von besonders großer Bedeutung:

➤ **SELBST WENN** Sie einen Fenster- oder Gangplatz haben und nicht auf einem ungeliebten Mittelplatz sitzen: Machen Sie sich schlank! Behalten Sie Ihre Ellbogen möglichst bei sich, und rangeln Sie nicht mit Ihrem Nebenmann um die gemeinsame Armlehne.

➤ **RÜCKSICHT** zeigen Sie bitte nicht nur den neben Ihnen sitzenden Personen, sondern auch den Passagieren in der Reihe hinter Ihnen: Selbstverständlich verstellen Sie Ihre Rückenlehne beim Essen nicht nach hinten, Sie achten vor allem auch darauf, ob Ihr »Hintermann« nicht noch sein volles Glas auf dem Tischchen stehen hat, wenn Sie sich zurücklehnen. Und natürlich probieren Sie auch nicht alle fünf Minuten aus, ob die Lehne Ihres Sitzes sich wirklich vor und zurückstellen lässt.

➤ **WER VOR IHNEN SITZT** ist Ihnen dankbar, wenn er einen ruhigen Flug genießen kann. Klappen Sie das Tischchen vor sich nur dann herunter, wenn Sie es wirklich brauchen.

➤ **HABEN SIE** einen Platz am Fenster, sollten Sie den Gang in den Waschraum ein wenig vorausplanen. Stehen Sie nicht gerade dann auf, wenn das Essen serviert wird. Ihr Nebenmann muss nämlich mit aufstehen, und das ist mit heruntergelassenem Klapptisch und dem darauf stehenden Essenstablett fast ein Kunststück. Vor allem weil er ja nicht in Ruhe weiteressen kann, denn Sie kommen von Ihrem »Ausflug« ja bald wieder zurück.

➤ **AUCH IM FLUGZEUG GILT**: Zwingen Sie Ihrem Nachbarn kein Gespräch auf. Möchte Ihr Nachbar Ihnen ein Gespräch aufzwingen, geben Sie höflich zu verstehen, dass Sie lieber lesen oder schlafen wollen, wenn man Sie in ein Gespräch verwickeln will, Sie aber lieber Ihre Ruhe möchten.

➤ **ES GIBT KAUM** noch Fluglinien, bei denen das Rauchen gestattet ist. Bitte beachten Sie: Es wäre nicht nur grob unhöflich, sich bei einem solchen Nichtraucherflug eine Zigarette anzuzünden, sondern es ist gesetzlich verboten.

➤ **WENN SIE RAUCHER SIND** und auch auf dem Flug rauchen dürfen, verzichten Sie bitte im Interesse Ihrer Mitreisenden auf Zigarren und Pfeife: Beide verströmen einen sehr intensiven Geruch, der problemlos in die Nichtraucherzone vordringt.

➤ **FLUGBEGLEITER** sind an Bord Ihre Gastgeber, nicht Ober oder Kellnerin. Es ist daher auch nicht üblich, dass Steward oder Stewardess ein Trinkgeld bekommen.

➤ **STEWARDESS** und Steward sind meist besonders dazu angehalten, höflich und zuvorkommend zu sein – dies sollten Sie zurückgeben. Das heißt: Sie sind ebenfalls freundlich und vergessen nicht, Bitte und Danke zu sagen. Nutzen Sie auch den angebotenen Service nicht aus, und halten Sie sich beim kostenlosen Ausschank von Alkohol zurück, denn von Randalierern in der Luft liest man immer öfter. Bei den meisten so genannten »unruly passengers« ist übermäßiger Alkoholgenuss die Ursache für das flegelhafte Verhalten. Alkohol und Höhenluft sind zudem eine brisante Mischung. Fluggäste, die sich nicht zu benehmen wissen, können allerdings recht unsanft auf dem Boden der Tatsachen landen: Sie müssen nicht nur mit Verwarnung und Sperre für die Fluglinie rechnen – es kann sogar je nach Land und Gesellschaft die Verhaftung drohen. Dazu kommen Schadensersatzansprüche. Der Flugkapitän hat im Extremfall das Recht, einen Randalierer bei einer Zwischenlandung abzusetzen. Und das kann teuer werden!

Ja, wäre nur ein Zaubermantel mein/ und trüg er mich in fremde Länder.

Johann Wolfgang von Goethe (1749–1832)

Kapitel 10

Im Urlaub und auf Reisen

Auf einen Blick

Im Urlaub und auf Reisen

Leider ist es eine Tatsache: Wir Deutsche gelten im Ausland zwar als durchaus erwünschte Devisenbringer, aber man liebt uns nicht immer, wo wir als Touristen in fremden Ländern auftauchen. Denn: Wir fallen nicht unbedingt durch ein gutes Benehmen auf, sondern eher durch Besserwisserei, durch eine überzogene Anspruchshaltung und durch wenig Toleranz unserem jeweiligen Gastland gegenüber.

Das Gastland ist nicht Ihr Zuhause

Jede Nation ist im Ausland hauptsächlich durch ihre Untugenden bekannt.

Joseph Conrad (1857–1924)

Manchmal fragt man sich als Reisender, warum die lieben Mitmenschen eigentlich ein fremdes Land besuchen: Sie wollen auch in der Ferne nicht auf ihr geliebtes deutsches Bier verzichten, sie halten es für selbstverständlich, dass man am Urlaubsort deutsch spricht, und es gibt Ärger, wenn das Essen im Hotel nicht deutsche Hausmannskost bietet, sondern aus einheimischer Küche besteht. Dazu kommt noch die typisch deutsche Eigenschaft, anderen beibringen zu wollen, »wie man's richtig macht«: wie man in puncto Sauberkeit, Pünktlichkeit und Ordnung so »wie wir daheim in Deutschland« handelt. Kein Wunder also, wenn man zwar das Geld gern mitnimmt, das Touristen ins Land bringen, aber auch froh ist, wenn die Urlauber wieder ihren Heimweg antreten …

✱ **Selbstverständlich** benehmen sich nicht alle Deutschen im Ausland so daneben, doch »schwarze Schafe« gibt es in allen Gesellschaftsschichten. Und ebenso selbstverständlich gilt: Auch andere Völker haben ihre Eigenheiten, die sie im jeweiligen Urlaubsland nicht immer zur Freude der Einheimischen ausleben: Da gibt es »den Engländer«, der – so zurückhaltend er sich auf der heimatlichen Insel gibt – auf Mallorca am Strand genau so gern einen über den Durst trinkt wie »die Schweden«, die im Urlaub außerhalb ihrer Landesgrenzen angeblich immer im Alkoholrausch leben, weil Bier und Schnaps daheim in Skandinavien so teuer sind. Wir kennen »die Holländer«, die rücksichtslos fahren und die Autobahnen mit ihren Wohnwagen verstopfen, »die Schweizer«, die so penibel sind, »die Japaner«, die alles fotografieren. Mit einem Satz: Die gegenseitigen Vorurteile nehmen kein Ende …

✱ Im Urlaub sollten Sie sich nicht an die Maxime halten, dass Ihnen Ihr Herkunftsland über alles geht. Sie sind Gast in einem fremden Land! Und Sie verhalten sich bitte nicht nach dem Motto »Der Gast ist König, und ihr anderen habt euch alle nach mir zu richten«, sondern: »Ich bin Gast hier, und ich möchte Ihnen möglichst wenig Umstände machen!«

✱ Bereiten Sie sich auf Ihren Urlaub in fremden Ländern vor. Dafür müssen Sie gar nicht viel tun. Aber es sollte Ihnen selbstverständlich sein, dass Sie sich vorher eingehend über Sitten und Gebräuche informieren.

Rechtzeitig buchen und stornieren

Normalerweise werden Sie sich vor einer Urlaubsreise – vor allem wenn es in weiter entfernte Länder geht – im Reisebüro beraten lassen. Das Reisebüro wird auch die Buchung der Unterkunft vornehmen. Sie müssen sich dann um nicht mehr viel kümmern – außer um Ihr gutes Benehmen im Hotel. Etwas anders ist es, wenn Sie die Buchung von Hotel- oder Pensionszimmer selbst vornehmen: etwa, weil Sie das Haus bereits kennen, weil Sie einen guten Tipp bekommen haben oder weil Sie Ihre Reise gern »auf eigene Faust« organisieren. In beiden Fällen gilt es, Missverständnisse zu vermeiden, denn diese bereiten dem Hotel bzw. dem Reiseveranstalter viel zusätzliche Mühe und können Sie als Reisenden teuer zu stehen kommen. Halten Sie sich an diese Tipps:

➤ **WENN SIE** ein Hotelzimmer direkt reservieren, können Sie dies telefonisch, per Brief, Fax oder E-Mail tun.

➤ **DIESE ANGABEN** sind wichtig, damit alles reibungslos klappt: Ihr vollständiger Name samt Adresse, der Zeitraum des Aufenthalts, die Art des Zimmers (Einzel- oder Doppelzimmer? Appartement oder Suite, Raucher- oder Nichtraucherzimmer? spezielle Allergikerzimmer?), die Verpflegung (nur Übernachtung, Übernachtung mit Frühstück, Halb- oder Vollpension).

Vielleicht ist der Tourismus die stärkste Waffe gegen Ausländerfeindlichkeit und Rassismus.
Wer sieht, wie andere denken, hält sich nicht länger für den Nabel der Welt.

Jean-Didier Urbain (1952)*

Eine Reiserücktrittsversicherung schützt vor hohen Stornierungsgebühren. Die paar Euro pro Reise machen sich dann bezahlt, wenn Sie Ihre Fahrt in den Urlaub nicht antreten können.

➤ **SOLLTEN SIE** Ihre Reise aus irgendeinem Grund nicht antreten können, müssen Sie dem Reiseveranstalter/Reisebüro bzw. dem Hotel unbedingt rechtzeitig Bescheid geben. Andernfalls können nämlich erhebliche Kosten auf Sie zukommen.

➤ **BEI DER BUCHUNG** im Reisebüro ist es so: Wenn Sie eine Reise nicht antreten, müssen Sie – falls Sie keine Reiserücktrittsversicherung haben – auch für die nicht angetretene Reise auf jeden Fall bezahlen. Je nach Zeitpunkt werden bestimmte Prozentsätze fällig, die umso höher werden, je näher der Reisetermin gerückt ist.

➤ **IN HOTELS** ist es ähnlich: Viele Häuser verlangen vorab ein so genanntes »deposit«. Das ist nichts anderes als eine Vorauszahlung, die dann mit den Aufenthaltskosten verrechnet wird, wenn Sie vor der Abreise Ihre Endrechnung bezahlen. Treten Sie Ihren Aufenthalt nicht an, verfällt die Summe.

➤ **BEI DER DIREKTEN** Buchung in einem Hotel lassen Sie sich die Reservierung am besten schriftlich bestätigen. Das geht per Brief, Fax oder E-Mail. Auf jeden Fall sollten Sie etwas Schriftliches vorliegen haben.

➤ **GEBEN SIE** bekannt, wann Sie ankommen – zumindest den ungefähren Zeitrahmen. In vielen Hotels – vor allem bei Städtereisen sollten Sie dies beachten! – ist es üblich, das Zimmer an einen anderen Gast weiterzuvermieten, wenn Sie nicht bis 18 Uhr eingetroffen sind und man nichts von Ihnen gehört hat.

Gutes Benehmen im Hotel

Hoteliers und Zimmermädchen wissen ein Lied davon zu singen: Viele Menschen scheinen ihr gutes Benehmen vor der Hoteltür zu lassen. Wie sonst ist es zu erklären, dass im Hotelzimmer scheinbar nicht zu gelten scheint, was bei Ihnen daheim vollkommen selbstverständlich ist: Da werden die Schuhe am Vorhang oder an der Bettdecke geputzt, Zigarettenkippen auf dem Teppich- oder Fußboden ausgetreten, die Fläschchen der Minibar nach Genuss mit Wasser aufgefüllt, Handtücher, Bademäntel und vieles mehr kurzerhand gestohlen.

✱ Alles wahrlich keine Kavaliersdelikte! Denn natürlich schlägt sich all dies indirekt auf die Hotelpreise nieder. Solches Verhalten verursacht nämlich gar keine so geringen Kosten. Davon einmal abgesehen, dass Sie als Gast sich bitte so benehmen sollten, wie Sie es selbst ebenfalls von einem Gast in Ihrem Haus erwarten: höflich und zurückhaltend eben und mit Rücksicht auf den Gastgeber! Selbst wenn Sie im Hotel für die Gastfreundschaft bezahlen, haben Sie sich damit nicht die Berechtigung erkauft, sich danebenzubenehmen.

✱ Als Gast mit Stil wissen Sie natürlich, dass Ihr Verhalten nicht nur auf Sie als Person, sondern ebenso auf Ihr Heimatland zurückfällt – dem Sie sicher keine Schande machen wollen. Nicht nur der Hotelier hat die Pflicht, Ihnen den Aufenthalt so angenehm wie möglich zu machen. Sie müssen ebenfalls dafür sorgen, dass Sie sich wohl fühlen:

➤ **LASSEN SIE** Ihren Ärger oder Ihre Missstimmung über eine unangenehme Anreise nicht am Hotelpersonal aus. Niemand kann im Hotel etwas dafür, dass Ihr Flugzeug Ver-

Die meisten Hotels verkaufen etwas, was sie gar nicht haben: Ruhe.

Kurt Tucholsky (1890–1935)

Der höfliche Hotelgast

- **Benehmen Sie sich im Hotel so, wie Sie es von Ihren Gästen bei sich zu Hause erwarten.**
- **Behandeln Sie das Hotelpersonal höflich und nicht als persönliche Leibeigene. Achten Sie auch auf interne Hierarchien: Der Portier ist nicht Ihr Kofferträger, der Kellner an der Strandbar nicht Ihr Zimmerkellner und das Zimmermädchen auf gar keinen Fall Freiwild für die männlichen Gäste!**
- **Aschenbecher, Kugelschreiber oder Handtücher sind Hoteleigentum – und es ist nicht erlaubt, auch kein Kavaliersdelikt, sondern Diebstahl, wenn Sie solche Dinge einpacken. Seife und Shampoo dagegen dürfen Sie mitnehmen. Für alles andere gilt: Fragen Sie an der Rezeption nach. In vielen Häusern kann man zum Beispiel Handtücher, Bademantel oder andere Hotelsouvenirs kaufen.**

Gutes Benehmen ist wie ein vollendeter Faltenwurf.

Sprichwort aus Japan

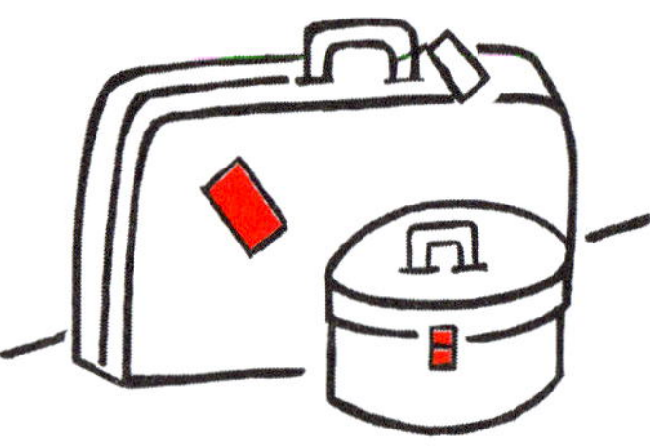

spätung hatte oder dass Sie stundenlang im Stau stehen mussten.

➤ **ALLERDINGS**: Stundenlange Wartezeiten an der Rezeption müssen Sie auch nicht in Kauf nehmen. Weisen Sie das Personal höflich darauf hin, dass Sie nach einer langen Anreise müde und erschöpft sind. Man sollte Verständnis haben und Sie so schnell wie möglich einchecken.

➤ **WENN SIE** allerdings mit einer ganzen Gruppe ankommen, können Sie wirklich keine Sonderbehandlung erwarten. »Stürmen« Sie nicht gleich die Rezeption, und vor allem drängeln Sie sich nicht vor: In den meisten Fällen werden Sie als Gruppe sowieso bevorzugt eingecheckt, oder ein Reiseleiter kümmert sich um die Hotelzimmer und ihre Verteilung.

➤ **BEHANDELN SIE** das Hotelpersonal nicht wie Sklaven. Wenden Sie keinen Befehlston an, sondern vergessen Sie nicht, dass überall auf der Welt »Bitte« und »Danke« die Zauberworte sind, mit denen Sie mehr erreichen als mit unwirschen Anordnungen.

➤ **ERWARTEN** Sie von einem Zimmer für 40 Euro pro Nacht keine Luxussuite wie im Fünf-Sterne-Hotel. Seien Sie realistisch: Wenn Sie einen Billigurlaub buchen, können Sie kein Grandhotel erwarten.

➤ **RICHTEN SIE** sich schon beim Packen daheim nach dem Stil des Hotels: Wer einen City-Urlaub im gehobenen Grandhotel bucht, wird sicher mehr »offizielle« Kleidung brauchen als fürs Strandhotel auf Mallorca.

➤ **ACHTEN SIE** auf eine eventuell vorhandene Kleiderordnung. In vielen Hotels ist es üblich, sich zum Abendessen umzuziehen. Sehr legere Freizeitkleidung – also Shorts und ärmelloses T-Shirt für den Herrn, Pareo und Bikini-Oberteil für die Dame – sind im Hotelrestaurant grundsätzlich fehl am Platz.

➤ **AUCH WENN** der Stromverbrauch nicht zu Ihren Lasten geht: Löschen Sie trotzdem beim Verlassen Ihres Zimmers sorgfältig alle Lampen und Elektrogeräte. Energiesparen ist nicht nur bei uns, sondern gerade in südlichen Ländern wichtig.

➤ **DIE HÖFLICHKEIT** gebietet es, dass Sie anderen Hotelgästen freundlich begegnen: Man grüßt sich, man beharrt nicht auf »seinem« Sitzplatz im Restaurant oder Frühstücksraum, man reserviert sich nicht schon morgens um 6 Uhr den Liegestuhl am Hotelpool.

➤ **ZEIGEN SIE** auch beim Trinkgeld Höflichkeit.

➤ **SOLLTEN SIE** tatsächlich Grund zur Klage haben, denken Sie an die alte Regel: Der Ton macht die Musik! Tragen Sie Ihre Beschwerde höflich, aber bestimmt vor. Bleiben Sie sachlich und äußern Sie Ihren Ärger nicht lautstark. Je freundlicher Sie Ihre Reklamation vorbringen, desto eher ist man willens, Ihnen zu helfen.

Die Frage nach dem Trinkgeld

Ursprünglich verstand man unter Trinkgeld einen bestimmten Betrag, der bei einem Handel dem eigentlichen Kaufbetrag zugeschlagen wurde und den man zur Bekräftigung dieses Handels dann vertrank. Heute verstehen wir etwas anderes darunter, nämlich einen Obolus, den man entrichtet, um eine besondere Leistung zu belohnen. In dieser Form ist der Begriff seit dem 14. Jahrhundert belegt, und er wurde damals ganz wörtlich verstanden: Der Laufbursche oder die Dienstmagd erhielt für eine außergewöhnliche Gefälligkeit einen kleinen Betrag, der zum Vertrinken (»bibale«) gedacht war. Heute gibt man nicht nur im Hotel dem Pagen, Gepäckträger oder Zimmermädchen Trinkgeld, sondern auch der Kellner, der Taxifahrer und Angehörige anderer Berufsgruppen, wie z. B. Frisöre, erwarten einen Obolus extra für ihre Dienstleistung. Aber Vorsicht: Was bei uns üblich ist, wird im Ausland oft ganz anders gehandhabt. In manchen Ländern, wie in Holland, ist Trinkgeld völlig unüblich. Auch französische Taxifahrer erwarten keine Extragabe; ein Kofferträger in Frankreich dagegen wird das Hotelzimmer nur sehr zögernd verlassen, wenn er nicht einige Euro zugesteckt bekommt. Ganz allgemein haben sich Studien des ADAC zufolge auch die Trinkgelder der Weltwirtschaftslage angepasst: Man ist sparsamer geworden, und die Dienstleistenden erwarten weniger. Wer erstklassigen Service erhalten möchte, sollte sich an Richtwerte halten:

Ein Trinkgeld kann auch beleidigend sein: Wenn Sie dem Kellner im Restaurant bei einer Summe von 149 Euro »großzügig« 150 Euro mit dem Hinweise geben: »Der Rest ist für Sie!«.

Überblick Trinkgelder

Land	Hotel/Restaurant
Ägypten	12%
Algerien	5–10%
Argentinien	10%
Australien	Nicht üblich Taxi: aufrunden
Azoren	5%
Bahamas	15%
Barbados	10%
Belgien	Inbegriffen
Bermudas	15%
Brasilien	10-15%
China	Nicht üblich
Costa Rica	10%
Dänemark	10–15%
Finnland	bis 1 €
Frankreich	10–15% Gepäck 3 €
Griechen-land	5–10% Gepäck 1,5 €
Groß-britannien	10–15% Gepäck 2 £
Hongkong	Inbegriffen
Indien	10%
Irland	10% Gepäck 2,5 €
Israel	10–15% Gepäck Stück 1 US-$
Italien	10-15% Gepäck Stück ab 1 €

Land	Hotel/Restaurant
Jamaika	10–15% Gepäck 1US-$
Japan	Nicht üblich Gepäck Stück 200 Yen
Jemen	5–10%
Kanada	15% Gepäck Stück 1 $
Karibik	10% Gepäck Stück 1 US-$
Kenia	10%
Korea	Nicht üblich, nur in großen Hotels
Kuba	1–2 US-$
Kuwait	10%
Malaysia	Inbegriffen
Malediven	5–10 US-$/Woche
Malta	Nicht üblich
Marokko	10–15%
Mauritius	10%
Mexiko	10–15% Gepäck Stück 1 US-$
Neuseeland	Nicht üblich, nur in größeren Hotels/ Restaurants
Niederlande	5–10%
Norwegen	Inbegriffen
Österreich	10% Gepäck 1–1,5 €
Philippinen	10%
Polen, Tschechien, Slowakei	5–10%
Portugal	5–10% Gepäck: 2 €

Überblick Trinkgelder

Land	Hotel/Restaurant	Land	Hotel/Restaurant
Puerto Rico	15%	Thailand	10–15% Gepäck Stück 3–5 Baht
Russland	Inbegriffen	Tunesien	15%
Schweden	Inbegriffen	Türkei	10%
Schweiz	10–15% Gepäck 5 SFr.	Ungarn	10%
Seychellen	5–10% Gepäck Stück 3 Rupien	USA	15–20%
Singapur	10% Gepäck 1 Singapur-$	Venezuela	10%
Spanien	5–10% Gepäck 1 €	Zypern	5%

✱ **Sie machen** in Deutschland Urlaub? Dann sollten Sie sich beim Trinkgeld in etwa an diese Richtwerte halten:

➤ **SERVICEKRÄFTE** im Restaurant und an der Hotelbar bekommen fünf bis zehn Prozent vom Rechnungsbetrag.

➤ **DER PORTIER** bekommt zwischen 3 und 5 € von Ihnen, wenn er besondere Leistungen für Sie erbracht hat, zum Beispiel Theaterkarten besorgt oder eine Stadtrundfahrt organisiert.

➤ **DAS ZIMMERMÄDCHEN** oder die Hausdame verdient ein Trinkgeld, wenn Sie zusätzliche Kissen, Decken oder Handtücher brauchten. Hier sind circa 3 € angebracht. Als Dankeschön für das Zimmermädchen hinterlassen Sie bei der Abreise eine Summe zwischen 1 und 2 € pro Tag Ihres Aufenthalts.

➤ **DER WAGENMEISTER**, der für Ihr Auto zuständig ist, bekommt bei An- und Abreise zwischen 1 und 3 €. Dem Pagen, der Ihnen ein Taxi ruft geben Sie 1 €.

➤ **BEIM BEZAHLEN** der Hotelrechnung an der Rezeption ist es eine nette Geste von Ihnen, wenn Sie der gesamten Mannschaft für ihre Dienste auch ein Trinkgeld zukommen lassen: Etwa fünf Prozent der Rechnungssumme sind dafür angemessen.

Nach einem guten Festmahl knausert man nicht mit Kleingeld.

Henrik Ibsen (1828–1906)

Fremde Länder – fremde Sitten

An der Kleidung zu erkennen – der typische Tourist

Gegen legere Kleidung im Urlaub ist nichts einzuwenden, wenn Sie damit nicht aussehen, als ob Sie Ihre Gastgeber missachten würden. Kleiden Sie sich so, dass Sie sich auch daheim auf die Straße trauen würden – und zwar nicht zum schnellen morgendlichen Einkauf beim Bäcker um die Ecke, sondern in die Fußgängerzone, wo Sie viele Menschen treffen …

Das Wichtigste bei einem Aufenthalt in anderen Ländern ist, sich den Sitten und Gepflogenheiten des Landes anzupassen. Das fängt mit der Kleidung an. Sicher kennen Sie den »typischen Touristen«: buntes Hawaiihemd zu nicht dazu passenden Shorts; Socken, die eigentlich zum braunen Anzug gehören, in ausgetretenen Badelatschen; ein grelles Käppi mit Werbeaufdruck oder einen extra großen Strohhut auf dem Kopf.

✱ **Man muss** sich nicht wundern, wenn die Einheimischen Touristen in solcher Aufmachung nicht unbedingt als willkommene Gäste begrüßen.

EXTRATIPP
Hüten Sie sich davor anzunehmen, Sie könnten im Ausland unbekümmert Deutsch sprechen und über Land und Leute schimpfen, weil Sie ja doch Keiner versteht! Zum Einen drücken Sie mit Ihrer Körpersprache viel mehr aus als Sie ahnen. Und zum Anderen versteht man auch in anderen Teilen der Welt die deutsche Sprache.

Vor allem dann nicht, wenn Sie mit einem solch bunten Urlaubs-Outfit gegen im Lande übliche Sitten verstoßen: Sie werden kaum einen Italiener oder Spanier sehen, der sich die Blöße geben würde, so gekleidet in der Öffentlichkeit herumzulaufen. Wenn Sie sich nicht sicher sind, erkundigen Sie sich vor Antritt der Reise im Reisebüro oder einem Konsulat Ihres Reiselandes, welche Art Kleidung an Ihrem Urlaubsziel angemessen ist.

Ein paar Worte in der Landessprache

Im seltensten Fall wird man die Sprache des Urlaubslandes perfekt beherrschen. Wenn Sie sich gut vorbereiten wollen, versuchen Sie, sich wenigstens ein paar Kenntnisse der Landessprache anzueignen. »Bitte« und »Danke«, »Guten Tag« und »Auf Wiedersehen«, dazu noch ein paar Floskeln – Sie werden se-

TRINKGELD-REGELN

- Auf Busreisen ist es üblich, nicht nur dem Reiseleiter, sondern auch dem Busfahrer ein Trinkgeld zu geben. Meist gibt es einen Mitreisenden, der es in die Hand nimmt, in der Gruppe Geld zu sammeln. Sie sollten sich dann – vor allem, wenn Sie zufrieden waren – nicht ausschließen. Die Höhe des Betrages spricht man untereinander ab.
- Bei Reisen mit der Bahn ist es normalerweise nicht üblich, für die normalen Leistungen des Zugpersonals Trinkgeld zu geben. Anders ist es, wenn ein Zugbegleiter Ihnen besonders behilflich ist oder Ihnen am Platz Essen und Trinken serviert.
- Beim Servieren können Sie dann (auch großzügig) nach oben aufrunden. Für die Hilfe beim Ein- und Aussteigen mit großem Gepäck dagegen ist kein Trinkgeld üblich. Schlafwagenschaffner, die nicht nur Ihr Bahnticket abstempeln, sondern sich besonders um Ihr Wohlbefinden bemühen, verdienen ebenfalls eine finanzielle Anerkennung.
- Auf Flugreisen ist es unpassend, den Flugbegleitern ein Trinkgeld zuzustecken. Viele Fluglinien verbieten es den Stewardessen und Stewards sogar, Geld anzunehmen.
- Auf Schiffsreisen dagegen ist es anders: Stewards und Stewardessen sind hier für ein Trinkgeld durchaus dankbar. Mindestens zehn bis 15 Prozent des Reisepreises sollten Sie rechnen.
- Wer öfter auf Reisen ist, weiß: Es ist besser, das Trinkgeld an Kellner, Zimmermädchen und auf dem Schiff Stewards nicht erst am Ende der Reise zu geben, sondern bereits einen Teil zu Anfang und den Rest am Ende (sozusagen als Belohnung!). Teilen Sie dies aber unbedingt mit, wenn Sie die »erste Rate« bezahlen: Sonst werden Sie unter Umständen als Geizhals eingestuft ...
- Im Ausland sind die Gepflogenheiten bezüglich des Trinkgelds sehr unterschiedlich. Erkundigen Sie sich vor Antritt der Reise, wie Sie es in Ihrem Urlaubsland am besten handhaben. Im Reisebüro und bei den Fremdenverkehrsämtern bekommen Sie entsprechende Auskunft.

Wer in ein Land reist, ehe er einiges von dessen Sprache erlernt hat, geht in die Schule, aber nicht auf Reisen.

Francis Bacon (1561–1626)

hen, Sie kommen damit normalerweise gut an, zeigt es doch, dass Sie sich wenigstens ein wenig bemühen, auf Land und Leute einzugehen. Haben Sie zudem einen Sprachführer oder wenigstens ein Wörterbuch dabei, können Sie sich bei kleineren Problemen wie Einkauf oder Wegauskünften selbst behelfen. Und: Ihre Gastgeber werden es anerkennen und erfreut sein, dass Sie nicht als »herrischer Deutscher« auftreten. Bei größeren Problemen wenden Sie sich am besten an den Reiseleiter oder den Hotelportier: Er wird selbst übersetzen oder aber Ihnen einen Dolmetscher zur Verfügung stellen können.

So sind Sie gut gerüstet

Wenn Sie sich schon im Vorfeld nach besonderen Sitten und Gebräuchen erkundigen, können Sie so manches Fettnäpfchen vermeiden. Machen Sie sich auch mit der ausländischen Küche vertraut: Es gibt eben nicht überall Eisbein oder Schnitzel mit Pommes. Sie fahren doch wohl deshalb in Urlaub, weil Sie ein fremdes Land ein wenig kennen lernen wollen? Dazu gehören nicht nur Landschaft und Kulturdenkmäler, Städte und Strände, sondern eben auch die Menschen und ihre Eigenheiten, die Küche und so manches Brauchtum.

✱ **Im Folgenden** möchte ich Ihnen – in Zusammenarbeit mit dem Arbeitskreis Umgangsformen International – einige Urlaubsländer vorstellen.

Europa

➤ **IN FRANKREICH** spricht man sich mit »Madame« und »Monsieur« an, und dabei muss man den Nachnamen nicht unbedingt nennen. Man begrüßt sich mit Handschlag, der zweifache Wangenkuss ist nur guten Bekannten und Freunden vorbehalten. Pünktlichkeit ist zwar üblich, aber über kleinere (!) Verspätungen sieht man durchaus hinweg. Essen ist in Frankreich Lebenskultur – und das bedeutet, es zieht sich über mehrere Stunden hin. Brot, und zwar Baguette, gibt es zu jeder Mahlzeit. Es wird übrigens nicht abgebissen, sondern in mundgerechte Stücke zerteilt und dann verzehrt. Käse als Beendigung eines Mahles wird nie in ganzen Stücken von der Platte genommen, sondern scheibchenweise geschnitten.

➤ **GRIECHENLAND** gehört zu den beliebtesten Urlaubsländern der Deutschen. Bei der Begrüßung ist hier stets der Handschlag üblich, untereinander begegnen Griechen sich allerdings oft mit Umarmung und Schulterklopfen. Viele Griechen sprechen übrigens ein wenig Deutsch und sind stolz darauf. Pünktlichkeit spielt in Griechenland keine so große Rolle. Die Griechen sind gastfreundlich: Zum Ouzo am Ende einer Mahlzeit wird man meist eingeladen.

➤ **GROSSBRITANNIEN** gehört zwar zu Europa, sieht sich aber immer noch in vieler Hinsicht als Inselstaat. Man begrüßt sich hier nicht unbedingt mit Händeschütteln. Überhaupt nimmt man sich hier als eigene Person immer etwas zurück, neigt eher zum Understatement als zur Übertreibung. Achten Sie darauf, in welchem Landesteil Sie sich befinden, und sprechen Sie nur dann von »England«, wenn Sie dies ausdrücklich meinen: Walliser, Briten, Schotten und Iren haben einen großen Nationalstolz. Selbst wenn Sie aus der Regenbogenpresse jeden Skandal kennen: Vermeiden Sie Kritik am Königshaus. Kleidungsvorschriften auf Einladungskarten sind Pflicht. Dabei heißt »black tie« Smoking bzw. Abendkleid, »casual wear« bezeichnet den hochwertigen Freizeitlook. Bei den Tischsitten unterscheiden sich die Briten von uns: Die Gabel wird stets mit der Wölbung nach oben gehalten, und Beilagen sowie Gemüse müssen Sie dann darauf balancieren. Oft wird am Ende einer Mahlzeit ein Toast auf die Königin ausgebracht – bitte erheben Sie sich dazu ebenso wie Ihre Gastgeber.

Bei den Tischsitten schätzt man den »continental way« in Großbritannien durchaus hoch ein. Sie müssen sich also nicht umstellen.

➤ **ITALIEN** zählt zu den beliebtesten Urlaubsländern. Bei der Begrüßung umarmen sich nur Freunde und gute Bekannte, und dabei wird auch das Küsschen rechts und links ausgetauscht. Fremde dagegen begrüßt man mit Handschlag. Titel werden in der Anrede gern verwendet, ein Akademiker ist stets »Dottore« oder »Professore«, und dies auch ohne Zusatz des Namens. Auch wenn die Italiener selbst Pünktlichkeit nicht so genau nehmen – von uns »Tedeschi« wird sie erwartet.

Zwar sind in den Niederlanden die Servicegebühren für Taxi, Hotelpagen und andere Dienstleistungen meist im Preis inbegriffen. Dennoch erwartet man etwa zehn Prozent Trinkgeld.

Verachtet unser Holland nicht, wir haben hübsche Kühe.

Jacob Cats (1577–1660)

Vermeiden Sie es bitte, beim Small Talk das Thema Mafia ins Gespräch zu bringen! Ein paar Brocken Italienisch dagegen machen Sie zum beliebten Gast. Bei der Kleidung ist man in Italien sehr elegant – Sie sollten sich dem angleichen und nicht zu leger durch die Straßen laufen. In den Kirchen wird es überhaupt nicht gern gesehen, wenn Sie als Dame mit unbedeckten Armen erscheinen.

➤ **IN DEN NIEDERLANDEN**, unserem Nachbarland, herrschen ähnliche Begrüßungssitten wie bei uns: Man schüttelt sich die Hand. Die meisten Holländer sprechen Deutsch oder Englisch – Sie dürften also wenig Probleme mit der Verständigung haben. Vermeiden Sie beim Gespräch aber Anspielungen auf die gemeinsame Vergangenheit und üben Sie sich in Zurückhaltung. Arroganz und Überheblichkeit stoßen auf große Ablehnung. Bei Tisch sollten Sie nur einmal zugreifen, wenn zum Kaffee Gebäck oder Konfekt angeboten wird. Sonst sind Sie schnell als Vielfraß verschrieen. Genever (Jenever), ein äußerst bekömmlicher Wacholderbranntwein, gilt als eine Art Nationalgetränk und als höflicher Willkommensschluck.

➤ **IN ÖSTERREICH**, so nah und verwandt es uns erscheint, gibt es doch Unterschiede, die Sie beachten sollten: Bei der Begrüßung, die wie bei uns per Handschlag erfolgt, sind Titel wichtig. Sie sollten also darauf achten, welchen Titel Ihr Gegenüber führt. Auch Berufsbezeichnungen wie »Herr Ingenieur« zählen übrigens dazu. Österreicher empfinden uns Deutsche oft als arrogant und überheblich – halten Sie sich also stets eher zurück. Schwierig sind manche Ausdrücke auf der Speisekarte, die sich sehr von den uns gewohnten unterscheiden: So nennt man grüne Bohnen zum Beispiel Fisolen, Tomaten sind Paradeiser. In der Alpenrepublik wird übrigens sehr großer Wert auf den Umweltschutz gelegt. Pflanzen, die bei uns kaum Beachtung finden, können dort unter Naturschutz stehen. Also Finger weg von schönen Blüten!

➤ **PORTUGAL** hat eine große Vergangenheit. Der Nationalstolz ist daher sehr ausgeprägt, selbst wenn das Land heute zu den eher ärmeren Ländern der Europäischen Gemeinschaft zählt. Bei der Begrüßung umarmt man sich, klopft sich auf den Rücken, auch der Kuss ist üblich.

Fremden gegenüber ist man zurückhaltender – da genügt ein einfacher Händedruck. Als Anrede verwendet man »Senhor« für den Herrn und »Senhora« für die Dame, dabei muss der Name nicht genannt werden. Pünktlichkeit ist in Portugal üblich und wird vor allem von uns Deutschen erwartet. Im Gespräch sollten Sie sowohl Kritik aller Art vermeiden als auch das Verhältnis zum Nachbarland Spanien nicht ansprechen. Jemandem den »Vogel« zu zeigen ist schon bei uns nicht die feine Art – in Portugal ist dies eine ausgesprochen schlimme Beleidigung. Die Kleidung ist hier stets sehr korrekt: Das Jackett beim Herrn ist ein Muss, und Damen tragen hier recht selten Hosen.

➤ **IN SCHWEDEN** ist es – wie in ganz Skandinavien – üblich, beim Betreten einer Wohnung die Schuhe auszuziehen. Man begrüßt sich mit Handschlag und ist sehr pünktlich. Wenn Sie absehen können, dass Sie sich verspäten, sollten Sie telefonisch Bescheid geben. In der Kleidung sind die Schweden eher leger – selbst im Job kann man durchaus in hochwertigem Freizeitlook erscheinen. Bei Tisch ist es üblich, dass der Ehrengast (der links vom Gastgeber sitzt) am Ende der Mahlzeit ein paar Dankesworte spricht. In Schweden wie in ganz Skandinavien duzt man sich schnell, das förmliche »Sie« ist nicht so gebräuchlich.

➤ **DIE SCHWEIZ** ist uns in vielem ähnlich: Man begrüßt sich per Handschlag, lediglich in der französischen Schweiz ist auch die Begrüßung mit Küsschen rechts-links üblich. Pünktlichkeit ist hier außerordentlich wichtig, man kommt eher ein paar Minuten zu früh als zu spät. Im Gespräch sollten Sie Belehrungen oder Besserwisserei vermeiden: Schweizer reagieren darauf sehr empfindlich. Die Tischsitten sind unseren ähnlich, allerdings kann man beim Essen davon überrascht werden, dass katholische Fastenbräuche noch sehr streng eingehalten werden. Dennoch wird – vor allem im französischen Teil des Landes – gepflegte Gastlichkeit hochgehalten.

➤ **SPANIEN** ist nach wie vor das Haupturlaubsland der Deutschen. Bei der Begrüßung umarmt man sich gegenseitig, auch Schulterklopfen ist üblich. Als Gast warten Sie aber besser ab: Oft gibt man Fremden lediglich die Hand.

Zwar kennt man in Schweden wenig Tafeln mit der Aufschrift »Zutritt verboten« oder »Privat« – hier gilt das uralte Jedermannsrecht (Allemansrätten), nach dem jeder sich frei in der Natur bewegen darf – auch wenn ein Wald oder Seeufer Privatbesitz ist. Das heißt jedoch nicht, dass Sie zum Beispiel mit dem Geländewagen abseits befestigter Straßen und Wege fahren dürfen. Wer »wild« in der Sichtweise von Häusern zeltet, sollte auch so viel Anstand besitzen, den Grundstücksbesitzer um Erlaubnis zu fragen.

Als Anrede ist – wie in Portugal – für Damen »Señora«, für Herren »Señor« üblich, oft ohne nachfolgende Namensnennung. Bei der Kleidung ist man in Spanien eher förmlich, deshalb sollten Sie es hier erst recht vermeiden, allzu leger im Freizeit-Outfit herumzulaufen. Krawatte und Jackett sind auch bei großer Hitze noch üblich, und an Sonntagen legt man auf gepflegtes Äußeres besonderen Wert. In Spanien wird sehr spät zu Mittag und Abend gegessen. Dafür nimmt man gegen 17 Uhr eine Kleinigkeit (»Merienda«) zu sich. Trotz südländischer Gastfreundschaft mag man es überhaupt nicht, wenn sich ein Fremder im Restaurant ungefragt an den Tisch setzt – diese Art der Kontaktaufnahme gilt als aufdringlich und unhöflich. Rechnungen im Restaurant werden übrigens nie geteilt, gezahlt wird von einem – selbst wenn man die Zeche nachher aufteilt.

Frankreich ist das Modeland, England das Land der Launen, Spanien das Ahnenland, Italien das Prachtland, Deutschland das Titelland.

Immanuel Kant (1724–1804)

➤ **DIE TÜRKEI** ist eines der beliebtesten Urlaubsziele der Deutschen. Dennoch: Oben-ohne-Sonnen und FKK sind absolut verpönt. Wer es trotzdem tut, muss mit übelsten Beschimpfungen, schlimmstenfalls sogar mit massivem behördlichen Ärger rechnen. Männer unter sich begrüßen sich mit Umarmung und Wangenküssen, Ausländern reicht man dagegen die Hand, allerdings niemals die linke, die als unrein gilt. Einer Dame gegenüber sollten Sie in der Türkei zurückhaltend sein und abwarten, wie sie sich Ihnen gegenüber verhält. Türken, die in Deutschland gearbeitet haben, richten sich schnell nach deutschen Gewohnheiten: Seien Sie also nicht überrascht, in Istanbul plötzlich heimatlichen Dialekt zu hören. Pünktlichkeit ist in der Türkei eine Sache, die man zwar anstrebt, die aber bei weitem nicht so ernst genommen wird wie bei uns – allerdings erwartet man, dass Sie als Deutscher pünktlich sind. Im Gespräch sollten Sie politische Themen – vor allem die Kurdenfrage und den Konflikt auf Zypern – absolut meiden. Türken verstehen sich – auch wenn sie geografisch zum großen Teil nach Asien gehören – als europäisches Volk.

➤ **UNGARN** ist durch seine Geschichte sehr westlich orientiert. Immer noch sprechen viele Ungarn deutsch – ein Erbe der österreichisch-ungarischen Monarchie. Man begrüßt sich hier mit Handschlag, umarmt werden Freunde und Verwandte. Die Herren warten hier strikt ab, bis die Dame die Initiative ergreift. Pünktlichkeit ist in Ungarn gefragt und wird auch von ausländischen Gästen erwartet. Im Gespräch sollten Sie Themen aus der Vergangenheit des Kommunismus und die einstige Zugehörigkeit zur Donaumonarchie der Habsburger vermeiden. Man legt Wert auf Eleganz und gute Kleidung. Bei Tisch achten Sie darauf, dass die Küche oft sehr scharf ist.

Islamische Länder

Allgemein gilt: Araber begrüßen einander mit Umarmung und Wangenkuss – Ausländer dagegen werden mit Handschlag empfangen.

* **Wenn Sie als Herr** eine Dame treffen: Warten Sie ab, wie sie sich verhält, ob sie Ihnen die Hand reicht oder nicht. Großer Wert wird in arabischen Ländern auf Kleidung gelegt: Freizeitkleidung wird bestenfalls in reinen Touristikgebieten akzeptiert, aber auch hier sollten Sie sich besser im wahrsten Sinne des Wortes bedeckt halten, vor allem als Frau: Vermeiden Sie Kleidung, die Ihre Figur sehr betont, die Knie und Handgelenke frei lässt oder ein großes Dekolletee zeigt. Bedenken Sie bitte: In vielen arabischen Ländern ist das Leben strikt in eine weibliche und männliche Welt geteilt. Männer leben in der Öffentlichkeit, Frauen haben ihre (wichtige) Rolle im Haus. Manche arabischen Männer empfinden es deshalb als unhöflich, neben einer Frau zu sitzen – sie könnte dadurch kompromittiert werden.

* **Bei Tisch** wird normalerweise kein Schweinefleisch serviert, auch Alkohol ist nach den Regeln des Islam nicht erlaubt. In vielen Ländern – etwa der Türkei oder Tunesien – wird letztere Regel aber etwas lockerer gesehen: Als Tourist wird Ihnen meist Alkohol serviert. Beachten Sie bitte, dass man Speisen nicht mit der linken Hand berührt. Vor dem Essen wäscht man sich – oft am Tisch – die Hände. Im Fastenmonat Ramadan wird zwischen Sonnenaufgang und Sonnenuntergang nichts gegessen.

In islamischen Staaten sollte man sich unauffällig verhalten und sich noch mehr als sonst nach Landessitten richten. Zu schnell verletzt man die religiösen Empfindungen gläubiger Moslems.

In Asien legt man sehr viel Wert auf die äußere Form. Als Europäer kann man das jeweils landestypische Regelwerk kaum durchschauen, geschweige denn sich aneignen. Deshalb verhalten Sie sich am besten besonders unauffällig.

Arrogante Europäer und Amerikaner können gar nicht oft genug daran erinnert werden, dass die meisten Menschen in Asien leben; zur Jahrtausendwende sollen es 3,6 von 6,1 Milliarden sein.

Willy Brandt (1913–1992)

* **MOSCHEEN** betritt man üblicherweise ohne Schuhe und selbstverständlich in angemessener Kleidung, also nicht im Freizeitlook oder mit nackten Armen und Beinen.

Asien

Asiaten gelten als »undurchschaubar«, weil es bei ihnen eine grobe Unhöflichkeit ist, Gefühle zu zeigen. Man muss in Asien stets »das Gesicht wahren«, und das macht es für uns Europäer oft schwer, den anderen zu durchschauen. Prinzipiell gilt in Asien eine fast übersteigerte Form von Höflichkeit, die für uns Ausländer aber kaum nachzuvollziehen ist. Sie sollten es sich zur Regel machen, hier auf jeden Fall besondere Zurückhaltung an den Tag zu legen. Lernen Sie mit Stäbchen zu essen: Es ist erstens gar nicht so schwer, und zweitens zeigen Sie Ihren Gastgebern damit, dass Sie sich wenigstens bemühen, ein wenig an die Formen der Höflichkeit und Kultur anzuknüpfen. In Asien (wie eigentlich überall auf der Welt!) sollte man Menschen nur dann fotografieren, wenn man sich vorher die Erlaubnis eingeholt hat. Besonders ältere Menschen glauben dort, dass ihre Seele durch den Druck auf den Auslöser in der Kamera verschwindet. Nicht ohne Grund werden Europäer von den Chinesen »Gweilos« genannt, »weiße Teufel«.

➤ **IN CHINA** begrüßt man sich untereinander mit Händedruck oder auch nur einem kurzen Kopfnicken. Damen werden – entgegen europäischer Sitte – nicht zuerst begrüßt. Chinesen gelten als sehr pünktlich und erwarten dies auch von ausländischen Gästen. Kleidung wird sehr wichtig genommen – sogar bei großer Hitze sind in vielen Restaurants Anzug und Krawatte gern gesehen. Zärtlichkeiten und Küssen in der Öffentlichkeit sind absolut verpönt. Chinesen essen – wie viele andere Asiaten auch – mit Stäbchen. Ein grober Fauxpas ist es übrigens, die Stäbchen beim Essen senkrecht in eine Reisschale zu stecken: So ehrt man die Toten nämlich mit einer Opfergabe.

➤ **INDIEN** ist ein ganzer Subkontinent – und entsprechend viele Kulturen sind hier vereint.

Normalerweise begrüßt man sich hier mit Kopfnicken; Inder, die den Umgang mit Ausländern gewohnt sind, reichen zur Begrüßung auch die Hand. Pünktlichkeit ist in Indien fast ein Fremdwort – das müssen Sie akzeptieren lernen. Dinner – also Abendessen – kann in Indien sehr lange dauern: Es beginnt oft erst um 9 Uhr abends und dauert dann bis weit nach Mitternacht. Achten Sie darauf, Speisen nicht mit der linken Hand zu berühren.

➤ **IN JAPAN** sollten Sie sich als Ausländer zur Begrüßung nicht verbeugen. Denn die Rituale sind sehr kompliziert, und man kann als Fremder nicht nachvollziehen, wer sich wann wie weit nach unten verbeugt. Halten Sie sich eher an den Handschlag, wundern Sie sich aber nicht, wenn er auf japanischer Seite nicht sehr fest ist: Japaner sind da unsicher und greifen deshalb eher lasch zu. Pünktlichkeit ist in Japan eine große Tugend, und daran sollten Sie sich halten. Wenn Sie wirklich zu spät kommen, ist eine Entschuldigung angebracht. Im Gespräch werden Sie schnell merken, dass ein Japaner ungern ein deutliches »Nein« sagt, und »Ja« nicht immer zustimmend ist, sondern oft nur eine Floskel des Anstands, ein Zeichen, dass Ihr Gegenüber zuhört. Auch die Japaner essen mit Stäbchen und man sieht es gern, wenn Sie das wenigstens versuchen. Suppe isst man nicht wie bei uns zu Beginn der Mahlzeit, sondern man schlürft immer wieder zwischendurch ein Schlückchen. Man schenkt sich nicht selbst ein: Jeder Tischnachbar sorgt dafür, dass das Glas des anderen voll ist. Grüner Tee und Eiswasser sind im Lokal kostenlos. Trinkgeld ist absolut unüblich!

➤ **FÜR THAILAND** gelten neben den vorher angesprochenen allgemeinen Regeln noch diese: Wer zu Tisch sitzt und sich schnäuzen muss, sollte aufstehen und den Raum verlassen. Derartige Geräusche gelten im Land des Lächelns als äußerst unfein. Thailändische Kinder sollten, auch wenn sie noch so niedlich sind, nie am Kopf angefasst werden. Dort nämlich sitzt ihre Seele, die unter keinen Umständen berührt werden darf. Der Fuß dagegen ist der unreinste Körperteil: Vermeiden Sie es deshalb, beim Sitzen den Fuß auf eine andere Person, auf ein Heiligtum oder einen sakralen Gegenstand zu richten.

Ich meine, dass sich Asien von Europa besonders in Bezug auf die Dinge, die aus der Erde kommen, und auch in Bezug auf die Bewohner unterscheidet. Denn alles wird viel größer und schöner in Asien.

Hippokrates (um 460 bis um 370 v. Chr.)

Die Weltgeschichte geht von Osten nach Westen, denn Europa ist schlechthin das Ende der Weltgeschichte, Asien der Anfang.

Georg Wilhelm Friedrich Hegel (1770–1831)

Südamerika/ Kanada/USA

Wer Brasilien wirklich zu erleben weiß, der hat Schönheit genug für sein halbes Leben gesehen.

Stefan Zweig (1881–1942)

Allgemein gilt in ganz Südamerika ein ähnlicher Verhaltenskodex. Unterschiede bestehen vor allem zwischen Brasilien und Argentinien und dem übrigen südamerikanischen Kontinent: In Brasilien kommen viele Bevölkerungsgruppen und Nationalitäten zusammen; in Argentinien dagegen haben sich europäische Sitten und Bräuche erhalten.

* **Die übliche Begrüßung** in Südamerika ist die so genannte Abrazo: Darunter versteht man eine Umarmung, die durch Schulterklopfen und etliche Wangenküsse unterbrochen wird. Ausländer jedoch begrüßt man mit Handschlag. In Chile, Peru und Venezuela spricht man vielerorts deutsch, sonst spanisch. In Brasilien ist die Amtssprache portugiesisch. Pünktlichkeit kennt man in Südamerika weniger – Sie sollten sich, auch wenn es schwer fällt, auf mindestens 30 Minuten Verspätung einstellen. Vorausgeplante Termine bestätigt man am besten kurz vorher telefonisch.

* **Mit Ausnahme** Brasiliens legt man auf diesem Kontinent sehr viel Wert auf Kleidung, und zwar auf eher seriöse. Bei Tisch gelten europäische Sitten, allerdings werden die Mahlzeiten etwas später als bei uns eingenommen. Essen ist in Südamerika Genuss – entsprechend lange dauert es. Nach der Mittagsmahlzeit wird eine Ruhepause eingelegt, die Siesta. In dieser Zeit ruhen die Geschäfte – ähnlich wie im südlichen Mittelmeerraum. Besonderheiten sind außerdem:

* **In Mexiko** wird mit Misstrauen betrachtet, wer bei Tisch und in Gesellschaft schweigt. Wer dagegen viel und laut spricht, ist als gesellig und fröhlich anerkannt. In der Öffentlichkeit, besonders aber in Cafés und Restaurants, sind Hosen für Damen heute noch unschicklich.

* **Eine Kuriosität:** Einem mexikanischen Glauben zufolge bringt es Unglück, einen Salzstreuer von Hand zu Hand zu reichen.

* **Die nördliche** Hälfte des amerikanischen Doppelkontinents mutet uns oft sehr europäisch an. Damit gerät man schnell in die Versuchung, zu glauben, es würde hier auch alles auf bekannte Art und Weise ablaufen. Doch dem ist nicht so:

➤ **KANADA** ist in vielem sehr europäisch geblieben. Der Ostteil des Landes ist französisch orientiert, man spricht hier auch französisch, allerdings werden Sie als Europäer oft Probleme haben, die Aussprache des Französischen zu verstehen. Im Osten begrüßt man sich oft mit Küsschen rechts-links, im englischsprachigen Westteil dagegen bevorzugt man den Handschlag. Pünktlichkeit ist hier selbstverständlich, und Höflichkeit wird sehr geschätzt.

➤ **Die Vereinigten Staaten** sind uns in vieler Hinsicht Vorbild. Die lockere Art vieler Amerikaner darf jedoch nicht darüber hinwegtäuschen, dass die Regeln des Umgangs miteinander in den USA zum Teil wesentlich strenger sind als bei uns in Europa, vor allem an der amerikanischen Ostküste. Bei der Begrüßung schüttelt man sich beim ersten Kennenlernen die Hände, später dann nicht mehr. Gute Freunde, vor allem Frauen, umarmen sich auch und be-

Amerika macht erstaunliche Fehler, Amerika hat kolossale Schwächen, aber eines ist nicht zu leugnen: Amerika ist immer in Bewegung. Es mag zum Teufel gehen, natürlich, aber es steht wenigstens nicht still.

E. E. Cummings (1894–1962)

Religiöse Feste und nationale Feiertage

- **Als kultivierter Mensch und ganz besonders als Gast eines Landes achten Sie die religiösen Feiertage und Heiligtümer.**
- **Weder durch Ihre Kleidung noch durch Ihr Benehmen dürfen Sie die religiösen Gefühle eines anderen verletzen. Das gilt bei uns, aber umso mehr in einem fremden Land.**
- **Erkundigen Sie sich daher zum Beispiel vor dem Besuch eines Grabmals, wie man sich dort verhält, ohne unangenehm aufzufallen.**
- **Je nach Land kann es passieren, dass Sie selbst beim kleinsten Fauxpas im Gefängnis landen. Da genügt es oft schon, wenn Sie vor dem Eingang Ihr Fast-Food-Menü verspeisen und den Abfall einfach achtlos liegen lassen. Letzteres sollte ohnehin nicht zu Ihren Gewohnheiten gehören – nirgendwo auf der Welt! Im Innern einer Moschee oder eines Tempels unterhält man sich auch nicht lautstark: Oft sind Einheimische ins Gebet vertieft. Sie dabei zu stören wäre rücksichtslos.**
- **Auch nationale Feiertage sollten Sie achten und nicht mit dummen Bemerkungen oder Diskussionen in Misskredit zu bringen versuchen.**

Die Jugend Amerikas ist seine älteste Tradition. Sie dauert nun schon dreihundert Jahre.

Oscar Wilde (1854–1900)

Das Glas Wasser, das drüben in Europa halb leer ist, ist hier immer halb voll.

Arnold Schwarzenegger (1947)*

Amerikaner werden misstrauisch, wenn man nicht einer von ihnen werden will.

Billy Wilder (1906–2002)

grüßen sich mit Küsschen. Man spricht sich recht schnell mit dem Vornamen an. Sie sollten jedoch nicht vergessen, dass dies nicht unserem Duzen entspricht, sondern eher dem deutschen »Sie« in Verbindung mit dem Vornamen (siehe auch Kapitel 1). Die Anrede mit dem Titel »Doktor« gilt nur für Mediziner und Hochschullehrer. Pünktlichkeit ist in den USA eine Selbstverständlichkeit. Im Gespräch werden Sie schnell merken, warum die Amerikaner als freundlich und unkompliziert gelten: Lächeln und Höflichkeitsfloskeln gehören dort einfach dazu. Niemand denkt aber auch nur daran, diese ernst zu nehmen. Ernst gemeint sind Hinweise wie »See us for lunch« nur dann, wenn Uhrzeit und Datum vereinbart werden.

✱ In Fragen der Kleidung sollten Sie im Geschäftsleben ausgesprochen korrekt auftreten. Wenn Sie auf einer Einladung den Vermerk »black tie« sehen, bedeutet das für den Herrn Smoking, für die Dame Abendkleid. Der Smoking heißt in den USA übrigens auch »Tuxedo«. Der Vermerk »black tie optional« bedeutet, dass Sie als Herr einen Geschäftsanzug tragen können, und »casual« regelt eigentlich, dass Sie in gehobener Freizeitkleidung erscheinen. Doch Vorsicht: Die betreffenden Regeln sind in jeder Region und jeder Branche anders. Fragen Sie lieber beim Gastgeber nach! Abweichend von den deutschen Regeln hat die Dame im Restaurant immer den Vortritt. Sich auf eigene Faust einen Platz zu suchen kann bedeuten, dass man schlichtweg übersehen und nicht bedient wird. Man gibt stets reichlich Trinkgeld, wesentlich mehr als bei uns.

✱ Bei Tisch isst man nach strenger amerikanischer Regel so: Man schneidet das Fleisch mit dem Messer in der rechten Hand, legt es dann beiseite und wechselt die Gabel nach rechts, um den Bissen aufzunehmen. Die linke Hand liegt dabei im Schoß. Etwas lockerer kann man es angehen, indem man zuerst alles Fleisch klein schneidet, die Gabel dann in die Rechte wechselt und isst. Sie müssen dies aber nicht so handhaben. Die Serviette wird übrigens auf den Stuhl gelegt, wenn Sie den Tisch verlassen (nicht auf die linke Seite des Tellers, wie bei uns). Im Taxi sollten Sie immer hinten einsteigen – nur potenzielle Gangster nehmen neben dem Fahrer Platz!

Über die Autorin

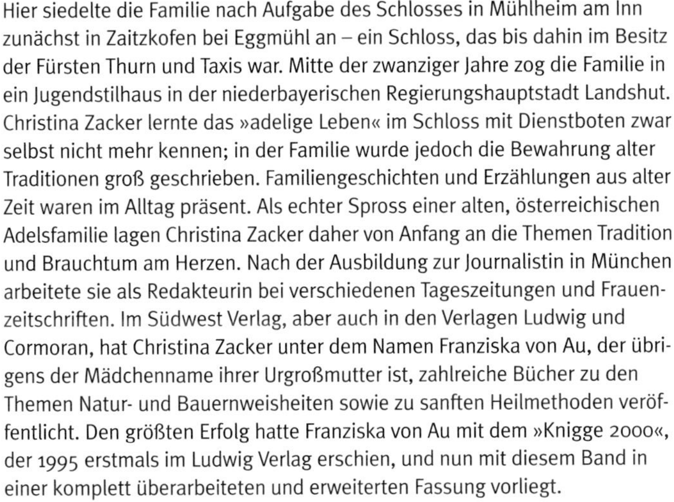

Bei dem Namen Franziska von Au handelt es sich um ein Pseudonym – allerdings mit durchaus realistischem Hintergrund. Hinter Franziska von Au verbirgt sich die erfolgreiche Journalistin und Buchautorin Christina Zacker. Sie ist Nachfahrin einer alten adeligen Familie und wurde 1954 in Landshut/Bayern geboren.
Die Familie von Christina Zacker stammt aus Österreich und kam Anfang des vergangenen Jahrhunderts nach Niederbayern. Hier siedelte die Familie nach Aufgabe des Schlosses in Mühlheim am Inn zunächst in Zaitzkofen bei Eggmühl an – ein Schloss, das bis dahin im Besitz der Fürsten Thurn und Taxis war. Mitte der zwanziger Jahre zog die Familie in ein Jugendstilhaus in der niederbayerischen Regierungshauptstadt Landshut. Christina Zacker lernte das »adelige Leben« im Schloss mit Dienstboten zwar selbst nicht mehr kennen; in der Familie wurde jedoch die Bewahrung alter Traditionen groß geschrieben. Familiengeschichten und Erzählungen aus alter Zeit waren im Alltag präsent. Als echter Spross einer alten, österreichischen Adelsfamilie lagen Christina Zacker daher von Anfang an die Themen Tradition und Brauchtum am Herzen. Nach der Ausbildung zur Journalistin in München arbeitete sie als Redakteurin bei verschiedenen Tageszeitungen und Frauenzeitschriften. Im Südwest Verlag, aber auch in den Verlagen Ludwig und Cormoran, hat Christina Zacker unter dem Namen Franziska von Au, der übrigens der Mädchenname ihrer Urgroßmutter ist, zahlreiche Bücher zu den Themen Natur- und Bauernweisheiten sowie zu sanften Heilmethoden veröffentlicht. Den größten Erfolg hatte Franziska von Au mit dem »Knigge 2000«, der 1995 erstmals im Ludwig Verlag erschien, und nun mit diesem Band in einer komplett überarbeiteten und erweiterten Fassung vorliegt.

Über den Illustrator

Christian Weiss, Volljurist und Diplomdesigner (Staatl. Akademie der Bildenden Künste in Stuttgart), ist durch seinen eigenwilligen Illustrationsstil ein sehr gefragter Künstler im Werbe- und Designbereich. Er illustriert Zeitschriftenartikel, Plakate und Buchumschläge und gestaltet komplette Werbekampagnen. Seine Illustrationen sind in der preisgekrönten Milchglaskollektion von Ritzenhoff zu finden, für die jährlich weltweit fünf Topdesigner ausgesucht werden. Weitere Infos über den Künstler bekommen Sie auf seiner Website www.christianweiss.de.

Hinweis
Das vorliegende Buch ist sorgfältig erarbeitet worden. Dennoch erfolgen alle Angaben ohne Gewähr. Der Verlag kann für eventuelle Fehler oder Schäden, die aus den im Buch gegebenen praktischen Hinweisen resultieren, keine Haftung übernehmen.

Kontakt zur Autorin:
Franziska_von_au@email.de
Franziska_von_au@online.ms
der_neue_knigge@email.de

Redaktion: Thomas Schulz
Projektleitung: Antje Eszerski
Redaktionsleitung:
Dr. Reinhard Pietsch
Umschlagillustration:
Heinz Kraxenberger, München
Umschlaggestaltung und Konzeption:
R.M.E. Eschlbeck/Kreuzer/Botzenhardt
Layout:
Manuela Hutschenreiter,
Veronika Moga
DTP/Satz: Veronika Moga
Druck/Bindung:
Těšínská tiskárna, Český Těšín
Printed in the Czech Republic
Gedruckt auf chlor- und säurearmem Papier
ISBN-10: 3-517-06858-6
ISBN-13: 3-517-06858-9

039880204X817 2635 4453

Register